CW00357833

méthode quotidienne
ASSiMiL

TOME II

l'arabe
sans peine

J.J. SCHMIDT

*

Illustrations J.L. GOUSSE

ASSiMiL
13, Rue Gay Lussac
94430 - CHENNEVIERES sur MARNE

Amsterdam - Düsseldorf - Lausanne - London
Madrid - Montréal - New York - Torino

I

Du même auteur:
des ouvrages techniques
Français-Arabe
dont :

— *le vocabulaire Français-Arabe*
de l'Ingénieur et du Technicien
(l'Electricité)

— *le vocabulaire Français-Arabe*
de l'Ingénieur et du Technicien
(le Pétrole)

Maisonneuve et Larose
11, rue Victor-Cousin
75005 PARIS

II

AVERTISSEMENT

Dans le premier tome de notre méthode, notre souci a été de vous **initier** à la langue arabe et de vous donner les outils élémentaires capables d'établir un **premier contact** linguistique et de répondre, le plus possible, aux **besoins pratiques immédiats** qui s'imposent dès l'arrivée dans n'importe quel pays arabe.

Grâce à votre persévérance et à votre soif de connaître, nul doute que vous soyez, à présent, à même d'affronter les situations plus élaborées inscrites dans le cadre du tome 2.

Dans le présent volume, en effet, nous avons voulu vous **faire pénétrer plus avant,** non seulement dans la **grammaire** et les **subtilités de la langue,** mais encore et surtout, dans le **monde** et la **civilisation arabo-islamiques.**

Puisse l'étude de ce deuxième tome vous encourager à poursuivre dans la voie d'une connaissance de l'Autre toujours plus profonde et plus humaine.

الدَّرسُ الثّالثُ و الأربعونَ

جولةٌ في الحيِّ

١- ألمرارةُ شديدة

٢- طبعًا ! نحنُ في الصَّيف [١]

٣- طيّبٌ ! نذهبُ يمينًا أم شمالاً ؟ [٢]

٤- هيّا نعبرِ الشّارعَ ... ولكن، انتبِه منَ السّيّارات

٥- فحركةُ المرورِ صعبةٌ في هذا الحيِّ [٣]
(يعبرانِ الشّارع)

٦- قل لي يا أخي ، ما هذا المبنى الضَّخمُ ؟

٧- هذا مستشفى "ابن سينا" ؟ هو مشهورٌ في العالمِ كلِّهِ

٨- من هو المشهورُ ؟ ابنُ سينا أم المستشفى ؟

٩- تحبُّ المِزاحَ يا أخي !

(La leçon la troisième et la quarante)

PROMENADE DANS LE QUARTIER

Jacques   **1** — Il fait chaud (la chaleur (est) intense) !

Ahmed   **2** — Bien sûr; nous (sommes) en été[1].

Jacques   **3** — Bon ! Nous allons à droite ou à gauche ?[2]

Ahmed   **4** — Traversons la rue ... Mais, attention (fais attention) aux voitures.

Ahmed   **5** — La circulation (le mouvement de la circulation (est) intense (difficile)[3] dans ce quartier.

(Ils traversent (tous deux) la rue).

Jacques   **6** — Dis-moi (ô mon frère) : quel est (quoi) ce grand bâtiment (ce bâtiment imposant)?

Ahmed   **7** — C'est l'hôpital Ibn Sīnā (Avicenne*); (il est) célèbre dans le monde entier (le monde tout lui).

Jacques   **8** — Qui est-ce qui est célèbre ? Ibn Sīnā ou l'hôpital ?

Ahmed   **9** — Tu aimes la plaisanterie (ô mon frère) !

* Avicenne : cf notice biographique à la fin du tome 2.

١٠- وهناك مسجدٌ في نهايةِ الشَّارع، أليس كذلك ؟

١١- نعم ـ لكلِّ حيٍّ مسجد، ومسجدُنا من أكبرِ مساجدِ المدينةِ كلِّها

١٢- هل يمكن زيارتُهُ ؟

١٣- معلوم ! سيصحبك إبني الأكبر في الأسبوعِ القادم إنْ شاء اللـه

١٤- إنّه مشغولٌ جدًّا ، مع الأسف ، هذا الأسبوع .

**
*

NOTES :

1 — Eté se dit (sayf)   صيف

    Printemps (rabī́)   ربيع

    Automne (harīf)   خريف

    Hiver (sitā́)   شتاء

2 — A droite peut se dire :
ilā l-yamīn   إلى اليمين

ou   yamīnan   يمينًا

    A gauche peut se dire :
ilā l-yasār   إلى اليسار

3

Jacques	**10** — Et là-bas (c'est) une mosquée, au bout de la rue, n'est-ce pas ? (est-ce que ce n'est pas ainsi)?
Ahmed	**11** — Oui, chaque quartier a sa mosquée (pour chaque quartier une mosquée) et notre mosquée est une (est parmi) des plus grandes (mosquées) de toute la ville (de la ville toute elle).
Jacques	**12** — Peut-on la visiter ? (est-ce qu'est possible sa visite)?
Ahmed	**13** — Bien sûr; mon fils aîné (le plus grand : le plus âgé) t'accompagnera la semaine prochaine si[4] Dieu veut.
Ahmed	**14** — Il est (certes lui)[5] très occupé[6] malheureusement cette semaine.

* *
*

ou   yasāran   يسارًا

ou   ّsimālan   شمالًا

(Terminaison «*an*» des compléments circonstanciels de lieu).

3 — Ṣáʿba (صعبة) féminin de ṣáʿb (صعب) : difficile.
Difficulté se dit : souʿ̄ouba (صعوبة)

Sahl (سهل) : facile. «Facilité» se dit : souhoūla (سهولة)

4 — «In» (إنْ) : «si». Particule qui donne un sens d'hypothèse réalisable.

5 — «Inna»(hou) (إِنَّهُ) : «**certes** lui», est une particule

qui n'a pas de sens en elle-même. Elle évoque une affirmation :
«certes» (lui ... elle ...), **toujours suivie d'un pronom affixe** ou **d'un
substantif au cas direct (jamais d'un verbe).**

6 — «Mašg̣oul» (مشغول) : «occupé». «Occupation», «travail»,

se dit : šoug̣l (شغل) (synonyme de ʿamal عمل).

Pour dire :
«J'ai du travail», on peut dire : ʿindī šoug̣l (عندي شغل)
ou :
«Je suis occupé» : anā mašg̣oul (moi occupé) (cf leçon 40). أنا مشغول

Pour dire :
«La ligne est occupée» on dit : el ḥaṭṭ mašg̣oul (الخط مشغول).

EXERCICES

١ـ الحرارةُ اليومَ أشدُّ من حرارةِ أمس

Il fait plus chaud aujourd'hui qu'hier
(La chaleur aujourd'hui (est) plus intense qu'hier).

٢ـ حركة مرور السّيّارات أصعب

في وسطِ المدينة

La circulation est plus dense dans le centre de la ville
(le mouvement de la circulation des voitures est plus difficile dans le centre de la ville).

٣ـ إنّهُ من أحدث مستشفياتِ المنطقة

C'est un des plus modernes hôpitaux de la région.
(certes lui) (parmi)

٤ـ لماذا لم تخرج مساءَ الثّلاثاء ؟

Pourquoi n'es-tu pas sorti mardi soir ?

5

ه ـ كان عندي شُغلٌ كثيرٌ في ذلك اليوم

J'avais beaucoup de travail ce jour là.
(était chez moi un travail nombreux)

CONJUGAISON :

Verbe : TRAVERSER

Je traverse	(a´bour)	أعبُر
Tu traverses	(ta´bour)	تعبُر
Tu traverses (fém.)	(ta´bourīn)	تعبرين
Il traverse	(ya´bour)	يعبُر

Participe actif :		
Qui traverse, qui passe, passant	(´abir)	عابِر

6

الدَّرسُ الرَّابعُ و الأربعون

جولةٌ في الحيِّ

١ـ أُنظر إلى هذا البيت، بجانب المسجد؛
يعودُ تأريخُهُ إلى القرونِ الوسطى [5]

٢ـ رائعٌ! ما أَجْمَلَهُ! ... وهذا البابُ مِنَ
الخشبِ المنقوشِ [6]

٣ـ ما رأيتُ أكبر ولا أجمل منهُ في
حياتي!

٤ـ انتظر! في المدينةِ القديمةِ سترى
أبوابًا كثيرة مثلَ هذا [3]

٥ـ ولكنَّنا الآن في المدينةِ الجديدةِ ...
إسمع هذا الضَّجيجَ ـ ألا يتعبُك؟! [4]

٦ـ حياتُنا كلُّها ضجيجٌ في باريس!

٧ـ على كلِّ حالٍ، أنا تعبان ... ما رأيك
لو استرحنا قليلًا؟

7

(La leçon la quatrième et la quarante)

PROMENADE DANS LE QUARTIER

Ahmed à Jacques	**1** — Regarde (vers) cette maison, à côté de la mosquée! Elle date du Moyen Age[1] (son histoire, sa date remonte (revient) jusqu'aux siècles moyens).
Jacques	**2** — Merveilleux ! Qu'elle[2] est belle (qu'il l'a rendue belle)! et cette porte de bois sculpté ...
Jacques	**3** — Je n'ai pas vu plus grande ni (et pas) plus belle qu'elle de ma vie (dans ma vie) !
Ahmed	**4** — Attends ! Dans la vieille ville tu verras de nombreuses portes (des portes nombreuses) comme celle-ci[3].
Ahmed	**5** — Mais nous (sommes) maintenant dans la ville nouvelle ... Ecoute ce bruit ... Est-ce qu'il ne te fatigue pas ?[4]
Jacques	**6** — Toute notre vie n'est que bruit à Paris (notre vie toute elle (est) bruit, à Paris).
Ahmed	**7** — De toutes façons, je suis (moi) fatigué ... Si nous nous reposions un peu? (que penserais-tu si ... quoi ton opinion si ...).

8

٨ ـ بكلِّ سرور

٩ ـ ها هي حديقةُ المدينة ... هيّا نجلس
على هذا المقعد حتّى ندخّنَ سيجارة

١٠ ـ فكرةٌ طيّبة !

١١ ـ هل تريد أن نجلسَ أمامَ الفوّارة ؟

١٢ ـ كما تحبّ !

(يجلسان)

١٣ ـ اللّـه ! كأنّنا في الجنّة : ماءٌ وظلٌّ
و طيورٌ و هدوء !

* *
*

NOTES :

1 — «Woustā» : وسطى est le féminin de awsat : أوسط

Rappelons que ce féminin est voulu ici par la présence d'un
pluriel de choses : siècles (qourōun : قرون
pluriel de qarn : قرن).

2 — «Mā» a ici le sens de «combien ! comme !»

Ex :

jamīl (beau)   mā ajmalahou (comme il est beau)

jamīla (belle)   mā ajmalahā (comme elle est belle)

wāsiʿ (vaste)   mā awsaʿahou (comme il est vaste)

9

| Jacques | **8** — Avec plaisir. |

Ahmed   **9** — Voici le parc municipal (le parc de la ville) ... Allons nous asseoir sur ce banc, pour⁽⁵⁾ fumer (de manière que ... pour que nous fumions) une cigarette.

Jacques   **10** — Bonne idée !

Ahmed   **11** — Veux-tu que nous nous asseyions devant le jet d'eau ?

Jacques   **12** — Comme tu veux !

Ils s'asseyent tous deux.

Ahmed   **13** — Dieu ! On se croirait au Paradis ! (Comme si nous dans le Paradis): (de) l'eau, (de l')ombre, (des) oiseaux et (du) calme !

* *
*

saġīr (petit)   mā aṣġarahou (comme il est petit)

saġīra (petite)   mā aṣġarahā (comme elle est petite)

Les grammairiens arabes considèrent que cette forme peut se décomposer et s'expliquer de la manière suivante :
mā : «combien» ! ajmalahou : «a rendu beau lui» (sujet sous-entendu «houwa» : lui).

Combien (il) l'a rendu beau
Combien (il) l'a rendue belle etc...

Ainsi, «ajmala», «aṣġara», «awsaʿa» ... **sont des verbes de la 4ème forme, forme dite factitive** : «rendre beau», «rendre petit», «rendre vaste» ... **(à ne pas confondre avec les formes de compa-**

ratifs ou de superlatifs telles que :

ajmal : plus beau أَجْمَل

akbar : plus grand أَكْبَر

aṣġar : plus petit etc... أَصْغَر

3 — «Miṭla haḏā» : comme celui-ci, c'est-à-dire : comme cette porte : miṭla haḏā l-bāb (bāb est du masculin en arabe).

4 — Verbe : at'aba ; 4ème forme dite factitive : «rendre fatigué, fatiguer»
(participe actif : mout'ib : مُتْعِب qui fatigue, fatigant)

(participe passif : mout'ab : مُتْعَب qui est rendu fatigué,

fatigué (synonyme de ta'bān : تَعْبَان fatigué).

5 — Ḥattā : حَتَّى jusqu'à ce que, afin que, de sorte que

(toujours suivi du subjonctif) a exactement le sens du «hasta» espagnol auquel il a d'ailleurs donné naissance.

EXERCICES

١ـ إلى أيِّ تأريخٍ يعودُ مسجدُ حيّكم ؟

De quand date la mosquée de votre quartier ?
(à quelle date remonte la mosquée de votre quartier) ?

٢ـ ما أوسعَ هذه المدينةَ وما أجملَها !

Que cette ville est vaste et belle !
(comme il a rendu vaste cette ville et comme il l'a rendue belle) !

٣ـ ألا تريد أن تقومَ بجولةٍ في المدينة حتّى تعرفَ بعضَ أحيائها ؟

Ne veux-tu pas faire une promenade dans la ville pour en connaître quelques quartiers ?
(est-ce que tu ne veux pas que tu accomplisses un tour dans la ville de manière à ce que tu connaisses certains

11

de ses quartiers) ?

٤ـ أزورُ مدينةً "مثل هذه" لِلأوَّل مرَّةٍ

Je visite une ville comme celle-ci pour la première fois.

٥ـ لِنجلس هنا حتَّى نَنتظرَ وصولَ الطّائرةِ

Asseyons-nous ici pour attendre l'arrivée de l'avion
(que nous nous asseyions pour que nous attendions).

CONJUGAISON :

Verbe : REVENIR

Je reviens	(a'oud)	أعـود
Tu reviens	(ta'oud)	تعـود
Tu reviens (fém.)	(ta'oudīn)	تعـوديــن
Il revient	(ya'oud)	يعـود
Elle revient	(ta'oud)	تعـود

هل تريد أن تجلس أمام النافورة ؟

12

جولةٌ في الحيّ

١ ـ يا إلهي [1]! عندي موعد أليوم في البيت ...
نسيتُ ساعتي ... كم السّاعة من فضلك ؟

٢ ـ السّادسة إلّا الثّلث

٣ ـ ... و الموعد في السّادسة بالضّبط ... ماذا
أعمل ؟

٤ ـ كنت أُحبُّ [2] أن أزورَ معك الحيّ كلّه

٥ ـ لا، لا يهمّ ، يا أخي ! أُتركني ... أنت
مستعجل

٦ ـ على أيِّ حال ، شكرًا على مساعدتك منذ
وصولي إلى بلادك .

٧ ـ أرجو أن تبلّغَ [3] عائلتَك شكري الجزيل
على استقبالها الطّيّب

٨ ـ لا شكرَ [4] على الواجب ! قد أصبحتَ
واحدًا منّا

13

(La leçon la cinquième et la quarante)

PROMENADE DANS LE QUARTIER

Ahmed   **1** — Mon Dieu[(1)]! J'ai un rendez-vous aujourd'hui à la maison ... J'ai oublié ma montre ... Quelle heure est-il, s'il te plaît ?

Jacques   **2** — Six heures moins vingt (moins le tiers).

Ahmed   **3** — (Et) le rendez-vous (est) à 18 heures précises (à la 6ème exactement) ! Que faire (quoi je fais) ?

Ahmed   **4** — J'aurais aimé[(2)] (j'aimais) visiter (que je visite) avec toi tout le quartier.

Jacques   **5** — Non, cela ne fait rien (ô mon frère)! ... Laisse-moi ... tu es pressé!

Jacques   **6** — De toutes façons, merci pour ton aide depuis mon arrivée dans (vers) ton pays.

Jacques   **7** — Je te prie de transmettre[(3)] (je prie que tu transmettes) (à) ta famille tous mes remerciements (ma grande gratitude) pour son bon accueil.

Ahmed   **8** — C'est tout naturel (pas de remerciement[(4)] pour le devoir)! Tu es devenu l'un des nôtres (un de nous).

٩ ـ اذا كنتَ محتاجًا اليَّ فيمكنُكَ مخابرتي(٦) في البيت

١٠ ـ مساءَ كلِّ يوم ، اعتبارًا منَ السَّاعةِ السَّابعة.

١١ ـ شكرًا ، لن أنسى(٧) ، طوالَ حياتي ، هذا اليومَ السَّعيد

١٢ ـ لا أستطيع ، للأسف ، أن أصحبَكَ الآنَ إلى الفندق

١٣ ـ لا يهمّ ! سأعودُ وحدي ... سوف أسألُ(٨) النَّاسَ عنِ الطَّريــق

١٤ ـ كما تريد يا أخي ... إلى اللِّقاءِ قريبًا !

١٥ ـ إلى اللِّقاء !

* *
*

NOTES :

1 — إله signifie : «divinité, dieu». «La divinité» se dit :

الإله (el ilah); d'où, par contraction, Dieu se dit : Allah الله

(cf la profession de foi musulmane : (la Sahāda) : الشَّهادة

15

Ahmed	**9** — Si[5] tu as besoin de moi, tu peux me téléphoner[6] (il t'est possible le fait de me téléphoner) à la maison.
Ahmed	**10** — Tous les soirs (au soir de chaque jour) à partir (à compter) de 19 heures (de l'heure la 7ème).
Jacques	**11** — Merci; de ma vie je n'oublierai[7] (je n'oublierai pas tout au long de ma vie) ce jour heureux.
Ahmed	**12** — Je ne peux pas, malheureusement, t'accompagner (que je t'accompagne) maintenant à (vers) l'hôtel.
Jacques	**13** — Cela ne fait rien (peu importe) ... Je rentrerai seul ... Je demanderai[8] (aux) gens (j'interrogerai les gens au sujet de) mon chemin.
Ahmed	**14** — Comme tu voudras (ô mon frère) ... A bientôt (à la rencontre, prochainement) !
Jacques	**15** — Au revoir.

Lā ilaha illa llah لا إله إلّا الله
(il n'y a de divinité que Dieu).

2 — «Kountou ouhibb» كنت أُحبّ signifie en fait : «j'aimais»

(le verbe kāna : كَانَ suivi d'un autre verbe au présent exprime

16

la notion d'imparfait). Ici, il convient de traduire par : «j'aurais aimé» ...

3 — «Touballig» : نَـبَـلْـغ est un verbe de la 2ème forme

qui a le sens de : «faire parvenir, transmettre»; (balaǧa بَـلَـغَ

signifiant : «parvenir, atteindre»).

Ce verbe à la 2ème forme se construit avec un **double accusatif** (2 compléments d'objet). Ex :

    Transmets à ta famille mes remerciements se dit :

balliǧ بَـلِّـغ ʿailatak عَـائِـلَـتَـك šoukrī شُـكْـري
(transmets) (ta famille) (mon remerciement)

D'autres verbes se construisent également avec un double complément d'objet direct. Ils appartiennent en général à la 2ème et à la 4ème forme (factitives).

Ex :
—ʿallama : عَـلَّـم (2ème forme) : «faire savoir», «enseigner».

Pour dire : «Il m'enseigne l'arabe», on dira :

    Il enseigne moi l'arabe
    (youʿallimounī l-ʿarabiya) يَـعَـلِّـمُـنِـي العربيّـة

— aʿtā : أَعْـطَـى (4ème forme) : «donner».

Pour dire : «Il a donné un livre à ton frère», on dira :

    Il a donné ton frère un livre أَعْـطَـى أَخَـاك كِـتَـابًـا
    (aʿtā   aḥāk(a)   kitaban)

4 — «Lā šoukra» : «pas de remerciement» !
(c'est-à-dire : «absolument pas de remerciements»)!

Lā (لا) suivi d'un **nom** portant le son **«a» sur la**

dernière lettre exprime une **négation absolue** :

Ex :
— lā šakka anna : لا شَـكَّ أنَّ (il n'y a pas de doute que

... il n'y a pas le moindre doute que ...)
— lā aḥada fī : لا أَحَـدَ في (il n'y a personne dans ... pas un

dans ... il n'y a absolument personne dans ...)

5 —
    «idā» : إذا «si». Particule exprimant une **éventualité** :

«si d'aventure», «s'il advient que» ... **toujours suivie en arabe d'un verbe au passé traduit en français par un présent.**

En principe, les verbes des 2 membres de la phrase double sont au passé en arabe.

Ex : idā aradta, dahabnā maᶜan : Si tu veux nous irons ensemble (si **tu as voulu** nous sommes allés ensemble).

Dans la langue moderne, on a tendance, le plus souvent, à remplacer le verbe au passé par un verbe au présent :

Ex : ici :

·   «Si tu as besoin de moi, tu peux me téléphoner à la maison».

Autre ex :

idā kounta taᶜban fahoud(i) s-sayyāra
Si tu es fatigué, prends la voiture
(si **tu étais** fatigué, eh bien, prends la voiture).

6 — «Mouhābaratī» : nom d'action du verbe hābara : خَابَرَ de la 3ème forme.

Les noms d'action sont très fréquemment utilisés en arabe à la place du verbe.

Ex :   au lieu de dire : (youmkinouka mouhābaratī)
Il t'est possible le fait de me téléphoner
on aurait pu avoir :
(youmkinouka an touhābiranī)
Il t'est possible que tu me téléphones .

7 — «lan» :   لَنْ   : **négation au futur, toujours suivie du présent du subjonctif** (cf leçon 35).

8 — Le verbe «interroger», «demander quelque chose» est **transitif**. Il évoque toujours une **notion d'interrogation** (très souvent suivi de : ᶜan : عَنْ «au sujet de»).

Ex :   — Demande aux gens le chemin
(questionne les gens au sujet du chemin)
(is'al(i) n.nās(a) ᶜan(i) t-tarīq)

— Interroge-les au sujet de l'avion
(is'alhoum ᶜan(i) t.tāira)

A ne pas confondre avec le verbe demander : talaba : طَلَبَ
Celui-ci n'évoque pas la notion de «questionner» mais plutôt celle de «réclamer, solliciter» ...

Ex :   Demande (de) lui de te donner
(outloub minhou an youᶜtiyak...)
Mais on ne pourrait pas dire pour la même phrase :
Interroge-le qu'il te donne
(is'alhou an youᶜtiyak ...)

18

EXERCICES

١ـ أُخابِرُكَ حَتّى أسأَلكَ عَن ساعَةِ
موعِدِنا غَدًا

Je t'appelle pour te demander l'heure de notre rendez-vous (de) demain (je te téléphone afin que je t'interroge sur...)

٢ـ تَستَطيعُ أنْ تُخابِرَني في المَكتَب
طَوالَ الأُسبوع

Tu peux m'appeler au bureau toute la semaine
(tu peux le fait de me téléphoner au bureau tout au long de la semaine).

٣ـ إذا كُنتَ موجودًا في البَيتِ بَعدَ الظُّهرِ،
سيُمكِنُنا أنْ نَقومَ بِجَولةٍ مَعًا

Si tu es chez toi après midi, nous pourrons faire un tour ensemble
(si tu es présent à la maison après midi, il nous sera possible que nous fassions un tour ensemble).

٤ـ لا تَنسَ أنْ تُبَلّغَ زَوجَتَكَ وأولادَكَ
تَحيّاتي الحارّة

N'oublie pas de transmettre mes chaleureuses salutations à ton épouse et à tes enfants
(n'oublie pas que tu transmettes ton épouse et tes enfants mes salutations chaleureuses).

٥ـ هل سَتَستَطيعُ أنْ تَعودَ وَحدَكَ إلى البَيتِ؟

Est-ce que tu pourras rentrer seul à la maison ?

19

CONJUGAISON :

Verbe : INTERROGER (questionner)

J'interroge, je questionne	(as'al)	أَسْأَل
Tu interroges	(tas'al)	تَسْأَل
Tu interroges (fém.)	(tas'alīn)	تَسْأَلِين
Il interroge	(yas'al)	يَسْأَل
Elle interroge	(tas'al)	تَسْأَل
Interroge !	(is'al)	إِسْأَلْ !
ou :	(sal)	سَلْ !

عندي موعد اليوم
في البيت ...

20

الدَّرسُ السّادسُ و الأربعون

في المكتبـة

١ ـ صباحَ الخيـر !

٢ ـ صباحَ النّور ! ماذا ترغب يا سيّدي ؟

٣ ـ أُريد أَن أَشتريَ[5] بعضَ الكتب

٤ ـ تفضّل ! كُتُبُنا كلُّها فوقَ هذه الرّفوف[6]

٥ ـ شكرًا !

(ينظر إلى الكتب)

٦ ـ طيّب ! أَخذ هذا القاموسَ الفرنسيَّ العربيَّ وكتابَ النّحو هذا[3]

٧ ـ أَلا تريد شيئًا آخر ؟

٨ ـ نعم ... أَحتاج إلى ورق[4] للمُراسَلَة[5] مع ظروف[6]

٩ ـ عندي ورق من أَلوان متنوّعـة :

(La leçon la sixième et la quarante)

A LA LIBRAIRIE

Jacques au   **1** — Bonjour !
libraire
(Jacques au propriétaire de la librairie).

Le libraire   **2** — Bonjour ! Que désirez-vous (que désires-tu), Monsieur ?

Jacques   **3** — Je voudrais acheter[1] (je veux que j'achète) quelques livres.

Le libraire   **4** — Je vous en prie ! Tous nos livres (nos livres tous eux) (sont) sur ces étagères[2].

Jacques   **5** — Merci !

(Il regarde les livres).

Jacques   **6** — Bon ! Je prends ce dictionnaire français-arabe et ce livre de grammaire[3] (livre de la grammaire celui-ci).

Le libraire   **7** — Vous ne voulez pas autre chose (est-ce que tu ne veux pas une chose autre) ?

Jacques   **8** — Oui ... J'ai besoin de papier[4] à lettres[5] (pour la correspondance) avec des enveloppes[6].

Le libraire   **9** — J'ai du papier de toutes les cou-

22

أبيض وأزرق وأخضر ووردي... ماذا
تفضّل ؟

١٠ - الأبيض أحسن

١١ - إذن ، أعطيك ⑦ ظروفاً بيضاء .

$$* \quad *$$
$$*$$

NOTES :

1 — Verbe «ištarā» : إِشْتَرَى qui a donné le verbe français :
acheter.

2 — «Roufoūf», pluriel de raff : رَفّ étagère.

3 — Noter la construction : ...«et (le) livre de la grammaire celui-ci» pour dire : «ce livre de grammaire».

On aurait pu avoir : ... «et ce livre *pour la grammaire*»
(wa hadā l-kitāb *li*-n-nahw) وهذا الكتاب للنّحو

mais la tournure aurait été un peu moins arabe.

4 — «waraq» (du papier) : le mot est un collectif car il évoque
une «matière».

— Une feuille de papier se dit : waraq*a* ورقة (singulatif)

Pluriel : awrāq أوراق papiers, feuilles.

5 — «Mourāsala» : nom d'action de la 3ème forme ; le verbe :
rāsala : رَاسَلَ signifiant : correspondre, s'envoyer des lettres

(rasā'il) l'un l'autre ; (notons la notion de **réciprocité** contenue dans
la 3ème forme).

6 — «Zouroūf» pluriel de «zarf» : ظرف enveloppe ; (on trouve

aussi le mot : mougallaf مغلّف dans le même sens).

23

leurs (de couleurs variées) : blanc, bleu, vert, rose ... Que préférez-vous ? (que préfères-tu) ?

Jacques

10 — Le blanc plutôt (le blanc(est) mieux) !

Le libraire

11 — Par conséquent (donc) je vais vous donner[7] (je te donne) des enveloppes blanches .

**
*

7 — Construction du verbe «**donner**» a‘tā : أَعْطَى avec un

double accusatif :
— Donc je donne toi des enveloppes
(id̲an ou‘tīka zourōufan)

إِذَنْ ، أُعْطِيكَ ظُروفًا

EXERCICES

١ ـ هل ترغب في أن تشتري أشياء كثيرة ؟

Est-ce que tu désires acheter beaucoup de choses ?
(est-ce que tu désires dans que tu achètes des choses nombreuses) ?

٢ ـ لم أُراسلْهُ منذ زمن طويل

Je ne lui ai pas écrit depuis longtemps
(je n'ai pas correspondu (avec) lui ...).

٣ ـ هل تريد قلمًا ناشفًا أم قلمًا بريشة ؟

Veux-tu un stylo à bille ou un stylo à plume ?

24

٤ـ أعطني حبرًا أسود وورقًا من

الدرجة الأولى

Donne-moi de l'encre noire et du papier de première qualité (du 1er degré).

CONJUGAISON :

Verbes : ACHETER — ECRIRE (Correspondre)

J'achète	(aštarī)	أشتري
Tu achètes	(taštarī)	تشتري
Tu achètes (fém.)	(taštarīn)	تشترين
Il achète	(yaštarī)	يشتري
Elle achète	(taštarī)	تشتري

J'écris à. je corresponds avec	(ourāsil)	أراسل
Tu écris à	(tourāsil)	تراسل
Tu écris à (fém.)	(tourāsilīn)	تراسلين
Il écrit à	(yourāsil)	يراسل
Elle écrit à	(tourāsil)	تراسل

Verbe transitif :

   Ex : Je vais t'écrire se dit :
     je vais écrire toi (sawfa ourasilouk)   سوف أراسلك

الدَّرسُ السَّابِعُ وَالأَرْبَعُونَ

فِي المَكْتَبَةِ

١ـ هَلْ عِنْدَكَ بِطَاقَاتٌ بَرِيدِيَّةٌ جَمِيلَةٌ؟

٢ـ طَبْعًا عِنْدِي بِطَاقَاتٌ مُلَوَّنَةٌ (١) فَاخِرَةٌ

٣ـ فِيهَا مَنَاظِرُ جَمِيلَةٌ لِلْمَدِينَةِ (٢) وَضَوَاحِيهَا

٤ـ إِنَّهَا جَمِيلَةٌ جِدًّا (٣) ... تُعْجِبُنِي كَثِيرًا

(جَاك يَنْظُرُ فِي البِطَاقَاتِ)

٥ـ أُنْظُرْ! هَذَا هُوَ الشَّارِعُ الأَكْبَرُ وَهَذَا
مَنْظَرٌ لِحَدِيقَةِ المَدِينَةِ

٦ـ مَا أَجْمَلَ الأَلْوَانَ (٤)! ... طَيِّبْ ... أَخِذُهَا
لِإِرْسَالِهَا (٥) إِلَى بَعْضِ الأَصْدِقَاءِ (٦) فِي بَارِيسَ

٧ـ أَلَا تُرِيدُ أَكْثَرَ مِنْ هَذِهِ البِطَاقَاتِ
الثَّلَاثِ؟

27

apprendre une langue étrangère avec le livre Assimil c'est facile et efficace

A l'aide d'un cours Assimil enregistré c'est encore plus facile et plus efficace

faites-en l'essai et jugez vous-même en demandant dès aujourd'hui le test gratuit

--------------------------------✂-----

Ce bon devant servir d'étiquette d'envoi est à compléter, et à nous adresser sous enveloppe. Joindre 3 F. en timbres poste pour la France et D.O.M. ou équivalent en coupon réponse International pour l'Étranger.

Je suis intéressé (e) par votre offre gratuite que je désire recevoir sans engagement de ma part.

Sur disque ☐

Sur cassette ☐

Titre de votre livre : _____

Profession : _____

LEÇON 47

(La leçon la septième et la quarante)

A LA LIBRAIRIE

Jacques
1 — Avez-vous (est-ce que tu as) de belles cartes postales ?

Le libraire
2 — Bien sûr. J'ai de splendides cartes en couleur (des cartes coloriées[1] splendides).

Le libraire
3 — Avec (dans elles) de belles vues de[2] la ville et de ses environs.

Jacques
4 — Elles[3] (certes elles) (sont) très belles... Elles me plaisent beaucoup.

Jacques examine les cartes.

Le libraire
5 — Regardez (regarde) ! Voici (ceci lui) la grand'rue (la rue la plus grande) et voici (ceci) (est) une vue du parc municipal (du parc de la ville).

Jacques
6 — Quelles belles couleurs[4] (comme il a rendu belles les couleurs) ! ... Bien ... Je les prends pour les envoyer[5] (pour leur envoi) à quelques amis[6] de Paris (à Paris).

Le libraire
7 — Vous ne voulez que ces 3 cartes ? (est-ce que tu ne veux pas plus que ces 3 cartes) ?

28

٨ ‏- شكرًا ، هذا يكفي ⑦ ... هل تبيع جرائد
أيضًا ! أحبُّ أن أعرف الأخبار

٩ ‏- نعم، عندي جرائد و مجلّدات كثيرة ...
تفضّل !

١٠‏- إنّها موجودة بجانب الباب

١١‏- إلى اليمين تجدُ الجرائد و إلى اليسار
المجلّدات ⑧ الأسبوعيّة و الشّهريّة ⑨

*
*

NOTES :

1 — «Moulawwana» : ملوَّنة coloriée; participe passif du verbe «lawwana» : لوَّنَ de la 2ème forme : mettre des couleurs, colorier (racine : «lawn» لون couleur).

2 — «li» : لِ a le sens de «de» (proche ici de : «min» : de).

3 — «Innahā» : إنّها : certes elle (cf leçon 43).

4 — «mā ajmala l-alwān» ! «mā» exclamatif (cf leçon 44).

5 — «Li irsālihā ilā»... لإرسالها إلى : pour ieur envoi vers, à...

Notez l'utilisation du nom d'action «irsāl» : fait d'envoyer, au lieu du verbe (cf leçon 45).

Ici le nom d'action est celui du verbe «arsala» : أرسلَ envoyer, de la 4ème forme.

Jacques	**8** — Oui, merci ... cela suffit[7] ... Vendez-vous (est-ce que tu vends) également des journaux ?... J'aimerais (j'aime) connaître (que je connaisse) les nouvelles.
Le libraire	**9** — Oui, j'ai de nombreux journaux et revues (journaux et revues nombreux) ... Je vous en prie (je t'en prie).
Le libraire	**10** — Ils se trouvent (certes eux présents, existant) à côté de la porte.
Le libraire	**11** — A droite vous trouverez (tu trouves) les journaux et à gauche les revues[8] hebdomadaires et mensuelles[9].

* *
*

6 — «aṣdiqā¹» : amis, pluriel de ṣadīq : صديق

7 — «hadā yakfī» : cela suffit.
Cela me suffit se dit : hadā yakfīnī : هذا يكفيني

Cela te suffit se dit : hadā yakfīk : هذا يكفيك etc...

C'est suffisant (participe actif) : hadā kāfin : هذا كافٍ

8 — «Majallāt» : revues, pluriel de «majalla» : مجلّة

Les **pluriels féminins** en «āt» اـَتـ n'ont que **deux terminaisons,** celle du **sujet** et celle du **complément indirect.**

Ex : majallāt(oun) : (sujet) مجلّدتٌ

a'tinī majallāt(in) : (complément d'objet direct,
أعطني مجلّدتٍ

30

la terminaison est cependant celle du cas indirect).

fī majallat(*in*) : في مجلّدتٍ (terminaison normale du cas indirect).

9.

أُسْبُوعِيّ hebdomadaire	; de	أُسْبُوع	semaine
شَهْرِيّ mensuel	; de	شَهْر	mois
يَوْمِيّ quotidien	; de	يَوْم	jour
سَنَوِيّ annuel	; de	سَنَة	année.

EXERCICES

١ ـ ما وصلتني أخبارٌ عنهم منذ زمنٍ طويلٍ

Je n'ai pas reçu de nouvelles d'eux depuis longtemps (ne me sont pas arrivées de nouvelles à leur sujet depuis longtemps).

٢ ـ هل عندكم مجلّاتٌ علميّةٌ في المكتبة؟

Est-ce que vous (pluriel) avez des revues scientifiques dans la librairie ?

٣ ـ هل وصلتِ الصّحفُ الصّباحيّةُ؟

Les journaux du matin sont-ils arrivés ? (est-ce que sont arrivés les journaux matinaux) ?

٤ ـ لا، يا سيّدي، ننتظرها من وقتٍ إلى آخرَ

Non, Monsieur; nous les attendons d'un moment à l'autre.

31

Français			
Janvier	kānounou t-tānī	كانون الثاني	ou : yanāir — يناير
Février	soubāt	شباط	ou : fibrāir — فبراير
Mars	ādār	آذار	ou : mārs — مارس
Avril	nīsān	نيسان	ou : ibrīl — أبريل
Mai	ayyār	أيار	ou : māyou — مايو
Juin	hazīrān	حزيران	ou : younyou — يونيو
Juillet	tammouz	تموز	ou : youlyou — يوليو
Août	āb	آب	ou : aġoustous — أغسطس
Septembre	ayloūl	أيلول	ou : sibtambar — سبتمبر
Octobre	tisrīnou l-awwal	تشرين الأول	ou : ouktoūbar — أكتوبر
Novembre	tisrīnou t-tānī	تشرين الثاني	ou : noufambar — نوفمبر
Décembre	kānounou l.awwal	كانون الأول	ou : dīsambar — ديسمبر

CONJUGAISON :

Verbes : TROUVER — ENVOYER

Je trouve (propre et figuré)	(*a*jid)	أجِد
Tu trouves	(*ta*jid)	تجِد
Tu trouves (fém.)	(*ta*jid*īn*)	تجِدين
Il trouve	(*ya*jid)	يجِد
Nous trouvons	(*na*jid)	نجِد
Vous trouvez	(*ta*jid*ōun*)	تجِدون
Ils trouvent	(*ya*jid*ōun*)	يجِدون

الدَّرسُ الثَّامِن و الأُربعون

في المَكتبــة

(جاك ينظرُ إلى الجرائدِ و المجلّدتِ؛
ثمّ يأخذُ واحدةً منها)

١ـ هذه المجلّة قرأتُها في الطّائرة يومَ
الخميسِ ... كيفَ تجدُها !

٢ـ واللّهِ! فاخرةٌ ... تصدرُ مرّةً ٥ واحدة
في الأُسبوع

٣ـ إنّها مِن أحسنِ المجلّدتِ

33

J'envoie	(oursil)	أرسل
Tu envoies	(toursil)	ترسل
Il envoie	(yoursil)	يرسل

ما أجمل الألوان !!

LEÇON 48

(La leçon la huitième et la quarante)

A LA LIBRAIRIE

Jacques regarde les journaux et les revues; puis en prend une (une d'elles)

Jacques   **1 —** Cette revue, je l'ai lue dans l'avion, jeudi ... Comment la trouvez-vous? (comment tu la trouves)?

Le libraire   **2 —** Par Dieu ! Magnifique ! ... Elle paraît une fois[1] par semaine (dans la semaine).

Le libraire   **3 —** C'est une des meilleures revues

في جميع المجالات (©) : الأخبار والأدب
والاقتصاد والعلم والسّياسة إلى آخره.

٤ـ طيّب ! قرأت هذا العدد... سآخذُ العددَ
التّالي مع هذه الصّحيفة.

٥ـ كم ، من فضلك ؟

٦ـ عندك : قاموس وكتاب نحو و ورق
للمراسلة

٧ـ ثمّ عندك : ظروف وبطاقات بريديّة
مع مجلّة وصحيفة... أليس كذلك ؟

٨ـ مضبوط !

٩ـ تفضّل ! هذا هو السّعر !
(جاك ينظر في الحساب)

١٠ـ ربّما تجدُه غاليًا (©) !

١١ـ لا ، إنّهُ عاديٌّ (©) ... تفضّل !
(جاك يدفع)

١٢ـ شكرًا ، يا سيّدي ... مع السّلامة ...

(certes elle parmi, d'entre les meilleures revues) dans tous les domaines[2] : (les) nouvelles, (la) littérature, (l') économie, (la) science, (la) politique etc...

Jacques   **4 —** Bien ! J'ai lu ce numéro (ce nombre) ... Je vais prendre le numéro suivant ainsi que (avec) ce journal.

Jacques   **5 —** Combien, s'il vous plaît ?

Le libraire   **6 —** Vous avez (tu as) : (un) dictionnaire, (un) livre de grammaire et du papier à lettres (pour la correspondance).

Le libraire   **7 —** Ensuite, vous avez : (des) enveloppes et (des) cartes postales ainsi que (avec) (une) revue et (un) journal ... N'est-ce pas ?

Jacques   **8 —** Exactement !

Le libraire   **9 —** Tenez ! Voilà le prix !

Jacques examine la facture (le compte)

Le libraire   **10 —** Peut-être trouvez-vous cela cher[3] ! (peut-être tu trouves lui cher) !

Jacques   **11 —** Non, c'est normal[4] (certes lui habituel, normal) ... Tenez !

Jacques paie

Le libraire   **12 —** Merci, Monsieur ... Au revoir ...

آه، لا تنسَ رزمتَك !

١٣- شكراً ... مع السَّلامة !

**
*

NOTES :

1 — «Marratan» : terminaison du cas direct voulue par le caractère circonstanciel de temps attaché au mot.

D'autre part, pour dire : «une fois», on aurait pu se contenter
de dire : marra مرّة . Mais «wāhida» (une) واحدة introduit

la notion de «une seule».

2 — «Majālāt» pluriel de majāl : مجال domaine, champ.

3 — «gālin» : غالٍ «cher», contraire de : rahīs رخيص «bon

marché».

4 — «ᶜadiy» (habituel, normal) de ᶜāda : عادة : «habitude».

«D'habitude» se dit : ᶜādatan : عادةً (avec la terminaison du

cas direct des circonstanciels).

EXERCICES

١- أجدُك تعبان

Je te trouve fatigué
(je trouve toi fatigué).

٢- هل تجد هذا الكتاب جيّداً ؟

Est-ce que tu trouves bien ce livre ?
(est-ce que tu trouves ce livre bien)?

٣- نعم، اشتريتُهُ منذ أسبوع، وقد

قرأتُ منه الجزءَ الأكبر

Oui, je l'ai acheté il y a une semaine et j'en ai déjà lu la

37

Eh ! N'oubliez pas votre paquet !

Jacques   **13 — Merci ... Au revoir !**

✱✱
✱

plus grande partie
(oui, j'ai acheté lui depuis (une) semaine et j'ai lu de lui la
partie la plus grande).

٤ ـ هل تصدر هذه الصّحف يوميًّا وهل

هناك مجلّات أسبوعيّة في السّياسة

والاقتصاد ؟

Est-ce que ces journaux paraissent tous les jours et est-ce
qu'il y a des revues hebdomadaires en politique et en
économie ?
(est-ce que paraissent ces journaux quotidiennement et
est-ce que là (des) revues hebdomadaires dans la politique
et l'économie) ?

٥ ـ أيُّ نوعٍ مِنَ الكتب عندكم في هذه المكتبة؟

Quel genre de livres avez-vous dans cette librairie ?
(quel genre en fait de (les) livres chez vous dans cette
librairie) ?

لا تنسَ رزمتك !

CONJUGAISON :

Verbes : LIRE — PAYER

J'ai lu	(qara'tou)	قرأتُ
Tu as lu	(qara'ta)	قرأتَ
Tu as lu (fém.)	(qara'ti)	قرأتِ
Il a lu	(qara'a)	قرأ
Elle a lu	(qara'at)	قرأتْ

الدّرسُ التّاسع و الأُربعون

مراجعة

Lors de la dernière leçon de révision, nous avons vu comment se formaient les participes actifs et les noms d'action des verbes de la 2ème forme.

Aujourd'hui, nous allons étudier deux formes nouvelles déjà rencontrées au cours des leçons précédentes.

Ce sont la **3ème** et la **4ème formes.**

1 — Formation de la 3ème forme

Elle exprime une notion de «mouvement» et se construit, en général, directement avec un complément d'objet direct.

Prenons la racine : r s l : رسل

(notion «d'envoyer un message», «d'écrire» à ...)

Je paie	(adfaᵓ)	أدفع
Tu paies	(tadfaᵓ)	تدفع
Tu paies (fém.)	(tadfaᵓîn)	تدفعين
Il paie	(yadfaᵓ)	يدفع

✴ ✴

✴

LEÇON 49

(La leçon la neuvième et la quarante)

Révision

Pour obtenir la 3ème forme, il suffit d'ajouter un
« ا » à la première radicale :

رَاسَلَ Correspondre avec, écrire à,
envoyer un message à ...

— Le **participe actif** se forme en faisant précéder la
1ère radicale de « ـمُ »

مُرَاسِل Qui correspond avec, qui écrit
à ... correspondant

— **Nom d'action**

مُرَاسَلَة Correspondance, fait de correspondre avec, d'écrire à ...

40

Remarque à propos du nom d'action

On trouve aussi, à côté du thème : مُـ ـَ ا ـِ ـَ ة

le thème : ـَ ا ـِ ـ

Ex : عِلَاج ـ مُعَالَجَة   traitement

2 — La 4ème forme

Celle-ci évoque une notion **essentiellement factitive**
(comme la 2ème forme, avec quelques nuances) :

Prenons la racine ـ ـ ـ
Savoir, il a su   عَلِمَ

La 4ème forme s'obtient en faisant précéder la
première radicale d'un « أ »

ـَ ـ ـ devient : أَ ـْ ـَ ـ

أَعْلَمَ   Faire savoir, informer.

Le participe actif se forme en mettant un « مُ »
avant la première radicale : ـ ـ ـَ ـْ مُ

مُعْلِم   Qui fait savoir, qui informe.

Nom d'action   إِ ـْ ـَ ا ـْ

إِعْلَام   Fait de faire savoir, d'informer, information.

Voici un autre exemple de 4ème forme :
Prenons la racine : دَخَلَ   entrer, il est entré.

Le verbe à la 4ème forme devient : أَ ـْ ـَ ـ

أَدْخَلَ   Faire entrer

Participe actif   ـ ـ ـَ ـْ مُ

مُدْخِل   Qui fait entrer

41

Nom d'action إِـَـِاـْ

إِدْخَال   Fait de faire entrer

Voici un petit exercice simple.

Essayez, à partir des racines suivantes : خـبـر ـ بـلـغ

de former des 3ème et des 4ème formes avec leurs participes actifs et leurs noms d'action :

3ème forme : ـَـاـَـَ

Part. actif : مُـَـاـِـ   . . .

Nom d'action : مُـَـاـَـَـة   . . .

4ème forme : أـْـَـَ

Part. actif : مُـْـِـ   . . .

Nom d'action : إـْـَاـ   . . .

NOTES :

Depuis le début de la méthode, vous avez rencontré un certain nombre de **noms désignant des «lieux»** et dont la configuration est, à quelques différences de voyelles près, presqu'invariablement la même.

Ainsi les mots :

maktab   مَكْتَب   «bureau», lieu où l'on écrit (de : كَتَبَ écrire)

masjid   مَسْجِد   «mosquée», lieu où l'on «se prosterne» (de : سَجَدَ : se prosterner)

maṭᶜam   مَطْعَم   «restaurant», lieu où l'on mange (de : طَعَام : nourriture)

42

manzil — مَنْزِل مَ ـُ ـَ ـْ

«demeure, maison», lieu où l'on descend, où l'on demeure (de : نَزَلَ : descendre, demeurer).

madrasa — مَدْرَسَة

«école», lieu où l'on étudie (de : دَرَسَ : étudier).

etc...

Remarque à propos de plusieurs de ces noms :
Leurs **pluriels** se forment tous sur un thème quasi identique :

Ex :   مَ ـُ ـَ ـْ   مَ ـَ ـَ ا ـ

maktab	مكتب	makātib	مكاتب
manzil	منزل	manāzil	منازل
masjid	مسجد	masājid	مساجد
maṭ'am	مطعم	maṭā'im	مطاعم

etc...

أُحِبّ الطَّعام الحارّ

Ces noms, **au pluriel** lorsqu'ils sont **indéterminés**, se terminent en ‿ُ (*ou*) au **cas sujet** :

Ex : مكاتبُ جميلة makātib*ou* jamīla

— en ‿َ (*a*) au **cas direct**

رأيت مكاتبَ جميلة

ra'aytou makātib*a* jamīla

— en ‿َ (*a*) au **cas indirect**

في مكاتبَ جميلة

fī makātib*a* jamīla

Déterminés, ils retrouvent leurs terminaisons

— *ou* ‿ُ au **cas sujet** Ex :

ألمكاتبُ الجميلة

— *a* ‿َ au **cas direct** Ex :

ألمكاتبَ الجميلة

et *i* ‿ِ au **cas indirect** Ex :

في المكاتبِ الجميلة

الدَّرْسُ الخَمْسُون

إلى مكتبِ البريد

١- عفوًا ، يا سيِّدي ؛ هل يُوجَد مكتب
بريد[؟]، قريبًا من هنا ؟

٢- هل تعرف المدينةَ جيِّدًا ؟

٣- قليلٌ ، أنا هنا منذ بضعةِ[؟]
أيَّام فقط

٤- طيِّبٌ ! على كلِّ حال ، ستلقاهُ
بسهولةٍ ؛ ليس بعيدًا

٥- أنظرْ ! بعد هذا الضَّوءِ الأحمرِ ،
تدورُ إلى اليمينِ

٦- ثمَّ تنزل من شارع "الجامعة"
حتَّى تمرَّ بالغرفةِ التِّجاريَّة[؟]

٧- و بعدَها تجد مكتبَ البريدِ
الكبيرِ .

(La leçon la cinquantième)

VERS LA POSTE
(vers le bureau de la poste)

Jacques à un passant	**1** — Pardon, Monsieur; y a-t-il un bureau de poste[1] près d'ici ?
Le passant	**2** — Est-ce que vous connaissez (tu connais) bien la ville ?
Jacques	**3** — Un peu; je suis ici (moi ici) depuis quelques[2] (un petit nombre de) jours seulement.
Le passant	**4** — Bon ! De toutes façons, vous le trouverez facilement (tu le rencontreras avec facilité); ce n'est pas loin (il n'est pas éloigné).
Le passant	**5** — Regardez (regarde) : après ce feu rouge, vous tournez à droite (tu tournes vers la droite) ...
Le passant	**6** — Ensuite, vous descendez (tu descends) (par) la rue de l'Université jusqu'à ce que vous passiez (que tu passes) devant la Chambre de Commerce[3] (commerciale).
Le passant	**7** — Après cela (et après elle) vous trouverez (tu trouves) la grande Poste (le bureau de la poste le grand).

٨ـ متشكّر !

٩ـ عفواً ، يا سيّدي !

**

NOTES :

1 — «Maktab barīd» : «un bureau de poste». Les deux mots en arabe sont indéterminés. (cf «un livre de grammaire» : kitāb naḥw - leçon 48).

2 — A un **sens voisin de** «baᶜd» بعض «quelques»; mais évoque une notion de **paucité** : «un petit nombre de».

Différence avec «baᶜd» :

Alors que celui-ci est **invariable** quel que soit le genre du mot qui suit :

Ex : baᶜdou r-rijāl بعضُ الرِّجال : quelques hommes

baᶜdou n-nisā' بعضُ النِّساء : quelques femmes.

«bidᶜ» : بضع s'accorde avec **le genre du mot suivant,** de la **même façon que les nombres** (cf règle des nombres - leçons 15, 18, 21).

Ex :

bidᶜat ašhour (fém.) بضعة أشهر : un petit nombre de mois.

bidᶜat ayyām (fém.) بضعة أيّام : un petit nombre de jours.

bidᶜ (masc.) sanawāt (fém.) بضع سنوات : un petit nombre d'années.

3 — «tijāriy» : «commercial», de «tijāra» تجارة : commerce.

47

Jacques   8 — Merci! (reconnaissant)

Le passant   9 — Je vous en prie (de rien), Mon-
               sieur !

⁂

EXERCICES

١ـ سنمرُّ من هنا قبل أن ندخلَ الشّارعَ

الرّابعَ

Nous passerons par ici avant de pénétrer dans la 4ème
rue
(nous passerons d'ici avant que nous entrions la rue la
4ème).

٢ـ لا بدَّ للعابرينَ من انتظارِ الضّوءِ الأحمرِ

لكي يقطعوا الشّارعَ

Les passants doivent attendre le feu rouge pour traverser
la rue
(il n'y a pas d'échappatoire pour les passants au fait
d'attendre le feu rouge de manière à couper (à traverser)
la rue).

٣ـ لا بدَّ أن تنزلَ من هذا الشّارعِ حتّى

تجدَ موقفَ السّيّاراتِ

Il faut que tu descendes par cette rue jusqu'à ce que tu
trouves le parc de stationnement de voitures.
(il n'y a pas d'échappatoire que tu descendes par cette
rue jusqu'à ce que tu trouves le parc de stationnement de
voitures.)

CONJUGAISON :

Verbes : PASSER (circuler) — TOURNER

Je passe, je circule	(amourr(ou))	أَمُرّ
Tu passes	(tamourr(ou))	تَمُرّ
Tu passes (fém.)	(tamourrīn)	تَمُرّيـن
Il passe	(yamourr(ou))	يَمُرّ

Suivi de «bi»: signifie «passer devant, passer à côté de, passer par» Nom d'action : fait de circuler, circulation, passage «mouróur»	: مرور

الدَّرسُ الحادي و الخمسون

في مكتب البريد

١ - أَ أَنتَ الّذي تبيعُ الطَّوابعَ ؟

٢ - نَعم ، ماذا تريد ؟ طوابع للبطاقاتِ البريديّةِ أم للرَّسائل ؟

٣ - أعطني ثلاثةَ طوابعَ للبطاقاتِ وستّةً للرَّسائل .

49

Je tourne (autour)	(adoūr)	أدور
Tu tournes	(tadoūr)	تدور
Tu tournes (fém.)	(tadoūrīn)	تدورين
Il tourne	(yadoūr)	يدور

من تعرف المدينة جيّداً ؟

LEÇON 51

(La leçon la première et la cinquante)

A LA POSTE
(Au bureau de la poste)

Jacques à l'employé

1 — C'est vous qui[1] vendez (toi lequel tu vends) les timbres ?[2]

L'employé

2 — Oui, que voulez-vous (qu'est-ce que tu veux) : (des) timbres pour (les) cartes postales ou pour (les) lettres[3] ?

Jacques

3 — Donnez-moi (donne-moi) trois timbres pour (les) cartes et six pour (les) lettres.

50

٤ـ لرسائلَ مسجَّلةٌ[٤] أم لا ؟

٥ـ لا ، عاديّة ، ولكن ، بالبريدِ الجوّيّ

٦ـ والبطاقاتُ ، هل ترسلُها بالبريدِ
الجوّيّ هيَ الأخرى ؟

٧ـ معلومٌ !

٨ـ طيّب ! أعطني الرّسائلَ لِوزنِها[٥]
آه ، ترسلُها إلى فرنسا ؟

٩ـ نعم
(الموظّفُ يزنُ الرّسائلَ)

١٠ـ هذه الأربعَ أُثْقَل[٦] منَ الأخرى ،
تفوقُ الوزنَ[٧] العاديّ

١١ـ ليس غريبًا : وزنُ الأفكارِ هو الّذي
أُثْقَلَها[٨] !

١٢ـ أفكارُك غاليةٌ ، يا سيّدي !

١٣ـ ستكلِّفُك سبعةَ فرنكات وستّينَ
سنتيمًا .

**

L'employé	4 — Pour (des) lettres recommandées[4] ou non ?
Jacques	5 — Non, ordinaires, mais par avion (par le courrier aérien).
L'employé	6 — Et les cartes, est-ce que vous les envoyez (tu les envoies) par avion, elles aussi (elles les autres) ?
Jacques	7 — Bien sûr !
L'employé	8 — Bien ! Donnez-moi les lettres pour les peser[5] (pour le fait de les peser) ... Ah ! Vous les envoyez en France ?
Jacques	9 — Oui !

L'employé pèse les lettres.

L'employé	10 — Ces quatre (sont) plus lourdes[6] que les autres; elles excèdent le poids[7] normal (habituel).
Jacques	11 — Ce n'est pas étonnant (étrange) ! C'est le poids des idées qui les a allourdies[8] (le poids des idées lui lequel a allourdi elles).
L'employé	12 — Vos idées sont chères, Monsieur !
L'employé	13 — Elles vous coûteront 7 francs et 60 centimes.

✳ ✳
✳

NOTES :

1 — الَّذِي : «qui», «lequel»; adjectif relatif à ne pas confondre avec le pronom : «man» : مَنْ : «qui», «celui qui», «ceux qui»

Ex : *man* ja'a : مَنْ جَاءَ؟ : qui est venu ? (interrogation directe)

lā adrī *man* dahaba : لا أَدْرِي مَنْ ذَهَبَ : je ne sais pas qui est parti (interrogation indirecte).
(cf leçon 33 note 1).

Exemples de : الَّذِي : «lequel», «qui», «que»

— houwa *l-ladī* ja'a : هُوَ الَّذِي جَاءَ (c'est) lui qui est venu

— hadā houwa 1-bayt(ou) *l-ladī* askounouhou
voici la maison **que** j'habite (lui)
(lequel)
هَذَا هُوَ الْبَيْتُ الَّذِي أَسْكُنُهُ

Féminin de الَّذِي : el-latī : الَّتِي : «laquelle», «qui», «que».

Ex : hiya 1-majalla *l-latī* qara'touhā : هِيَ الْمَجَلَّةُ الَّتِي قَرَأْتُهَا

C'est la revue **que** j'ai lue (elle)
(laquelle)

Pluriel masculin : el-ladīna : الَّذِينَ : lesquels, qui, que

Ex : houm(ou) *l-ladīna* kānou ma'anā fī t-tā'ira

(ce sont) eux **qui** étaient avec nous dans l'avion
(lesquels)

Duel (masculin) : el-ladāni : اللَّذَانِ : «lesquels», «qui», «que»

Ex : ayna 1-waladān(i) *l-ladāni* ra'aytouhoumā ams ?
Où (sont) les **deux** enfants **que** j'ai vus (eux deux) hier ?
(lesquels)

Duel (féminin) : el-latāni : اللَّتَانِ : «lesquelles», «qui», «que».

Ex : hal houmā 1-bintān(i) *l-latāni* ra'aytouhoumā ams ?

53

Est-ce que ce sont les deux filles **que** j'ai vues (elles deux) hier ?
(lesquelles)

Remarque (a) :

Alors que : el-ladī (اَلَّذِي), el-latī (اَلَّتِي),

el-ladīna (اَلَّذِيـنَ) **ne varient pas**

quel que soit leur cas dans la phrase

les duels : el-ladāni et el-latāni اَللَّذَانِ - اَللَّتَانِ

deviennent :

el-ladayni et el-latayni au **cas direct et indirect**

اَللَّذَيْنِ - اَللَّتَيْنِ

Ex : <u>h</u>arajtou ma'a r-rajoulayn(i) *l-ladayni* ta'rifouhoumā
Je suis sorti **avec** les deux hommes que (lesquels) tu connais (eux deux).

Remarque (b) :

«el-ladī» ... **ne s'emploie en arabe qu'avec une détermination**
(article etc...)

Ex : hadā houwa r-rajoul(ou) *l-ladī* ra'aytouhou
voici *l'*homme **que** j'ai vu (lui)
(lequel)

En cas d'indétermination, l'adjectif relatif est sous-entendu

Ex : hadā rajoul (oun) ra'aytouhou fī s-sana l-mādya
c'est *un* homme (que) j'ai vu (lui) l'année dernière.
(que) est sous-entendu

2 — طَوَابِع pluriel de tābi' : طَابِع timbre.

3 — رَسَائِل pluriel de risāla : رِسَالَة lettre,
message, missive.

4 — مُسَجَّلَة participe passif du verbe de la 2ème forme :

sajjala سَجَّل qui signifie : «enregistrer», «consigner», «inscrire».
Participe actif : mousajjil : مُسَجِّل : «qui enregistre», «inscrit», «enregistreur», «magnétophone».
Nom d'action : tasjīl : تَسْجِيل : «enregistrement», «inscrip-
tion».

5 — لِوَزْنِها pour le fait de les peser : (li + le nom d'action du verbe «wazana» : وَزَنَ : peser).

On aurait pu avoir, au lieu d'un nom d'action, un verbe : li
azinahā لِأَزِنَها : afin que je les pèse.

6 — أَثْقَل مِن : plus lourd que - comparatif (cf leçon de révision 42).
(En bonne logique, on devrait avoir ici un féminin : ṯouqlā : ثُقْلى

non usité).

7 — el wazn : الوزن : le poids (substantif).

    mīzān : ميزان : signifie balance (instrument à peser).

8 — أَثْقَلَ : rendre lourd :(ṯaqīl), alourdir.
verbe de la 4ème forme (factitive).

EXERCICES

١ - أَعْطِني رِسالتَك حتّى أَزِنَها

Donne-moi ta lettre que je la pèse
(donne-moi ta lettre afin que je la pèse).

٢ - كم تَكَلَّف رِسالة مستعجِلة ؟

Combien coûte une lettre expresse ?

٣ - أَحْتاج إلى بعض الطَّوابع لِلصقِها

على هذه الرَّسائل

J'ai besoin de quelques timbres pour les coller sur ces
lettres (pour le fait de les coller sur).

55

٤ـ متى يمرُّ ساعي البريد و في أيّةِ ساعةٍ يذهبُ البريدُ ؟

Quand passe le facteur et à quelle heure part le courrier ?

٥ـ هل تكفي هذه الطّوابعُ ؟

Ces timbres suffisent-ils ?

٦ـ هذه الرّسائلُ خالصةُ الأُجرةِ

Ces lettres sont affranchies.

٧ـ أنتظرُ منكَ جواباً برجوعِ البريدِ

J'attends de toi une réponse par retour du courrier.

هل أنتِ الّتي تبيعين الطّوابعَ ؟

CONJUGAISON

Verbes : PESER — DEPASSER (surpasser)

Je pèse	(azin)	أزِن
Tu pèses	(tazin)	تزِن
Tu pèses (fém.)	(tazinīn)	تزنين
Il pèse	(yazin)	يزِن
Pèse !	(zin)	زِن !

56

Je dépasse, je surpasse (afōuq)	أَفوق
Tu dépasses (tafōuq)	تَفوق
Tu dépasses (fém.) (tafōuqīn)	تَفوقين
Il dépasse (yafōuq)	يَفوق
(racine : fawqa : فوقَ par dessus, au-dessus)		

الدّرسُ الثّاني و الخمسون

في مكتب البريد

١ـ هل أَستطيعُ أَنْ أُرسِلَ بَرقيّة ؟

٢ـ طبعًا . خُذ ورقةً فوقَ الرَّفِّ الَّذي
وراءَك و اُملأْها ، من فضلك !

٣ـ شُكرًا !

(جاك يملأُ الورقةَ و يقدّمُها لِلموظَّف)

٤ـ تفضّل !

(ينظرُ الموظَّفُ في الورقة)

57

LEÇON 52

(La leçon la deuxième et la cinquante)

A LA POSTE

Jacques   **1 —** Est-ce que je peux envoyer (que j'envoie) un télégramme ?

L'employé   **2 —** Bien sûr. Prenez (prends) un formulaire (une feuille) sur l'étagère qui (est) derrière vous (derrière toi) et remplissez-le (remplis-la) s'il vous plaît.

Jacques   **3 —** Merci !

Jacques remplit la feuille et la présente à l'employé.

Jacques à   **4 —** Tenez !
l'employé

L'employé examine le formulaire.

٥ـ أنتَ السَّيِّد «فرنوي» ؟ أنتَ المُرسِل؟

٦ـ نعم

٧ـ إذن ، هناكَ خطأ ... كتبتَ اسمَك أمامَ كلمة: «المُرسَل إليْهِ» وأنت المُرسِل.

٨ـ أَلعفوُ! أفكاري غير واضحة اليوم ... وكذلكَ أحتاج إلى تعلُّمِ لغتِكم أكثر في المستقبل

٩ـ سوف أملأُ ورقةً أُخرى

(جاك يملأُ الورقة ويقدِّمُها إلى الموظَّف)

١٠ـ واحد ، إثنان ، ثلاثة ، أربعة ، خمسة ، ستّة ، سبعة ، ثمانية ، تسعة ... هناكَ تسعُ كلمات ، ومع التَّوقيع: عشر

١١ـ حسنًا ! متى تصلُ البرقيَّة إلى باريس؟

١٢ـ غدًا صباحًا .

59

L'employé	5 — (C'est) vous (toi) Monsieur Verneuil ? (C'est) vous (toi) l'expéditeur[1] (celui qui envoie) ?
Jacques	6 — Oui.
L'employé	7 — Eh bien! (donc) il y a (une) erreur ... Vous avez écrit (tu as écrit) votre nom devant le mot : «destinataire» (celui à qui on envoie) alors que vous êtes (toi) «l'expéditeur».
Jacques	8 — Pardon ! Mes pensées ne sont pas claires aujourd'hui ... et puis (et en outre, et également) j'ai besoin d'apprendre (du fait d'apprendre) votre langue davantage à l'avenir.
Jacques	9 — Je vais remplir un autre formulaire.

Jacques remplit la feuille et la présente à (vers) l'employé.

L'employé, comptant (et lui compte) les mots	10 — Un, deux, trois, quatre, cinq, six, sept, huit, neuf ... Il y a neuf mots et avec la signature[2] dix.
Jacques	11 — Bien ! Quand[3] arrive (ra) le télégramme à Paris ?
L'employé	12 — Demain matin (demain au matin).

١٣ - ممتاز! كم تكلّفُ البرقيّة ؟

١٤ - خمسةٌ وعشرين فرنكًا ⑤

١٥ - تفضّل !

١٦ - شكرًا جزيلًا

* *
*

NOTES :

1 — المُرْسِل : participe actif du verbe «arsala» أَرْسَلَ

«envoyer», de la 4ème forme.

مُرْسِل signifie : «qui envoie» : «expéditeur».

Le participe passif : مُرْسَل (moursal) signifie : à qui on a

envoyé ou on envoie : «destinataire» (suivi de : إِلَيْهِ «vers lui»,

«à lui» (cf phrase 7).

2 — التّوقيع : «fait de signer», «signature». Nom d'action

du verbe de la 2ème forme : waqqa a : وَقَّعَ : signer.

Participe actif : mouwaqqi : مُوَقِّع : qui signe, signataire.

Participe passif : mouwaqqa : مُوَقَّع : qui est signé, signé.

(l'expression : Je soussigné se dit : anā l-mouwaqqi adnāhou :
(moi le signataire ci-dessous).
أَنَا المُوَقِّع أَدْنَاه

3 — متى : «quand» usité essentiellement dans une **inter-**

rogation directe ou indirecte.

— Directe :

Ex : Quand ouvre le restaurant ? متى يُفْتَحُ المطعم ؟
(**matā** youftaḥ(ou) l-maṭ am)

— Indirecte :

Jacques	13 — Parfait ! Combien pour le télégramme (coûte le télégramme)?
L'employé	14 — Vingt cinq francs[4] (cinq et vingt francs).
Jacques	15 — Tenez !
L'employé	16 — Merci beaucoup.

* *
*

هل تدري متى تصلُ الطائرةُ ؟

Ex : Est-ce que tu sais quand arrive l'avion ?
(hal tadrī **matā** tasil(ou) t–tā'ira)

«Lorsque», «quand», se dit : عندَ ما 'indamā

Ex : Quand j'étais au bureau :
('indamā kountou fī l-maktab) :

عندَ ما كنت في المكتب

4 — Pour les nombres (cf leçon de révision 21).

هل أستطيع أن أُرسل برقية ؟

EXERCICES

١ـ لا تنسَ أن تسجّلَ على المغلّف
رقمَ صندوقِ البريد

N'oublie pas d'inscrire sur l'enveloppe le n° de la boîte postale.

(n'oublie pas que tu inscrives, sur l'enveloppe, le n° de la caisse du courrier).

٢ـ كم كلمة كتبت في برقيّتِك ؟

Combien de mots as-tu écrits dans ton télégramme ?

٣ـ الرَّسائل كلّها موجودة بشبّاك البريد

Toutes les lettres se trouvent à la poste restante.
(les lettres toutes elles existantes au guichet du courrier)

٤ـ سوف أنزل بعد قليل حتّى آخذَ البريد منَ الصّندوق

Je vais descendre très bientôt prendre le courrier dans la boîte.

الدّرسُ الثّالث و الخمسون

لقاءٌ مع محمّد

١ـ أهلاً ! كيف الصّحّة ؟ ماذا تعمل في هذا الحيّ ؟

٢ـ كنت في مكتب البريد ... وأنت ، كيف حالُك ؟

٣ـ أحسّ بألم في الأسنان[1] ؛

63

(je vais descendre après un peu pour que je prenne le courrier de la caisse).

٥ - هل تصحبُني إلى مكتبِ البريد ؟

أريد أن أُرسلَ طرداً إلى عائلتي

Est-ce que tu m'accompagnes à la poste ? Je voudrais envoyer un colis à ma famille.
(est-ce que tu m'accompagnes vers le bureau de poste ? je veux que j'envoie un colis vers ma famille).

٦ - أينَ ختمُ البريد ؟

لا يوجد على هذا الظَّرف

Où est le cachet de la poste ? Il n'y en a pas sur cette enveloppe !
(où le cachet du courrier ? il n'existe pas sur cette enveloppe).

LEÇON 53

(La leçon la troisième et la cinquante)

RENCONTRE avec MOHAMMED

Mohammed **1 —** Bonjour (bienvenue) ! Comment va ? (comment la santé) ? Que faites-vous (que fais-tu) dans ce quartier ?

Jacques **2 —** J'étais à la poste (au bureau de la poste) et vous (et toi) comment allez-vous ? (comment ton état) ?

Mohammed **3 —** J'ai mal aux dents[1] (je ressens

64

عندي موعد مع طبيبِ الأسنان

٤ - أنا عندي صداع ! أحسّ بتعب ...
أفتّش عن صيدليّة

٥ - صحيح ! وجهُك أصفر ... لماذا لا تزور
طبيبًا ؟ طبيب عائلتِنا مثلًا ؟

٦ - أنت على حقّ ! أعطني إسمَهُ و
عنوانَهُ من فضلك

(محمّد يقدّم ورقة إلى جاك)

٧ - تفضّل ! يستقبل في بيتِهِ كلَّ يوم
بعد الظّهر إلّا الجمعة ... وفي الصّباح ،
يعمل في المستشفى ... إنّه طبيب ماهر
و صديق حميم لِأبي
(جاك يقرأ الورقة)

٨ - الدّكتور محمود مبارك ... شارعُ "الأُمَم"
... رقم : ثلاثة و تسعون ... في الطّابقِ الرّابع
إلى اليمين

65

une douleur aux dents); j'ai rendez-vous avec le dentiste (le médecin[2] des dents).

Jacques   **4 —** Moi, j'ai mal à la tête (j'ai un mal de tête) ... Je me sens fatigué (je ressens de la fatigue). Je cherche une pharmacie.

Mohammed   **5 —** C'est vrai, vous êtes pâle (ton visage (est) jaune) ... Pourquoi n'allez-vous pas voir un médecin ? (pourquoi ne visites-tu pas un médecin)? ... notre médecin de famille par exemple (le médecin de notre famille).

Jacques   **6 —** Vous avez raison (toi sur raison, tu as raison) ! Donnez-moi son nom et son adresse, s'il vous plaît !

Mohammed tend (présente) une feuille à Jacques .

Mohammed   **7 —** Tenez ! ... Il consulte (il reçoit) chez lui (dans sa maison) tous les après-midi (chaque jour après le midi), sauf le vendredi, (et) le matin il travaille à l'hôpital ... C'est (certes lui) un bon médecin (un médecin habile) et un ami intime de mon père.

Jacques lit le papier.

Jacques   **8 —** (Le) Docteur Mahmoud Moubarak ... rue des Nations[3] n° 93 (3 et 90) (au) quatrième étage (à) droite.

٩ـ إذا أردتَ يمكنُك أن تأخذَ الأوتوبيس
رقم: مائة وعشرون؛ يمرّ بقرب بيتِهِ

١٠ـ هل تجدُني مريضًا حتّى لا أقدرَ أن
أمشيَ على الأقدام⁴ !

١١ـ إسمح لي إذن بأن أصحبك إلى شارعِ
« الأمم »

١٢ـ لا ، شكرًا ؛ أنت عندك موعد؟ سوف
تتأخّر⁵

١٣ـ أبدًا ! أستطيع أن أصحبك حتّى هذا
المَفرِق على الأقلّ .

**
*

NOTES :

1 ـ أسنان pluriel de : «sinn» : سِنّ : dent .

2 ـ tabîb طبيب qui a donné le terme argotique : toubib.

3 ـ أُمَم : pluriel de «oumma» : أُمّة : nation.

4 ـ قَدَم pluriel de : «qadam» أُقْدام : pied

(normalement on devrait avoir un duel puisque l'homme n'a que
deux pieds - expression consacrée par l'usage).

Mohammed	**9 —** Si vous voulez (si tu as voulu) vous pouvez prendre (tu peux que tu prennes) l'autobus n° 120 (cent et vingt) ... Il passe près de chez lui (près de sa maison).
Jacques	**10 —** Me trouvez-vous (est-ce que tu me trouves) malade au point de ne pas pouvoir (au point que je ne sois pas capable) aller (de marcher) à pied[4] ?
Mohammed	**11 —** Permettez-moi alors (donc) de vous accompagner (que je t'accompagne) jusqu'à (vers) la rue des Nations.
Jacques	**12 —** Non, merci : vous avez (toi tu as) un rendez-vous ; vous allez être en retard[5] (tu vas tarder) !
Mohammed	**13 —** Pas du tout ! Je peux vous accompagner (je peux que je t'accompagne) jusqu'à ce carrefour au moins.

* *
*

Remarque : «ᶜalā l-aqdām : «sur les pieds», n'est pas indispensable ici, dans la mesure où le verbe «maša» : مَشَى signifie :

«marcher» (donc : aller à pied). En français, il s'agirait d'un véritable pléonasme, mais l'arabe admet ce genre de structure qui permet d'introduire un élément de précision supplémentaire qui peut nous paraître superflu.

5 — تـَأـخَّـر : «tu tardes», du verbe de la 5ème forme :

taʾaḫḫara : تـَأـخَّـر : tarder, être en retard (racine : aḫīr :

أـخـيـر dernier).

Nom d'action : ta'ahhour : تَأَخُّرٌ : fait de tarder, d'être en

retard, retard.

(Pour «retard», on emploie aussi le nom d'action du verbe de la

2ème forme : ahhara : أَخَّرَ : mettre en retard, retarder

(racine : أَخَّرَ) ; retard, fait de retarder, de mettre en

retard : ta'hīr : تَأْخِيرٌ).

EXERCICES

١- فِي أَيِّ يَوْمٍ عِنْدَكَ مَوْعِدٌ مَعَ الطَّبِيبِ ؟

Quel jour as-tu rendez-vous avec le médecin ?
(dans quel jour tu as rendez-vous avec le médecin) ?

٢- لَا يَسْتَقْبِلُ الطَّبِيبُ الْيَوْمَ وَلَكِنَّكَ

تَقْدِرُ أَنْ تَزُورَهُ غَدًا

Le médecin ne reçoit pas aujourd'hui mais vous pouvez le
consulter demain (mais tu peux le visiter demain).

٣- أُطْلُبْ سَيَّارَةَ الْإِسْعَافِ بِسُرْعَةٍ

فَإِنَّ حَالَةَ الْمَرِيضِ خَطِرَةٌ جِدًّا

Demande vite l'ambulance; le malade est dans un état
très grave (demande la voiture de secours rapidement).

٤- هَلْ تَعْرِفُ مُمَرِّضَةً سَاكِنَةً قَرِيبًا مِنْ

بَيْنِكَ فَإِنَّكَ مُحْتَاجٌ إِلَى سِلْسِلَةٍ مِنَ الْإِبَرِ ؟

Est-ce que tu connais une infirmière habitant près de chez
toi (car) tu as besoin d'une série (d'une chaîne) de piqû-
res ?

٥- سَيَكُونُ الْعِلَاجُ طَوِيلًا وَمُسْتَمِرًّا ،

وَلَكِنَّهُ فَعَّالٌ جِدًّا

Le traitement sera long et continu mais il est très efficace.

69

٦ ـ عندي زكام ؛ أتنفّس بصعوبة ولا
أنام بسهولة

Je suis enrhumé ; je respire avec difficulté et je dors mal.
(j'ai un rhume)   (je ne dors pas avec facilité).

CONJUGAISON :

**Verbes : RESSENTIR — RECEVOIR (accueillir) —
RECHERCHER**

Je ressens(4ème forme)	(ouhiss(ou) bi	أحِسُّ بِ
Tu ressens	(touhiss(ou) bi	تحِسُّ بِ
Tu ressens (fém.)	(touhissīn) bi	تحِسّين بِ
Il ressent	(youhiss(ou) bi	يحِسُّ بِ
Je reçois, j'accueille (10ème forme)	(astaqbil)	أستقبِل
Tu reçois	(tastaqbil)	تستقبِل
Tu reçois (fém.)	(tastaqbilīn)	تستقبِلين
Il reçoit	(yastaqbil)	يستقبِل
Nom d'action : fait de recevoir, d'accueillir, accueil, réception	(istiqbāl)	إستقبال
Je recherche (2ème forme)	(oufattiš) ʿan	أفتِّش عن
Tu recherches	(toufattiš) ʿan	تفتِّش عن
Tu recherches (fém.)	(toufattišīn) ʿan	تفتِّشين عن
Il recherche	(youfattiš) ʿan	يفتِّش عن

70

Participe actif :		
Qui recherche, qui inspecte, inspecteur	(moufattiš)	مُفَتِّش
Nom d'action : Fait de rechercher, de fouiller, fouille, inspection	(taffiš)	تَفْتِيش

هل تجديني مريضاً حتّى لا أقدر
أن أمشي على الأقدام؟

Je peux (je suis capable de)	(aqdir)	أقْدِر
Tu peux	(taqdir)	تقدِر
Tu peux (fém.)	(taqdirīn)	تقدرِين
Il peut	(yaqdir)	يقدِر
Pouvoir, capacité	(qoudra)	قدرة
Je marche	(amšī)	أمشِي
Tu marches	(tamšī)	تمشِي
Tu marches (fém.)	(tamšīn)	تمشِين
Il marche	(yamšī)	يمشِي
Impératif : Marche ! va !	(imšī)	! إمشِ
Je peux (10ème forme)	(astaṭīᶜ)	أستطيع
Tu peux	(tastaṭīᶜ)	تستطيع
Tu peux (fém.)	(tastaṭīᶜīn)	تستطيعِين
Il peut	(yastaṭīᶜ)	يستطيع
Pouvoir, capacité	(istiṭāᶜa)	إستطاعة

الدَّرْسُ الرَّابِعُ وَالخَمْسُونَ

عِنْدَ الطَّبِيبِ

١- إِجْلِسْ ! ... مِنْ أَيْنَ تَتَوَجَّعُ ؟

٢- لَا أَدْرِي بِالضَّبْطِ . أُحِسُّ بِتَعَبٍ وَبِضَعْفٍ كَبِيرٍ ، وَكَذَلِكَ عِنْدِي صُدَاعٌ دَائِمٌ

٣- هَلْ وَصَلْتَ مِنْ فَرَنْسَا مُنْذُ زَمَنٍ طَوِيلٍ ؟

٤- لَا ، مُنْذُ يَوْمَيْنِ فَقَطْ ؛ جِئْتُ لِقَضَاءِ العُطْلَةِ

٥- هَلْ هَذِهِ المَرَّةُ الأُولَى الَّتِي تَزُورُ بِهَا بَلَدًا عَرَبِيًّا ؟

٦- نَعَمْ ، هَذِهِ أَوَّلُ مَرَّةٍ . لِمَاذَا هَذَا السُّؤَالُ ؟

٧- لِأَنَّ تَغَيُّرَ الجَوِّ قَدْ يُتْعِبُ غَالِبًا

٨- صَحِيحٌ . وَكَذَلِكَ ،

73

(La leçon la quatrième et la cinquante)

CHEZ LE MEDECIN

Le médecin **1 —** Asseyez-vous (assieds-toi) ... Où avez-vous mal[1] (d'où souffres-tu)?

Jacques **2 —** Je ne sais pas au juste (exactement). Je me sens fatigué et faible (je ressens une fatigue et une grande faiblesse); j'ai aussi (et de même) un mal de tête persistant[2] (permanent).

Le médecin **3 —** Etes-vous arrivé de France depuis longtemps ?

Jacques **4 —** Non, depuis deux jours seulement; je suis venu passer[3] des vacances (je suis venu pour le fait de passer les vacances).

Le médecin **5 —** Est-ce que c'est la 1ère fois que vous visitez un pays arabe ?
(est-ce que celle-ci la fois la 1ère laquelle tu visites dans elle un pays arabe) ?

Jacques **6 —** Oui, c'est la 1ère fois. Pourquoi cette question ?

Le médecin **7 —** Parce que le changement[4] de climat fatigue, en général (la plupart du temps).

Jacques **8 —** C'est vrai ! En outre (et de mê-

لست متعوّدًا [5] على تحمّل [6] الحرارة الشّديدة

٩ـ على كلّ حال، سوف أفحصُك ... إخلع ثيابَك ... القميص فقط

(جاك يخلع ثيابَهُ)

١٠ـ حسنًا! والآن، تمدّد [7] هنا ... طيّب ... أعطني ذراعَك [8] حتى أقيسَ [9] الضّغطَ الدّمويّ

(الطّبيب يقيسُ الضّغط)

١١ـ ضغطُ الدّم منخفضٌ قليلً ... إجلسِ الآن وتنفّسْ بقوّة ... أُسعُل!

١٢ـ طيّب! ... إفتح فمَك وأخرج لسانَك!

(ينظرُ الطّبيب في الفم)

١٣ـ هذا اللّسان غير واضح لا بدَّ من معالجةِ الكبد [10] يبدو أنّها ضعيفة

١٤ـ أمّا القلب فقويٌّ جدًّا

75

me) je ne suis pas habitué[5] à supporter[6] (au fait de supporter) les fortes
chaleurs (la chaleur intense).

Le médecin **9** — De toutes façons, je vais vous examiner ... Otez vos vêtements ... la che-
mise seulement.

Jacques ôte ses vêtements.

Le médecin **10** — Bien ! Et maintenant allongez-
vous[7] (étends toi) ici ... Bon ! Donnez-
moi votre bras[8] (pour) que je prenne
(mesure)[9] la tension (la pression san-
guine).

Le médecin prend la tension (mesure la pression).

Le médecin **11** — La tension (la pression du sang)
est un peu basse ... Asseyez-vous (assieds-toi) maintenant et respirez fortement (respire avec force) ... toussez
(tousse) !

Le médecin **12** — Bon ! Ouvrez la bouche (ouvre ta
bouche) et sortez la langue (fais sortir
ta langue).

Le médecin examine la bouche.

Le médecin **13** — Cette langue est chargée (cette la
langue pas claire) : il faut soigner (pas
d'échappatoire au fait de soigner) le
foie[10] ... Il semble qu'il soit déficient
(il apparaît qu'elle faible).

Le médecin **14** — Quant au cœur, il est très solide

و خافق بِانْتظام

١٥ ـ طيّبْ ! إلْبَسْ ثيابَك ...

سأكْتُبُ لَكَ وصْفَة

**
*

NOTES :

1 — تَتَوَجَّع : tu as mal — racine : wajaʿ : وجع

douleur — tawajjaʿa : تَوَجَّعَ : avoir mal (verbe de la 5ème

forme).

2 — دائم : perpétuel, permanent (cf «toujours», «en

permanence» : dāʾiman : دائماً).

3 — قضاء عطلة : action de passer des vacances (nom d'ac-

tion au lieu du verbe).

On aurait pu avoir : «Je suis venu pour que je passe» ... (jiʾtou li

aqḍya ...) :

جِئتُ لأقْضِيَ

4 — تَغيُّر : changement (nom d'action de la 5ème for-

me : fait de varier, de se transformer) — racine : ğayr : autre :

غير ـ ğayyara : غَيَّرَ : «rendre autre» (2ème forme) :

«transformer», «changer».

5 — Participe actif du verbe : taʿawwada : تَعَوَّدَ (5ème

forme) «s'habituer à», «être habitué à», «s'accoutumer» (se cons-

truit dans la langue classique sans particule «ʿalā» : على)

dans la langue courante est suivi de cette particule le plus souvent

(racine : ʿāda : عادة habitude)

77

(fort) et bat régulièrement (et il palpite avec régularité).

Le médecin
15 — Bon ! Rhabillez-vous (revêts tes vêtements). Je vais vous faire une ordonnance (je vais écrire pour toi une ordonnance).

*
**

ʿawwada :   عَوَّدَ   habituer à (2ème forme).

6 — تَحَمُّل : fait de supporter ; nom d'action du verbe

tahammala :   تَحَمَّلَ   (5ème forme) : supporter (racine :

hamala :   حَمَلَ   porter, transporter).

7 — تَمَدَّدْ : impératif du verbe tamaddada :   تَمَدَّدَ

s'allonger (5ème forme)
racine :   madda :   مَدَّ   allonger, tendre, étendre

moudda :   مُدَّة   durée.

8 — ذِرَاع : bras — Bien que d'aspect masculin, ce mot

est **féminin** comme tous les **membres ou organes doubles du corps**
humain (œil, bras, oreille, pied, jambe etc...).

9 — حِتَّى أَقِيسَ : afin que je mesure

(on aurait pu avoir un nom d'action : «pour le fait de mesurer» :
li qiyās(i) ... :   لِقِيَاسِ ...

10 — كَبِد : foie est du **féminin** bien qu'ayant la confi-

guration d'un mot masculin, et **n'étant pas un organe double du
corps humain** (exception).

78

EXERCICES

١ ـ هذا الطّفل أُصيبَ بالتهاب الزّائدة
الدّوديّة، لا بدّ أن يدخلَ المستشفى حالًا .
إنّه يحتاج إلى عمليّةٍ جراحيّةٍ مستعجلة

Cet enfant a (a été atteint par) l'appendicite (l'inflammation de l'appendice). Il doit entrer immédiatement à l'hôpital. Il (certes lui) a besoin d'une opération (chirurgicale)
urgente.

٢ ـ نظرُك ضعيف، لا بدّ أن تحملَ نظّارات

Ta vue est faible, il faut que tu portes des lunettes.

٣ ـ هل يمكن أن تعطيَني نتائجَ التّحاليل !

Peux-tu me donner les résultats des analyses ?
(est-ce qu'il est possible que tu me donnes les résultats
des analyses) ?

٤ ـ لا تتحرّك ! تنفّس !... لا تتنفّس !...
نستطيع أن تلبسَ ثيابكَ الآن

Ne bouge pas ! respire ... ne respire pas ... tu peux te
rhabiller maintenant.
(tu peux que tu revêtes tes habits maintenant).

٥ ـ هل يمكن أن يزورَنا الطّبيب في البيت حتّى
يفحصَ ولدَنا الّذي أصابهُ البرد ؟

Le médecin pourrait-il nous rendre visite à la maison afin
d'examiner notre enfant qui a pris froid ?

٦ ـ لا أستطيع أن أخرجَ اليوم : أنتظرُ
الطّبيب

Je ne peux pas sortir aujourd'hui : j'attends le médecin.

79

CONJUGAISON :

Verbes : MESURER — ECRIRE

Je mesure	(aqīs(ou))	أَقِيسُ
Tu mesures	(taqīs(ou))	تَقِيسُ
Tu mesures (fém.)	(taqīsīn)	تَقِيسِين
Il mesure	(yaqīs(ou))	يَقِيسُ
Impératif : Mesure !	(qis)	قِسْ !
Nom d'action : Fait de mesurer, mesure	(qyās)	قِياس
J'écris	(aktoub)	أَكْتُب
Tu écris	(taktoub)	تَكْتُب
Tu écris (fém.)	(taktoubīn)	تَكْتِبِين
Il écrit	(yaktoub)	يَكْتُب

من أين تتوجّع ؟

عند الطَّبيب

١ ـ عليكَ[0] أَن تأخذَ عشرَ قطراتٍ من هذا
الدَّواء في قليل منَ الماء، ثلاثَ مرَّاتٍ
يوميًّا : صباحًا وظهرًا ومساءً

٢ ـ ثمَّ ستأخذ هذه الحبوب على الرِّيق ...
إنَّها فعَّالة جدًّا

٣ ـ هل تأكل بشهيَّة ! وهل تهضم بسهولة ؟

٤ ـ أَنا جوعان دائمًا و أَهضم بكلِّ سهولة

٥ ـ هل تنام جيِّدًا ؟

٦ ـ كصخرة !

٧ ـ طيِّب ! هذه الأَدوية ستشفيكَ
بسرعة ، ولكن ، عليكَ أَن تستريح
لمدَّة ثمانٍ و أَربعين ساعة تقريبًا
في الهدوء

(La leçon la cinquième et la cinquante)

CHEZ LE MEDECIN

Le médecin **1** — Vous prendrez (tu dois prendre, sur toi[1] que tu prennes) 10 gouttes de ce médicament dans un peu d'eau, 3 fois par jour (3 fois quotidiennement) : (le) matin, (à) midi et (le) soir.

Le médecin **2** — Ensuite, vous prendrez (tu prendras) ces cachets à jeun ... Ils sont très efficaces (certes eux (= elle) très efficaces).

Le médecin **3** — Est-ce que vous mangez bien (est-ce que tu manges avec appétit) et est-ce que votre digestion est bonne ? (est-ce que tu digères avec facilité) ?

Jacques **4** — J'ai toujours faim (moi affamé toujours) et je digère très bien (avec toute facilité).

Le médecin **5** — Est-ce que vous dormez bien (tu dors bien) ?

Jacques **6** — Comme une pierre (comme un rocher).

Le médecin **7** — Bon ! Ces médicaments vous guériront rapidement (vont te guérir avec rapidité) mais vous devez vous reposer environ 48 heures au calme (mais sur

٨ـ وكذلك ، قس درجةَ حرارتِك بانتظام

٩ـ هل أصابني مرضٌ خطر ؟

١٠ـ لا تخف يا عزيزي ! أنت محتاج إلى فترة استراحة فقط بسبب متاعب السَّفر

١١ـ كما أنَّك لا بدَّ أن تتعوَّدَ على الطَّقسِ الجديدِ شيئًا فشيئًا

١٢ـ فإذا لم تتحسَّنْ© حالتُك في الأيَّامِ القادمةِ ،يمكنُكَ مخابرتي في البيت بعد الظُّهرِ ...
ها هي الوصفة... تفضَّل !

(جاك يأخذُ الوصفة)

83

toi que tu te reposes pour une durée de
8 et 40 heures à peu près dans le
calme).

Le médecin   **8 —** En outre (et de même), prenez
régulièrement votre température (me-
sure le degré de ta chaleur (fièvre) avec
régularité).

Jacques   **9 —** Est-ce que je suis gravement malade ? (est-ce que m'a atteint une maladie grave)?

Le médecin   **10 —** Ne craignez rien, mon cher (n'aie
en riant   pas peur, ô mon cher) ! Vous avez seulement besoin de repos, du fait des fatigues du voyage (toi ayant besoin d'une
période de repos seulement, à cause
des fatigues du voyage).

Le médecin   **11 —** Il faut également que vous vous
habituiez peu à peu au nouveau climat
(de même que toi, il n'y a pas d'échappatoire (à ce) que tu t'habitues au climat nouveau peu à peu).

12 — Si cela ne va pas mieux dans les
jours prochains (et si ne s'est pas amélioré[2] ton état dans les jours les prochains) vous pourrez me téléphoner
chez moi après midi (est possible le fait
de me téléphoner à la maison après
midi)... voici l'ordonnance... tenez
(tiens).

Jacques prend l'ordonnance

١٣ ـ شكرًا ، يا دكتور ! إسمح لي بأن
أبلّغَكَ ⓷ تحيّات ⓸ السّيّد نبيل

١٤ ـ إنّه صديق عزيز عليّ ، ومع الأسف
الشّديد ، لا يسمح لي عملي بزيارته
إلّا في مناسبات قليلة

١٥ ـ مع السّلامة ! كنت مسرورًا جدًّا
لِمعرفتِك ... أتمنّى لكَ شفاءً سريعًا
وإقامة طيّبة في بلدنا

✲ ✲
✲

NOTES :

1 — عليك أن : littéralement : «sur toi que» ... (= tu dois,
il te faut que) ... cette tournure est très arabe (elle est à rapprocher des expressions telles que : ilayka : إليك suivie d'un
substantif qui a le sens de : «tiens», «voici».

Ex : (ilayka l-kitāb) : «tiens, voici le livre» :
إليكَ الكتاب

ou dōunaka ... suivie d'un substantif qui a un sens voisin.

Ex : (dōunaka l-hatt) : «tu as la ligne», «prends la ligne» ...
دونَكَ الخطّ

2 — تَحَسَّنَ : du verbe (tahassana) : لم تتحسّن de la
5ème forme : «s'améliorer» ; racine : hasan : حسن : «bon»,

85

Jacques	13 — Merci, docteur ... Permettez-moi de vous transmettre[3] (permets (à) moi que je transmette toi) les salutations[4] de Monsieur Nabil.
Le médecin	14 — C'est (certes lui) un très cher ami (un ami cher pour moi). Malheureusement (avec le regret intense) mon travail ne me permet de lui rendre visite (ne permet pas à moi mon travail sa visite) qu'à (si ce n'est) de rares occasions (dans des occasions rares, peu nombreuses).
Le médecin	15 — Au revoir ! J'ai été très heureux de faire votre connaissance (j'étais très heureux de ta connaissance); je vous souhaite une prompte guérison et un agréable séjour dans notre pays.

**
*

«bien».

hassana : حَسَّنَ (2ème forme) : «rendre bien», «améliorer», «rendre meilleur».

3 — Notez le double complément d'objet après : an ouballiga :

أَنْ أُبَلِّغَ «que je transmette» (cf leçon 45).

4 — نَحِيَّات : pluriel de taḥiyya : تَحِيَّة «salutation» (cf leçon des pluriels en āt : ات leçon 47).

EXERCICES

١ـ هل معكم شهادة تطعيم ؟

Avez-vous un certificat de vaccination ?
(est-ce que avec vous) ?

٢ـ لماذا لا تزورون طبيباً للأطفال ؟

Pourquoi ne consultez-vous pas un pédiatre ?
(pourquoi vous ne visitez pas un médecin pour les enfants) ?

٣ـ نظري ضعيف ... عندي موعد بعد الظهر

مع طبيب العيون

Ma vue est faible. J'ai rendez-vous cet après-midi avec
l'ophtalmologue.
(ma vue est faible ... j'ai un rendez-vous après midi avec
le médecin des yeux).

٤ـ هل هو مسجّل في الضمان الإجتماعيّ ؟

Est-il (est-ce que lui) inscrit à la sécurité sociale ?

٥ـ لا بدّ أن تقدّم شهادة طبّيّة

Il faut que (il n'y a pas d'échappatoire que) tu présentes
un certificat médical.

٦ـ لا تزال هذه الفتاة في فترة نقاهة

Cette jeune fille est encore en période de convalescence .
(ne cesse pas cette jeune fille dans une période de convalescence).

87

٧ ـ هذا جَرّاحٌ كبيرٌ ؛ إنّه متخصِّصٌ في
أمراضِ القلبِ

C'est un grand chirurgien (celui-ci un grand chirurgien); il
est (certes lui) spécialiste des (spécialisé dans les) maladies de cœur (du cœur).

٨ ـ أُصيبَ طفلُنا بالتهابِ الأذنِ .. نفتِّش
عن طبيبٍ للأذُنِ والأنفِ والحنجرةِ

Notre enfant a eu une otite (a été atteint notre enfant par
l'inflammation de l'oreille); nous cherchons un oto-rhino-
laryngologiste (un médecin pour l'oreille, le nez et la
gorge).

CONJUGAISON :

**Verbes : DIGERER — DORMIR — AVOIR PEUR —
S'HABITUER**

Je digère	(ahdam)	أهضم
Tu digères	(tahdam)	تهضم
Tu digères (fém.)	(tahdamīn)	تهضمين
Il digère	(yahdam)	يهضم
Je dors	(anām)	أنام
Tu dors	(tanām)	تنام
Tu dors (fém.)	(tanāmīn)	تنامين
Il dort	(yanām)	ينام
J'ai peur	(ahāf)	أخاف
Tu as peur	(tahāf)	تخاف
Tu as peur (fém.)	(tahāfīn)	تخافين
Il a peur	(yahāf)	يخاف

N'aie pas peur	(lā tah̲af)	لا تخف
N'aie pas peur (fém.)	(lā tah̲afi)	لا تخافي
Je m'habitue	(ata‘awwad)	أتعوّد
Tu t'habitues	(tata‘awwad)	تتعوّد
Tu t'habitues (fém.)	(tata‘awwadīn)	تتعوّدين
Il s'habitue	(yata‘awwad)	يتعوّد

الدّرسُ السّادس و الخمسون

مراجعة

Vous avez, à présent, dépassé le cap des 50 leçons. Plus que 44 et vous serez au bout de vos peines, du moins en ce qui concerne la méthode.

En attendant, voici quelques remarques, pour votre gouverne personnelle :

1 — Sans doute avez-vous noté, au cours des leçons précédentes, **l'abondance des noms d'action** de préférence à des verbes.

Ex : (leçon 43)
Est-ce qu'est possible **sa visite**
(son fait de le visiter)

هل يمكن زيارته ؟

au lieu de :
Est-ce qu'il est possible
que je visite

Ex : (leçon 45)
Il t'est possible **le fait
de me téléphoner**

يمكنك مخابرتي

هل تضمين
بسهولة ؟

LEÇON 56

(La leçon la sixième et la cinquante)

Révision

au lieu de :
Il t'est possible que
tu me téléphones

Ex : (leçon 51)
Donne-moi les lettres
pour le fait de les peser

أعطني الرّسائل لوزنها

au lieu de :
Donne-moi les lettres pour
que je les pèse

Ex : (leçon 52)
J'ai besoin **du fait d'apprendre votre langue**

أحتاج إلى تعلّم لغتكم

au lieu de :
J'ai besoin d'apprendre
(que j'apprenne) votre langue

90

Ex : (leçon 54)
Je suis venu pour **le fait** جِئْتُ لِقَضَاءِ العُطْلَةِ
de passer les vacances ...

au lieu de :
Je suis venu pour passer **(pour**
que je passe) les vacances

Ex : (leçon 54)
Il n'y a pas d'échappatoire لا بُدَّ مِنْ مُعَالَجَةِ
au fait de soigner le foie الكَبِد

au lieu de :
Il faut **que tu soignes le foie**

Etc...

Cette utilisation fréquente des noms d'action est une caractéristique intéressante de la langue arabe.

Rappelez-vous que **nous avions insisté sur la fréquence et la prédilection de cette langue** pour les **phrases nominales,** dès le début de la méthode.

2 — Nous avons appris à manier la particule إِنَّ / أَنَّ : «certes», toujours **suivie d'un nom au cas direct ou d'un pronom affixe, jamais d'un verbe.**

Il serait peut-être bon d'en profiter pour revoir les **particules du cas direct,** déjà connues,
Ce sont :

إِنَّ : certes   فَإِنَّ : car

أَنَّ : que   لِأَنَّ : parce que

كَأَنَّ : comme si   لكِنَّ : mais

Voyons aussi quelques **particules** suivies **du cas indirect** déjà utilisées ou devant l'être dans les prochaines leçons :

فِي : dans		عَلى : sur	
عِند : chez		مع : avec	
تحت : sous		فوق : sur	
إلى : vers		حَتّى : jusqu'à	
وراء : derrière		خلف : derrière	
أمام : devant		قُدّامَ : devant	
مُنذ : depuis		بعد : après	
قَبل : avant		مِن : de	
بين : parmi		عن : au sujet de, de	
لدى : auprès de, chez		خِلالَ : pendant	
طِوالَ : tout au long de, durant		etc ...	

3 — Dans les leçons 54 et 55, vous avez sans doute remarqué que certains **noms désignant des membres ou des parties du corps humain,** bien que d'aspect masculin, étaient féminins.

— En règle générale, on peut considérer que tous les **organes doubles** du corps sont **féminins,** les organes uniques étant à quelques exceptions près, **masculins.**

Organes doubles (féminins) :

Oeil	:	عبن ('ayn)
Oreille	:	أُذُن (oud̲oun)

92

Bras	:	ذراع (dirā⁴)
Main	:	يد (yad)
Pied	:	قدم (qadam)
	et	رجل (rijl)
Jambe	:	ساق (sāq)
Joue	:	خدّ (hadd)
Cuisse	:	فخذ (fahid)
Omoplate	:	كتف (katif)
Hanche	:	ورك (warik)
Mâchoire	:	فكّ (fakk)

etc...

Organes simples (masculins)

Nez	:	أنف (anf)
Tête	:	رأس (ra's)
Bouche	:	فم (fam)
Menton	:	ذقن (daqan)
Cœur	:	قلب (qalb)
Dos	:	ظهر (zahr)
Ventre	:	بطن (batn)

93

Langue	:	لسان (lisān)
Poitrine	:	صدر (sadr)
Cou	:	عنق (ʿounouq)

Exceptions : (Organes uniques, mais féminins)

Estomac	:	معدة (maʿida)
Foie	:	كبد (kabid)
Front	:	جبهة (jabha)
Cou, nuque	:	رقبة (raqaba)

Profitons-en pour signaler que certains mots arabes sont **féminins** par nature.

Ce sont notamment des mots qui expriment **une idée de chaleur, d'ardeur, de souffle** :

Ex :

Soleil	:	شمس (šams)
Feu	:	نار (nār)
Guerre	:	حرب (harb)
Ciel	:	سماء (samāʾ)
Vent	:	ريح (rīh)
Terre	:	أرض (ard)
Ame	:	نفس (nafs)

— Certains noms **d'habitation** :

Maison	:	دار (dār)

— Des noms de **sources** :

Source : عين (ᶜayn)

Puits : بئر (biʾr)

Enfin, **certains noms** sont **féminins ou masculins indifféremment** :

Ex :

Etat, situation : حال (ḥāl)

Paix : سلم (silm)

Echelle, escalier : سلّم (soullam)

Jument, monture : فرس (faras)

Nuque : قفا (qafa(n))

Couteau : سكّين (sikkīn)

Boutique : دكّان (doukkān)

Route : طريق (tarīq)

Marché : سوق (sōuq)

Peut-être serait-il bon, pour clore cette leçon, que vous **jetiez un coup d'œil** aux règles qui **régissent les nombres.**

Entraînez-vous de temps en temps à former des petites phrases du genre :
— «Je suis resté 5 jours» ...
— «Il est au 4ème étage dans la chambre N° 15» ... etc...

Mais que tout cela ne vous dispense surtout pas de continuer à **soigner votre prononciation** et à suivre fidèlement les héros de notre histoire à travers les situations données où nous avons choisi de les faire évoluer.

الدّرسُ السّابعُ والخمسونَ

في الصّيدليّة

١- مساءُ الخير

٢- مساءُ الخير يا سيّدي؛ ماذا ترغبُ؟

٣- معي وصفةٌ منَ الدّكتور مبارك

(جاك يقدّمُ الورقةَ للصّيدليّ؛ يقرأُها
الصّيدليّ)

٤- هذه الأدويةُ كلُّها موجودةٌ عندنا،
ولكن، لا أقدرُ اليومَ أن أعطيَك إلّا
علبةً واحدةً منَ الحبوب

٥- لحُسن الحظِّ، لم يطلبْ [1] منّي الطّبيبُ
أن آخذَ جميعَ الحبوب مرّةً واحدةً

٦- لحظةً من فضلك! سأقدّمُها لك
حالًا

(يعودُ الصّيدليُّ ومعه الأدويةُ)

97

(La leçon la septième et la cinquante)

=================================

A LA PHARMACIE

Jacques au pharmacien

1 — Bonsoir !

Le pharmacien

2 — Bonsoir, Monsieur ! Que désirez-vous (que désires-tu)?

Jacques

3 — J'ai (avec moi) une ordonnance du docteur Moubarak.

Jacques présente la feuille au pharmacien; le pharmacien la lit.

Le pharmacien

4 — Nous avons tous ces médicaments (ces médicaments tout eux se trouvent (existants) chez nous); mais je ne peux vous donner aujourd'hui qu'une seule boîte de cachets (je ne peux pas aujourd'hui que je te donne si ce n'est une boîte une de cachets).

Jacques

5 — Heureusement, le médecin ne m'a pas demandé[1] (n'a pas demandé de moi) de prendre (que je prenne) tous les cachets d'un seul coup (en une seule fois).

Le pharmacien (en riant)

6 — Un instant, s'il vous plaît (s'il te plaît)! Je vous les apporte de suite (je vais les présenter à toi aussitôt).

Le pharmacien revient avec les médicaments (et

٧ـ أهذا كلُّ ما ترغب؟ ألا تحتاج إلى
شيء آخر ؟

٨ ـ هذا كلُّ شيء بالنَّسبة للأدوية ،
ولكنّي محتاج إلى فرشاة للأسنان و
أنبوبة معجون

٩ـ كما أنّي أحتاج إلى صابون و معجون
للحلاقة مع شفرات و زجاجة كولونيا

١٠ـ طيّب ! هذا يكفي ...
(جاك يمدُّ النّقود إلى الصّيدليّ)

١١ـ تفضّل !... قل لي : متى أستطيع أن
آخذَ علبةَ الحبوب الباقية ؟

١٢ـ إنّها ستكون جاهزة و تحت تصرّفك
بعد غد صباحًا

١٣ـ حسنًا ! وإلى أيّةِ ساعة تبقى
الصّيدليّة مفتوحة في المساء ؟

avec lui les médicaments).

Le pharmacien	**7** — C'est tout ce que vous désirez ? (est-ce que ceci tout ce que tu désires) ? N'avez-vous pas besoin d'autre chose (est-ce que tu n'as pas besoin de quelque chose d'autre) ?
Jacques	**8** — C'est tout pour ce qui est des médicaments (ceci toute chose en ce qui concerne les médicaments), mais j'ai besoin (moi ayant besoin) d'une brosse à dents (brosse pour les dents) (et) d'un tube de pâte (dentifrice) ...
Jacques	**9** — J'ai aussi besoin (de même que moi j'ai besoin) de savon, de crème à (pour) raser (le fait de raser), avec des lames et une bouteille d'eau (de) Cologne ...
Jacques	**10** — Bon ! C'est assez (ceci suffit).

Jacques tend l'argent au pharmacien.

Jacques	**11** — Tenez (tiens) ... Dites-moi (dis-moi) : quand puis-je prendre (quand je peux que je prenne) la boîte de cachets restante ?
Le pharmacien	**12** — Elle sera (certes elle sera) prête et à votre disposition après-demain matin (au matin).
Jacques	**13** — Bien ! Et jusqu'à quelle heure la pharmacie reste-t-elle ouverte le soir (dans le soir) ?

١٤ ـ حتّى التّاسعة ليلًا

١٥ ـ شكرًا جزيلًا ، مع السّلامة !

١٦ ـ مع السّلامة يا سيّدي !

**
*

NOTE :

1 — Au lieu de : لم يطلب on aurait pu avoir :

mā talaba : ما طلب (cf leçon 35).

EXERCICES

١ ـ لا أستطيع أن أعطيَك هذا الدّواء

دونَ تقديم وصفة مِنَ الطّبيب

Je ne peux pas te donner le médicament sans présentation d'une ordonnance du médecin.

٢ ـ لا تبلع هذه الأدوية فإنّها

خطيرة ، ولا تتركها في متناوَلِ

الأطفال

N'avale pas ces médicaments, car ils sont dangereux et ne les laisse pas à la portée des enfants.

٣ ـ هل عندك نتائج تحاليلِ البول والبراز ؟

Est-ce que tu as les résultats des analyses d'urine et de selles ?

101

Le pharmacien	14 — Jusqu'à 21 heures (la 9ème) du soir (de la nuit, de nuit).
Jacques	15 — Merci beaucoup, adieu (au revoir).
Le pharmacien	16 — Au revoir, Monsieur.

**
*

٤ ـ لِهٰذا الدَّواء طَعمٌ مرٌّ، غيرَ أنَّهُ سيَشفيكَ بِسرعَة.

Ce médicament a un goût (à ce médicament un goût) amer; cependant (sauf que lui) il te guérira rapidement.

٥ ـ كَم يمكن أن تَقدّمَ لي مِنَ العُلَبِ اليومَ ؟

Combien de boîtes peux-tu me fournir (présenter) aujourd'hui ? (combien est-il possible que tu présentes à moi en fait de boîtes aujourd'hui) ?

٦ ـ إِنتَتِيْنِ فقط ؛ أمَّا العلَبُ الأُخرى فلاشكَّ أنَّها ستكونُ جاهزة بَعد يومينِ تَقريبًا

Deux seulement. Quant aux autres boîtes, il est certain (pas de doute) qu'elles seront prêtes dans (après) deux jours environ.

CONJUGAISON :

Verbes : DESIRER — LIRE — RESTER

Je désire	(arg̣ab)	أَرْغَب
Tu désires	(targ̣ab)	تَرْغَب
Tu désires (fém.)	(targ̣abīn)	تَرْغَبِينَ
Il désire	(yarg̣ab)	يَرْغَب
Je lis	(aqra')	أَقْرَأُ
Tu lis	(taqra')	تَقْرَأُ
Tu lis (fém.)	(taqra'īn)	تَقْرَئِينَ
Il lit	(yaqra')	يَقْرَأُ

الدَّرْسُ الثَّامِنُ و الخَمْسُونَ

جاك يَسْتَمِعُ إِلَى الرَّادِيو

(جاك يَفْتَحُ الرَّادِيو وَ يَسْمَعُ)

١ ـ أَيُّهَا⁽¹⁾ المُسْتَمِعُونَ⁽²⁾ الكِرَامُ⁽³⁾! السَّاعَةُ
الآنَ الثَّامِنَةُ صَبَاحًا

٢ ـ وَ بَعْدَ أَنِ اسْتَمَعْتُمْ إِلَى تِلَاوَةٍ⁽⁴⁾ مِنْ
أَيِّ⁽⁵⁾ القُرْآنِ الكَرِيمِ

103

Je reste	(abqā)	أبقى
Tu restes	(tabqā)	تبقى
Tu restes (fém.)	(tabqayna)	تبقين
Il reste	(yabqā)	يبقى

ألا تحتاج الى
شئ آخر؟

LEÇON 58

(La leçon la huitième et la cinquante)

JACQUES ECOUTE LA RADIO

Jacques ouvre la radio et entend :

Voix   **1** — Chers auditeurs (ô [1] les audi-teurs [2] vénérables [3])! Il est (l'heure maintenant) 8 heures du matin (la 8ème au matin).

Voix   **2** — Après avoir entendu (et après que vous avez écouté) une psalmodie [4] des versets [5] du Qoran (vénérable),

٣ـ سنقدّمُ لكم بقيّةَ البرنامجِ الإذاعيّ [٦]
لهذا الصَّباح

٤ـ وبعد لحظةٍ، نقدّمُ لكم موجزًا لنشرةِ
الأخبارِ الصَّباحيّةِ ثمّ ...
(حاك يُديرُ الزّرَّ ويسمع)

٥ـ ... يقومُ وزيرُ [٧] الإقتصادِ الفرنسيّ حاليًّا
بزيارةٍ رسميّةٍ لبلدِنـا

٦ـ وقد زارَ المنشآتِ الصّناعيّةَ القريبةَ
منَ المدينةِ

٧ـ فكتبَ مراسلُنا [٨]، نقلًا عن وكالةِ
الأنباءِ الرّسميّةِ

٨ـ بأنّ الوزيرَ سوف يُجري [٩] محادثات
مع رئيسِ الوزراءِ بعد ظهرِ اليومِ و ...
(يُديرُ الزّرَّ مرّةً أخرى)

٩ـ سيّداتي، سادتي، المُطربةُ [١٠] المشهورة
«ليلى» ستغنّي لكم

105

Voix   3 — Nous allons vous présenter le reste du programme radiodiffusé[6] de (pour) ce matin.

Voix   4 — Dans un instant (et après un instant), nous allons vous présenter un résumé (raccourci, condensé) du bulletin d'information du matin (matinal) puis..

Jacques tourne le bouton et entend :

Voix   5 — Le Ministre[7] français de l'économie effectue actuellement (il effectue actuellement le Ministre de l'économie français) une visite officielle dans (à) notre pays.

Voix   6 — (et) il a visité les installations industrielles proches de la ville.

Voix   7 — Notre correspondant[8] a écrit (a écrit notre correspondant), d'après (par rapport de) l'agence officielle d'information (l'agence des informations l'officielle)

Voix   8 — ... que le Ministre va engager[9] (procéder à) des entretiens avec le Président du Conseil (le président des Ministres) cet après-midi (après le midi d'aujourd'hui) et ...

Il tourne à nouveau le bouton (une autre fois).

Voix   9 — Mesdames, Messieurs, la célèbre chanteuse[10] Layla va vous chanter

أُغْنِيَةٌ مِنْ أَجْمَلِ الأَغَانِي الشَّرْقِيَّةِ

١٠ ـ كَلِمَاتٌ : الأُسْتَاذُ عَزِيز فَخْري

ألْحَانٌ : المُوسِيقَارُ الكَبِيرُ عبدُ الكَرِيم

بَدْرَان

(فِي ذَلِكَ الوَقْتِ يَدُقّ جَرَسُ الهَاتِفِ ـ جَاكَ
يَرْفَعُ السَّمَّاعَةَ)

١١ ـ أَلُو ! صَبَاحَ الخَيْرِ ! كَيْفَ الصِّحَّةُ ؟

١٢ ـ بِخَيْرٍ ؛ مَنْ يَتَكَلَّم ؟

١٣ ـ إِنَّهَا مُفَاجَأَةٌ [1]، ولكِنْ، لا تَخَفْ ؛ أَنَا
صَدِيقٌ ... هَلْ أَسْتَطِيعُ أَنْ أَصْعَدَ إِلَى
غُرْفَتِكَ ؟

١٤ ـ تَفَضَّلْ !

** **
**

NOTES :

1 — أَيُّهَا : ô, particule équivalent à يَا , et toujours placée devant un mot déterminé. Ici, par l'article (le mot
reste au cas sujet sauf s'il est suivi d'un rapport d'annexion) :

Ex : ô voyageurs :
(ayyouhā l-mousāfirōun) : أَيُّهَا المُسَافِرُونَ

107

une des plus belles chansons orientales
(va chanter pour vous une chanson
parmi les plus belles chansons orientales).

Voix   10 — Paroles (du) Maître ʿAzīz Faẖrī ...
              Musique (air) du grand compositeur
              (musicien) : ʿAbdel karīm Badrān.

A ce moment le téléphone sonne (sonne la sonnerie
du téléphone). Jacques prend (lève) l'écouteur.

Voix   11 — Allo ! bonjour ! Comment ça va
              (comment la santé) ?

Jacques   12 — Bien; qui est à l'appareil (qui
              parle) ?

Voix   13 — C'est une surprise[11] (certes elle
              une surprise); mais n'ayez (n'aie) pas
              peur, je suis (moi) un ami ... Puis-je
              monter (est-ce que je peux que je
              monte) jusqu'à (vers) votre (la) cham-
              bre ?

Jacques   14 — Je vous en prie !

✸ ✸
✸

ô musulmans !
(ayyouhā l-mouslimōun) :   أَيُّها المسلمون

2 — المُسْتَمِعُون : ceux qui écoutent. Participe actif du verbe :
istamaʿa (ilā) : اِسْتَمَعَ إلى 8ème forme : écouter (par opposition

108

à : samiʿa سَمِعَ : entendre).

3 — الكِرام : pluriel de «karîm» : كريم noble, vénérable (signifie également : généreux).

4 — تِلاوة : nom d'action du verbe «talā» : تَلَد réciter, psalmodier, lire (mot réservé au domaine lithurgique et appliqué notamment au texte coranique).

5 — أَيِ à la place de āyāt : أَيات pluriel de : أَية verset (étymologiquement : signe).

6 — إذاعيّ : radio diffusé, de : إذاعة : idāʿa : radio diffusion, émission (nom d'action du verbe de la 4ème forme) adāʿa : أَذاع divulguer, diffuser.

Participe actif : speaker : مُذِيع

7 — وزير : Ministre   Ministère : wizāra : وزارة

8 — مُراسِل : correspondant. Participe actif du verbe de la 3ème forme «rāsala» : راسَلَ qui signifie : correspondre, écrire à;
el mourāsil : المُراسِل est donc : celui qui correspond, qui écrit ...
(A ne pas confondre avec le participe actif du verbe de la 4ème forme) :
arsala : أَرسَلَ qui signifie : envoyer, expédier
el moursil : المُرسِل étant : celui qui envoie, l'expéditeur
(cf leçons 46 et 52).

9 — يُجري : présent du verbe de la 4ème forme :
ajrā : أَجرَى : faire se dérouler, faire avoir lieu, procéder à..
(racine : jarā : جَرَى : couler, aller, se dérouler, avoir lieu,

109

courir) ...

nom d'action : ijrā' : إِجْرَاء : procédure, mesure

pluriel إِجْرَاءَات : mesures.

10 — مُطْرِبَة : participe actif du verbe de la 4ème forme :

atraba : أَطْرَبَ : réjouir, emplir de joie esthétique

(racine : tarab : طَرَب : musique, joie esthétique ; à l'origine

du mot : troubadour).

el moutrib : الْمُطْرِب est donc : celui qui emplit de joie esthé-

tique en chantant, le chanteur.

11 — مُفَاجَأَة : nom d'action du verbe de la 3ème forme :

fāja'a : فَاجَأَ : surprendre, prendre à l'improviste.

Participe actif : moufāji' : مُفَاجِيء : qui surprend, qui survient

à l'improviste.

Adverbe : faj'atan : فَجْأَةً : brusquement, à l'improviste,

soudain.

EXERCICES

١ـ بَعْدَ الأَخْبَارِ المَحَلِّيَّةِ ، نُقَدِّمُ

لَكُمُ الأَنْبَاءَ الدُّوَلِيَّةَ

Après les nouvelles locales, nous vous présentons les
nouvelles internationales.

٢ - أَيُّهَا الْمُسْتَمِعُونَ الْأَعِزَّاءُ،
سَنَسْتَهِلُّ بِرْنَامِجَنَا الْمَسَائِيَّ بِتَقْدِيمِ
بَعْضِ الْأَغَانِي الْعَرَبِيَّةِ الْمَشْهُورَةِ

Chers auditeurs (ô les auditeurs les chers) nous commen-
cerons notre programme du soir (vespéral) par la présentation de quelques chansons arabes célèbres.

٣ - وَ إِلَيْكُمُ الْآنَ، أَيُّهَا السَّادَةُ، مُوجَزًا
لِلزِّيَارَةِ الَّتِي يَقُومُ بِهَا وَزِيرُ الْمَالِيَّةِ
وَ الشُّؤُونِ الْاقْتِصَادِيَّةِ الْفَرَنْسِيُّ فِي مَدِينَتِنَا

Voici à présent, (et vers vous maintenant) (cf leçon 55
note 1) Messieurs, un résumé de la visite qu'effectue le
Ministre des Finances et des Affaires économiques français dans notre ville.

111

CONJUGAISON :

Verbes : ECOUTER — AVOIR VISITE — CHANTER — AVOIR ECRIT — LEVER

J'écoute (vers)	(astamiʿ) ilā	أستمع إلى
Tu écoutes	(tastamiʿ) ,,	تستمع ,,
Tu écoutes (fém.)	(tastamiʿîn) ,,	تستمعين ,,
Il écoute	(yastamiʿ) ,,	يستمع ,,
J'ai visité	(zourtou)	زرت
Tu as visité	(zourta)	زرت
Tu as visité (fém.)	(zourti)	زرت
Il a visité	(zāra)	زار
Je chante	(ougannî)	أغنّي
Tu chantes	(tougannî)	تغنّي
Tu chantes (fém.)	(tougannîn)	تغنّين
Il chante	(yougannî)	يغنّي
J'ai écrit	(katabtou)	كتبت
Tu as écrit	(katabta)	كتبت
Tu as écrit (fém.)	(katabti)	كتبت
Il a écrit	(kataba)	كتب
Je lève	(arfaʿ)	أرفع
Tu lèves	(tarfaʿ)	ترفع
Il lève	(yarfaʿ)	يرفع

زيارة أحمد

(يُطرَقُ البابُ)

١ ـ تفضّل !

(أحمد يفتحُ البابَ و يدخل)

٢ ـ أهلاً ! هذه مفاجأة طيّبة حقًّا !
ما كنت أنتظرُك [1] ... ألا تعملُ اليومَ ؟

٣ ـ ليس لديَّ [2] عمل في هذا الصّباح ، ولكنّي
أعمل بعد الظّهر

٤ ـ ولهذا انتهزت هذه الفرصة لزيارتِك .
كيف حالُك ؟ و كيف قضيت هذه
اللّيلة ؟

٥ ـ أحسن ممّا [3] كنت أتصوّر ! والحمدُلِلّه
تحسّنت حالتي بفضلِ الأدويةِ الّتي
أخذتها قبل النّوم

113

(La leçon la neuvième et la cinquante)

VISITE D'AHMED

On frappe à la porte (la porte est frappée).

Jacques   **1** — Entrez ! (je t'en prie) !

Ahmed ouvre la porte et entre.

Jacques   **2** — Bienvenue ! C'est vraiment une bonne surprise (celle-ci une surprise bonne en effet). Je ne t'attendais pas[1] ... Tu ne travailles pas aujourd'hui (est-ce que tu ne travailles pas) ?

Ahmed   **3** — Je ne travaille pas (il n'y a pas chez moi (pour moi[2]) de travail) ce matin (dans ce matin), mais je travaille (cet) après-midi.

Ahmed   **4** — Aussi (et pour ceci, pour cela) j'ai saisi cette occasion pour te rendre visite (pour ta visite : le fait de te visiter). Comment vas-tu ? (comment ton état) ? et comment as-tu passé (comment tu as passé) cette nuit ?

Jacques   **5** — Mieux que[3] je n'aurais cru (mieux que ce que j'imaginais) ! ; et grâce à Dieu je vais mieux (mon état s'est amélioré) grâce aux médicaments que j'ai pris avant de me coucher (avant le fait de dormir). La fièvre (le

فقد هبطت درجةُ الحرارة هذا الصّباح

٦ - ألحمدُ للّه ! إنّني أُعتذرُ لك فأنا لم

أستطع[4] أن أزورَكَ قبل اليوم ؛ ولكنّ

الدّكتور مبارك خابرني ليلةَ أمس

فقال لي إنّ حالتَك مُرضِية[5]

٧ - صحيح ! ألحرارة هي الّتي أتعبتني

وكذلك تغيّرُ الجوّ ، إضافةٌ إلى السّفر

٨ - كيف وجدت الدّكتور مبارك ؟

٩ - لطيفًا[6] جِدًّا ، ويبدو أنّ له خبرةً[7]

كبيرة .

١٠ - ألواقع أنّه من أكبر أطبّاءِ المدينة

حاليًّا وأنا أعرفُه منذ الطّفولة[8]

١١ - كان زميلي في المدرسة قبل أن

يدخلَ كلّيّةَ[9] الطّبّ فيما بعد

115

degré de la chaleur = la température) est tombée ce matin.

Ahmed **6 —** Grâce à Dieu ! Excuse-moi (certes moi je m'excuse auprès de toi (à toi) car je n'ai pas pu[4] te rendre visite (que je te visite) plus tôt (avant aujourd'hui. Mais le docteur Moubarak m'a téléphoné hier soir (la nuit d'hier) et m'a dit que ton état (était) satisfaisant[5].

Jacques **7 —** (C'est) vrai ! C'est la chaleur qui m'a fatigué (la chaleur elle laquelle m'a fatigué), ainsi que (et de même) le changement de climat, outre le voyage.

Ahmed **8 —** Comment as-tu trouvé le docteur Moubarak ?

Jacques **9 —** Très agréable[6] (et) il semble qu'il ait (que à lui) une grande expérience[7].

Ahmed **10 —** Le fait (est) qu'il est actuellement un des plus grands médecins de la ville (le fait (est) que lui parmi les plus grands médecins de la ville actuellement); je le connais (et moi je le connais) depuis l'enfance[8].

Ahmed **11 —** Il a été mon camarade de classe (il a été mon collègue à l'école) avant d'entrer[9] à la Faculté de Médecine (avant qu'il n'entre la Faculté de Médecine) par la suite.

116

۱۲ ـ كم يومًا يجب أن تبقى في غرفتِك
دونَ أن تخرجَ ؟

۱۳ ـ يومَيْن ، وقبل كلِّ شيء ، أنا محتاج
إلى فترة استراحة في جوٍّ هادي‹ ، بعيدً[۱۰]
عنِ الحرارة و الضَّجيج .

۱٤ ـ ولكن ، ماذا تعمل وحدَك طوالَ هذا
الوقت ؟ ربّما يأخذُ منكَ الملل .

۱٥ ـ لا ، أبدًا ! أستمع إلى الرّاديو أحيانًا ،
وأحيانًا أقرأُ الصُّحف . هكذا سيمرُّ
الوقتُ سريعًا[۱۱]

۱٦ ـ على كلِّ حال ، أتمنَّى لكَ شفاءً سريعًا حتّى
تستفيدَ كلَّ الاستفادة[۱۲] من إقامتِك في بلدنا .

* *
*

NOTES :

1 — Au lieu de : ما كنت أنتظرك on aurait pu avoir :
lam akoun antaziourk : لم أكن أنتظرك

2 — ladā : لدى : «auprès de», «chez» (= ⁴inda : عند)

117

Ahmed	12 — Combien de jours dois-tu garder la chambre (il faut que tu restes dans ta chambre) sans sortir? (sans que tu sortes)?
Jacques	13 — 2 jours; et avant tout j'ai besoin (moi nécessitant) d'une période de repos dans une atmosphère calme, loin[10] de la chaleur et du bruit.
Ahmed	14 — Mais, que vas-tu faire tout seul pendant ce temps (tout au long de ce temps)? Tu risques de t'ennuyer (peut-être prend(ra) de toi l'ennui).
Jacques	15 — Non, pas du tout! J'écoute tantôt la radio (j'écoute la radio parfois) (et) tantôt (parfois) je lis les journaux. Ainsi le temps passera vite[11].
Ahmed	16 — De toutes façons, je te souhaite une prompte guérison afin que tu puisses profiter pleinement (afin que tu profites tout le profit)[12] de ton séjour dans notre pays.

* *
*

laysa ladayya : ليس لديّ : est synonyme de :

laysaʿindī : ليس عندي : il n'y a pas chez moi; je n'ai pas.

laysa ladayk(a) : ليس لديك : tu n'as pas.

laysa ladayhi : ليس لديه : il n'a pas. etc...

3 — أُحسِنُ مِمَّا : «mieux que ce que» est la contraction de:

min : «(de)» : مِنْ et de mā : «(ce que)» : ما

devient donc : مِمَّا

4 — Au lieu de : لم أُستطع أنْ, on aurait pu avoir : mā stata‘_

tou an : ما استطعت أنْ

5 — مُرضِية : «satisfaisante», féminin de: mourdin: مُرضٍ
Participe actif du verbe de la 4ème forme : ardā : أَرضَى : «satisfaire», «agréer» (racine ridan : رِضىً : agrément, satisfaction).

6 — لطيفاً désinence du cas direct (an) en réponse à :
kayfa wajadta?: كيف وجدتَ : comment as-tu trouvé ? (sous-
entendu : wajadtouhou latīfan) : وجدتُهُ لطيفاً

7 — خَبَرةٌ : désinence du cas direct (an) voulue par la
présence de la **particule du cas direct** : anna : أنَّ (cf leçon
de révision 56).

8 — طفولة : «enfance» de : enfant : tifl : طفل

pluriel : atfāl : أطفال

(cf pédiatre : tabīb(ou) l-atfāl) : طبيبُ الأطفال

9 — أنْ يدخلَ الكلّيةَ : «qu'il entre la Faculté». Le verbe
entrer : (dahala) est transitif. En arabe on dit :
«J'entre quelque chose» et non pas : «Je rentre dans quelque
chose».
    Ex : J'entre (le bureau) : adhoul(ou) l-maktab

(au lieu de : j'entre dans le bureau) : adhoul fī l-maktab.

119

10 — baˁīdan : بَعِيدًا : adverbe : «loin», ne pas confondre avec : **baˁīd :** بَعِيد : éloigné, lointain (adjectif) au cas direct.

11 — Sariˁan : سَرِيعًا : adverbe : «vite», «rapidement»; ne pas confondre avec sariˁ : سَرِيع : rapide (adjectif) au cas direct comme c'est le cas dans la phrase suivante :

Je te souhaite une prompte guérison :
(atamannā laka ṣifāˁan sariˁan) :

أَتَمَنَّى لَكَ شِفَاءً سَرِيعًا

12 — اِسْتِفَادَة : nom d'action du verbe de la 10ème forme : istafāda : اِسْتَفَادَ : tirer profit, chercher à profiter de ؛

(racine : فَائِدَة : profit, intérêt).

Cette tournure qui consiste à **placer immédiatement après un verbe son nom d'action (au cas direct)** est extrêmement fréquente en arabe. Son but est de renforcer le sens du verbe. Il exprime une notion de **manière** souvent traduite par : «pleinement», «extrêmement», «complètement», «absolument», etc...

Ex : tu peux en tirer pleinement profit :
(tu peux que **tu profites** de cela **d'un grand profit**)
(youmkin an tastafīda min dalik istifādatan kabīra).

EXERCICES

١ـ لَا بُدَّ أَنْ أَتَوَقَّفَ عَنِ الْعَمَلِ لِمُدَّةِ أُسْبُوعٍ كَامِلٍ

Je dois m'arrêter de travailler une semaine entière (il faut que je m'arrête du fait de travailler, pour la durée d'une semaine entière).

٢ـ هَلْ لَدَيْكَ الْوَقْتُ الْكَافِي لِلذَّهَابِ مَعِي إِلَى الْمُسْتَشْفَى ؟

As-tu le temps d'aller avec moi à l'hôpital ? (est-ce que

chez toi le temps suffisant pour le fait d'aller avec moi vers l'hôpital) ?

٣ـ ما هي مواعيدُ الزِّيارات في العِيادة ؟

Quelles sont les heures de visite à la clinique ? (quoi elles les heures) (les moments des visites) à la clinique)?

٤ـ هل يمكنُكَ الآنَ أن تنهضَ منَ الفِراشِ بدونِ صعوبةٍ ؟

Peux-tu maintenant te lever du lit sans difficulté ? (est-ce qu'il t'est possible maintenant que tu te lèves du lit sans difficulté) ?

٥ـ تحسَّنت حالتُه الصَّحِّيَّة في الأيَّامِ الأخيرة ؛ ولا شكَّ أنَّه سيخرج قريبًا منَ المستشفى

Son état de santé s'est amélioré ces jours derniers; sans doute sortira-t-il bientôt de l'hôpital.

(s'est amélioré son état sanitaire dans les jours derniers, et il n'y a pas de doute que lui sortira prochainement de l'hôpital).

٦ـ لِماذا لا تستفيدُ من إجازتِكَ المَرَضِيَّة لِلاستِماعِ إلى الرَّاديو و قراءةِ الصُّحفِ العربيَّة حتَّى تمارسَ اللُّغة العربيَّة ؟

Pourquoi ne profites-tu pas de ton congé de maladie pour écouter la radio et lire les journaux arabes de manière à pratiquer l'arabe ?

(pourquoi ne tires-tu pas profit de ton congé de maladie pour le fait d'écouter (vers) la radio et la lecture des journaux arabes de sorte que tu pratiques la langue arabe)?

CONJUGAISON :

Verbes : IMAGINER (CROIRE) — AVOIR DIT — AVOIR TROUVE — PROFITER DE

J'imagine, je crois que (verbe de la 5ème forme)	(atasawwar) anna	أتصوَّر أنَّ
Tu imagines	(tatasawwar) "	تتصوَّر "
Il imagine	(yatasawwar) "	يتصوَّر "
J'ai dit	(qoultou)	قلت
Tu as dit	(qoulta)	قلت
Il a dit	(qāla)	قال
J'ai trouvé	(wajadtou)	وجدت
Tu as trouvé	(wajadta)	وجدت
Il a trouvé	(wajada)	وجد
Je profite de	(astafīdou) min	أستفيدُ من
Tu profites	(tastafīd) "	تستفيد "
Il profite	(yastafīd) "	يستفيد "

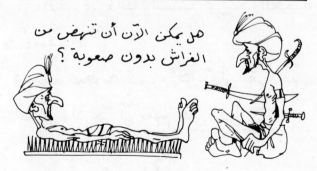

هل يمكن الآن أن تنهض من
الفراش بدون صعوبة ؟

122

الدَّرْسُ السِّتُّون

زِيارَةُ أَحْمَد

١- هَلْ تَسْتَطِيعُ أَنْ تَبْقَى مَعِي قَلِيلًا ! أُحِبُّ أَنْ أَسْأَلَكَ عَنْ مُشْكِلَةٍ بَسِيطَة.

٢- أَنَا تَحْتَ تَصَرُّفِكَ طِيلَةَ الصَّباح كَما قُلْتُ لَكَ . ما هِيَ المُشْكِلَة ؟

٣- لَقَدْ قَرَأْتُ بَعْضَ المَقالاتِ فِي هٰذِهِ الجَرِيدَة وَلٰكِنْ ،لَمْ أَقْدِرْ فَهْمَ بَعْضِ الكَلِمات

٤- مَعْلُوم ! اللُّغَةُ العَرَبِيَّةُ واسِعَةٌ جِدًّا ، وَفَضْلًا عَنْ ذٰلِك ،لَيْسَتِ الجَرائِدُ العَرَبِيَّةُ مُشْكِلَة.

٥- هٰذِهِ صُعُوبَةٌ كَبِيرَة : لا بُدَّ أَنْ تَقْرَأَ حَتَّى تَفْهَمَ وَلا بُدَّ أَنْ تَفْهَمَ حَتَّى تَقْرَأَ !!

(La leçon la soixantième)

VISITE D'AHMED

Jacques à Ahmed	**1 —** Peux-tu rester un peu avec moi (est-ce que tu peux que tu restes avec moi un peu) ? J'aimerais (j'aime que je t'interroge) t'interroger au sujet d'un petit problème (problème simple).
Ahmed	**2 —** Je suis à ta disposition (moi sous ta disposition) toute la matinée (tout le long[1] du matin) comme je te l'ai dit. Quel est le problème ?
Jacques	**3 —** J'ai lu quelques articles dans ce journal, mais je n'ai pas pu comprendre (le fait de comprendre[2]) certains mots.
Ahmed	**4 —** Bien sûr ! La langue arabe est très vaste, en plus de cela, les journaux arabes ne sont pas vocalisés[3].
Jacques	**5 —** C'est une grande difficulté : il faut lire pour comprendre (il n'y a pas d'échappatoire à ce que tu lises afin que tu comprennes) et il faut comprendre pour lire !

٦- صحيح ! ولكنَّ هذه الصّعوبة ستمرُّ
مع الزّمن والصّبر . يقول العربُ :«الصّبرُ
مفتاحُ الفرَج .»

٧- طيّب ! ما معنى هذه الكلمة في السّطر
الأوّل من هذا المقال ؟

(أحمد ينظر ويقرأُ الجملة)

٨ - هذه عبارة فلسفيّة تعني : "يفكّر"

٩- شكرًا ... وهناكَ ، في أسفل الصّفحة
الثّالثة : لم أقدرْ أن أفهمَ الجملة
الأخيرة منَ الفقرة الأولى

١٠- لأنّني لا أدري ما هو معنى هاتَين ④
الكلمتَين ... أنظرْ !

(أحمد ينظر ويقرأُ الجملة)

١١- أعتقد أنّهما من المصطلحاتِ العلميّة
الحديثة

١٢- بالضّبط ! هذا مقالٌ خاصٌّ بالملاحة
والتّجاربِ⑤ الفضائيّة ⑥

125

Ahmed	**6** — C'est vrai ! Mais cette difficulté disparaîtra (passera) avec le temps et la patience. Les Arabes disent : «La patience est la clef de tout !» (de la délivrance, du soulagement).
Jacques	**7** — Bon ! Que signifie (quel est le sens de) ce mot, à (dans) la première ligne de cet article ?

Ahmed regarde et lit la phrase.

Ahmed	**8** — C'est une expression philosophique (qui) signifie : «il pense» (il réfléchit).
Jacques	**9** — Merci ... Et là, au bas de la 3ème page : je n'ai pas pu (réussi à) comprendre (le fait de comprendre) la dernière phrase du premier paragraphe;
Jacques	**10** — car je ne connais pas le sens (je ne sais pas quel est le sens) de ces[4] deux mots ... Regarde !

Ahmed regarde et lit la phrase.

Jacques	**11** — Je pense (je crois) que ce sont (qu'elles deux font partie) des termes techniques scientifiques modernes.
Ahmed	**12** — Exactement. C'est un article consacré à (spécial à) la navigation et aux expériences[5] spatiales[6].

١٣ ـ خذِ الجريدة إذا أردت. أنا قرأت كثيرًا
اليوم. ماذا لو استمعنا إلى الموسيقى؟

١٤ ـ بكلِّ سرور. إنّها أحسن وسيلة.
لراحةِ النَّفس

* * *
*

Jacques	**13 —** Prends le journal si tu veux. Moi j'ai beaucoup lu aujourd'hui ... Si nous écoutions (quoi si nous avons écouté) la musique ?
Ahmed	**14 —** Avec plaisir. C'est le meilleur moyen de reposer l'esprit (pour le repos de l'esprit, de l'âme).

✸ ✸
✸

NOTES :

1 — طِيلَةَ : tout au long de ... (temporel).

2 — فَهْم : «le fait de comprendre». Nom d'action au lieu d'un verbe. On aurait pu avoir :

je n'ai pas pu **que je comprenne**
(lam astaṭi an afhama) : لَمْ أَسْتَطِعْ أَنْ أَفْهَمَ

3 — مُشْكَلَة : participe passif du verbe de la 2ème forme: ŝakkala : شَكَّلَ : «mettre des voyelles», «vocaliser».

Nom d'action : taŝkîl : تَشْكِيل : fait de vocaliser, vocalisation.

(**Ne pas confondre** entre: mouŝakkala: مُشَكَّلَة (adj.): vocalisée et : mouŝkila : مُشْكِلَة (subs.) : problème.

4 — هاتَيْنِ : cas direct de : hātān(i) هاتانِ : «ces deux» (duel féminin); singulier هذه : «celle-ci».

5 — نَجارب pluriel de tajriba : تَجْرِبَة : expérience.

6 — فَضائِيّ «spatial»; de : «faḍā'» : فَضاء : espace.

لَمْ أَسْتَطِعْ فَهْمَ بَعْضِ الْكَلِماتِ !

129

١- بِمَ تفكّرُ ! هل لديكَ مشكلة ؟

A quoi penses-tu ? As-tu un problème ?
(à quoi tu penses ? Est-ce que chez toi un problème) ?

Remarque à propos de «bima» : بِمَ
Dans l'interrogation, le «ā» de «mā» : ما (quoi), tombe, quand

« ما » est précédé d'une particule comme : فِي - بِ ou

لِ etc...

Ex : Au lieu de fimā فيما : «dans quoi», on a : فِيمَ

Au lieu de limā لِما : «pour quoi», on a : لِمَ

etc ...

٢- نعم، ولكنّها صعبة جدًّا ولا أتصوّر
أنّ باستطاعتكَ أن تساعدني على حلّها

Oui, mais il est très difficile, je ne crois pas que tu puisses
m'aider à le résoudre.
(oui, mais elle difficile très et je n'imagine pas que dans ta
possibilité que tu m'aides à sa solution).

٣- هل تعتقد أنّ ابنتَكَ قادرة على فهمِ
جميعِ الكلماتِ الموجودةِ في هذا المقالِ
رغمَ عدمِ تشكيلِها ؟

Est-ce que tu crois que ta fille est capable de comprendre
tous les mots de cet article, malgré le manque de vocalisation ?

(est-ce que tu crois que ta fille capable de comprendre
(du fait de comprendre) tous les mots se trouvant dans
cet article malgré leur non vocalisation) ?

٤ ـ لهذه العبارات معنًى خاصٌّ ، لا أعتقد
أنّك تفهمُهُ بسهولة .

Ces expressions ont un sens particulier; je ne crois pas
que tu le comprennes facilement.
(à ces expressions un sens particulier) je ne crois pas que
toi tu le comprends facilement).

٥ ـ لكلِّ المشاكل نهاية في هذه الدّنيا
فإنّها تمرُّ مع الزّمن

Tous les problèmes ont une fin en ce Bas Monde : ils
passent avec le temps.
(à tous les problèmes une fin dans ce Bas Monde : car
eux passent avec le temps).

CONJUGAISON :

Verbes DIRE — VOULOIR DIRE — PENSER — CROIRE

Je dis	(aqoul)	أُقُول
Tu dis	(taqoul)	تقول
Tu dis (fém.)	(taqoulīn)	تقولين
Il dit	(yaqoul)	يقول
Je veux dire	(a‘nī)	أَعني
Tu veux dire	(ta‘nī)	تعني
Il veut dire	(ya‘nī)	يعني
C'est-à-dire	(ya‘nī)	يعني
Cela signifie que	(ya‘nī dalika anna)	يعني ذلك أنَّ
Son sens est que	(ma‘nāhou anna)	معناه أنَّ
Je pense	(oufakkir)	أُفكّر
Tu penses	(toufakkir)	تفكّر
Tu penses (fém.)	(toufakkirīn)	تفكّرين
Il pense	(youfakkir)	يفكّر
Je crois que	(a‘taqid) anna	أعتقد أنَّ
Tu crois	(ta‘taqid) „	تعتقد „
Tu crois (fém.)	(ta‘taqidīn) „	تعتقدين „
Il croit	(ya‘taqid) „	يعتقد „

زيارة أحمد

١ـ كيف حالُ العائلة ؟ لوْلم أكن مريضًا لَزُرْتهمُ (١) اليوم

٢ـ كلُّهُم بخير و الحمدُ لِلّه يفكرونَ فيكَ دائمًا . ويتمنّى محمّد خاصّةً أن تزورَ المسجد معه يومَ الثّلاثاء

٣ـ بالطّبع .هذه فرصة طيّبة ؛ لا بدَّ أن أقومَ بهذه الزِّيارة حتّى لوْ كنتُ (٣) عاجزًا عن المشي !

٤ـ لا شكَّ (٤) أنَّ هذا المسجد سيعجبك ويمكنُكَ أن تستفيدَ من محمّد و أن تسألَهُ عن أشياء كثيرة فثقافتُه واسعة .

٥ـ لا أشكّ في أنّني سأستفيدُ من إبنِك خلالَ هذه الزِّيارة

(La leçon la première et la soixante)

VISITE d'AHMED

Jacques **1** — Comment va la famille ? Si[1] je n'avais pas été malade, je leur aurais rendu visite (je les aurais visités)[2] aujourd'hui.

Ahmed **2** — Tout le monde va bien (tous eux bien), grâce à Dieu. Ils pensent toujours à toi (tout le temps à toi). Mohammed en particulier espère que tu visiteras (que tu visites) la mosquée avec lui mardi.

Jacques **3** — Naturellement. C'est une excellente (bonne) occasion. Il faut (absolument) que je fasse (que j'accomplisse) cette visite, dussé-je (même si[3] j'étais) être incapable de marcher ! (impuissant au fait de marcher).

Ahmed **4** — Je suis sûr que (il n'y a pas de doute[4] que) cette mosquée te plaira et tu pourras (il t'est possible) tirer profit (que tu profites) de Mohammed et l'interroger (et que tu l'interroges) sur bien des choses. Il est très cultivé (sa culture(est) vaste).

Jacques **5** — Je ne doute pas (je suis certain) (dans le fait) que je tirerai profit de ton fils au cours de cette visite.

٦ـ طيّب! يوم الثّلاثاء تقضيهِ مع محمّد
ولكن، عليكَ أن تأتيَ البيت مساءَ الأربعاء
بمناسبةِ حفلةٍ صغيرة نُقيمُها تكريمًا
لكَ . لا بدَّ أن تحضُرَ ⑥

٧ـ تكريمًا لي؟ لستُ شخصيّة بارزة
حتّى ⑦ أكونُ جديرًا بتكريمٍ مثل هذا!

٨ـ قبل كلِّ شيء، يا أخي، أنت صديق
و حضورُ الأصدقاء شرفٌ
٩ـ طيّب! متى أحضرُ؟
١٠ـ ابتداءً منَ السّابعة. لقد دعوتُ
إلى الحفلةِ بعضَ الأصدقاء من بينهِم ⑧
الدّكتور مبارك
١١ـ يسرُّني لقاؤهُ و كذلك سيدلُّ
حضوري على حسن معالجتهِ ⑨ لي

١٢ـ طيّب : الثّلاثاء مع الإبن و الأربعاء

Ahmed	**6** — Bon ! Mardi tu le passes avec Mohammed, mais tu dois venir (il faut que, sur toi que tu viennes)[5] (à) la maison mercredi soir (au soir du mercredi) à l'occasion d'une petite fête (cérémonie) (que) nous organisons en ton honneur (en honneur pour toi). Il faut absolument que tu sois là (que tu sois présent)[6].
Jacques	**7** — En mon honneur ? Je ne suis pas une assez grande personnalité (une personnalité éminente au point que[7]) pour être digne (pour que je sois digne) d'un tel honneur (d'un honneur comme celui-ci).
Ahmed	**8** — Avant tout (mon frère) tu es un ami et la présence des amis est un honneur.
Jacques	**9** — Bon; quand dois-je venir (quand je viens ? quand j'assiste, je suis présent) ?
Ahmed	**10** — A partir de 19 heures. J'ai invité à la fête quelques amis dont (parmi eux[8]) le docteur Moubarak.
Jacques	**11** — Je serai heureux de le rencontrer (sa rencontre me réjouira). En outre (et de même) ma présence prouvera (sur) la qualité de son traitement[9] (la valeur de son traitement pour moi).
Ahmed	**12** — Bon : mardi avec le fils et mer-

مع الأب . نحنُ مُتَّفِقان، إذن ⑩

١٣ـ تمامًا ! أطلب من محمّد أن ينتظرَني
أمامَ بيتِكم وقل لهُ إنّني سأكونُ هناك
في السّاعة الثّانية بعد الظّهر

١٤ـ حسنًا جدًّا ... و الآن أتركُك فإنّك
نحتاج إلى أستراحة و ربّما أتعبتُك ...
إلى اللّقاء يومَ الأربعاء إن شاء اللّـه !
لا تنسَ الموعد !

١٥ـ لا تخف ! لن أنساهُ ... إلى اللّقاء وشكرًا
على زيارتِكَ اللّطيفة التّى أَسْعَدَتْني
كثيرًا !

NOTES :

1 — لو : si, particule conférant un sens **d'hypothèse irréalisée ou irréalisable.**

Généralement la «réponse» est précédée de la particule لَ :

«ل» (dite لامُ تأكيد : lām taˀkīd) «ل» d'appui, de soutien, d'affirmation)

Les deux moitiés de la phrase sont au passé en arabe :

Ex :

— Si tu étais sorti // tu m'aurais vu   لو خرجت
  (law harajta   la raˀaytanī)   لَرأيتني
  (passé)   (passé)

137

credi avec le père. Nous sommes donc d'accord[10] (nous deux).

Jacques   **13 —** Absolument ! Demande à Mohammed de m'attendre (qu'il m'attende) devant chez vous (votre maison) et dis-lui que j'y serai (je serai là-bas) à 14 heures (à l'heure la 2ème après le midi).

Ahmed   **14 —** Très bien ! Et maintenant, je te laisse car tu as besoin de repos et j'ai dû te fatiguer (je t'ai peut-être fatigué). A mercredi (au revoir mercredi) si Dieu veut ! N'oublie pas le rendez-vous !

Jacques   **15 —** Ne crains rien (n'aie pas peur), je ne l'oublierai pas ... Au revoir et merci pour ton agréable visite qui (laquelle) m'a fait grand plaisir (m'a rendu heureux beaucoup).

* *
*

— Si j'avais voulu // je serais parti hier
  (law aradtou   la ḏahabtou ams)
  (passé)   (passé)

لو أُردتُ
لَذَهِبتُ أُمسِ

2 — زُرتُهُمو : zourtouhoum(ou) l-yawm. Dans le cas de

«houm» : هم ou de «koum» : كم , suivi d'un article par

exemple, la liaison se fait en «ou» : و

Ex : Sur vous le salut :
     (ᶜalaykoum(ou) s-salām)

عليكمُ السلام

138

3 — حَتَّى لَوْ : «même si», aurait pu être remplacé simplement par «wa law» : وَلَوْ , avec le même sens. حَتَّى , en effet, a souvent le sens de : «même» (comme le *hasta* espagnol).

Ex : Même lui est venu
(ḥattā houwa jā'a) : حَتَّى هُوَ جَاءَ

Même ici
(ḥattā hounā) : حَتَّى هُنَا

4 — لَا شَكَّ أَنَّ : «Il n'y a pas de doute que» ...
Quand لَا est **suivi d'un mot au cas direct** (son «a») la négation est catégorique, absolue (cf leçon 45 note 4).

Ex : Ces premiers mots de la 1ère sourate du Qoran :
— Ce livre (il n'y a) pas de doute *(pas le moindre doute)* en lui.
(ḏalika l-kitāb(ou) lā rayba fīhi)

ذَلِكَ الْكِتَابُ لَا رَيْبَ فِيهِ

— Il n'y a personne (absolument personne) au bureau
(lā aḥada fī l-maktab) :
(pas quelqu'un au bureau) : لَا أَحَدَ فِي الْمَكْتَبِ
(pas un)

— Il faut que (il n'y a absolument pas d'échappatoire que)
(lā boudda an) لَا بُدَّ أَنْ

— Il n'y a de divinité que Dieu
(lā ilaha illa l-llah) : لَا إِلَهَ إِلَّا اللَّهُ
(pas de divinité si ce n'est Dieu)

5 — أَنْ تَأْتِيَ الْبَيْتَ : «Que tu viennes la maison» :
verbe directement transitif. (cf leçon 59).
Autres verbes directement transitifs :

daḫala : دَخَلَ : entrer

ḥaḍara : حَضَرَ : être présent à

jā'a : جَاءَ : venir

etc...

139

6 — أَنْ تَحْضُرَ : que tu sois présent (sous-entendu : an tahdoura l-hafla : que tu sois présent (à) la réception) (cf note précédente à propos du verbe hadara : حَضَرَ).

7 — حَتَّى : a ici le sens de : (au point que, pour ... c'est-à-dire : assez ... pour).

8 — مِنْ بَيْنِهِمْ : parmi eux. Composé de : min : مِنْ «de» et de : bayna : بَيْنَ «entre», «parmi».

min baynihim : signifie donc littéralement : d'entre eux.

Ex : Combien d'entre vous ?
(kam *min bayni*koum)? : كَمْ مِنْ بَيْنِكُمْ؟
etc...

9 — حُسْنُ مُعَالَجَتِهِ لِي : la qualité de son traitement pour moi; on aurait pu avoir : «mou‛alajatouhou l-hasana»
(son bon traitement)
مُعَالَجَة est un nom d'action du verbe de la 3ème forme :

‛ālaja : عَالَجَ soigner, traiter.

(On trouve également : «‛ilāj» dans le sens de «soin, traitement», autre aspect du nom d'action de la 3ème forme).

10 — مُتَّفِقَانِ : participe actif (duel masculin) du verbe de la 8ème forme : ittafaqa (‛alā) : اِتَّفَقَ عَلَى «être d'accord (sur)»
«convenir (que)» ...
Nom d'action : ittifāq : accord : اِتِّفَاق

ittifāqiya : convention : اِتِّفَاقِيَّة

EXERCICES

١ ـ لَوْ جِئْتَ فِي السَّنَةِ الْمَاضِيَةِ

لَاسْتَطَعْتَ أَنْ تَلْقَاهُ هُنَا

Si tu étais venu l'année dernière, tu aurais pu le rencontrer ici.

140

٢ ـ لن أحضرَ الحَفلةَ مساءَ اليومِ إلّا إذا
كان صديقي أحمد موجودًا هو الآخرُ

Je n'assisterai à la réception ce soir que si mon ami
Ahmed y est lui aussi.
(je ne serai présent à la réception au soir d'aujourd'hui
que si était mon ami Ahmed présent lui l'autre).

٣ ـ لماذا لا تأتي أنت أيضًا ؟ وقد دعوتُ
عددًا كبيرًا من أصدقائكَ

Pourquoi ne viens-tu pas toi aussi ? J'ai invité un grand
nombre de tes amis.

٤ ـ لأنّني لا أزالُ ضعيفًا فلا بدَّ أن أبقى
في البيتِ مخافةَ أن يصيبَني البردُ

Parce que je suis encore faible, je dois rester à la maison
de crainte d'attraper froid.
(parce que moi je ne cesse pas (d'être) faible et il faut
que je reste à la maison de crainte que m'atteigne le
froid).

٥ ـ لا تخف ! إنّني سأحضرُ ، غيرَ أنّني
لن أستطيعَ أن أبقى معكم طويلًا

Ne crains rien; je serai là, mais je ne pourrai pas rester
longtemps avec vous.
(n'aie pas peur, certes moi, je serai présent sauf que moi
je ne pourrai pas que je reste avec vous longtemps).

141

CONJUGAISON :

Verbes : DOUTER — VENIR — AVOIR INVITE — PASSER — MONTRER — ETRE PRESENT

Je doute	(ašoukkou)	أَشُكُّ
Tu doutes	(tašoukkou)	تَشُكُّ
Il doute	(yašoukkou)	يَشُكُّ
Je viens	(a'tī)	آتِي
Tu viens	(ta'tī)	تَأْتِي
Il vient	(ya'tī)	يَأْتِي
J'ai invité	(daᶜawtou)	دعوت
Tu as invité	(daᶜawta)	دعوت
Il a invité	(daᶜā)	دعا
Elle a invité	(daᶜat)	دعت
Je passe (des vacances)	(aqdī ᶜoutla)	أَقْضِي عطلة
Tu passes "	(taqdī) "	تَقْضِي "
Tu passes (fém.) "	(taqdīn) "	تَقْضِين "
Il passe "	(yaqdī) "	يَقْضِي "
Je montre, j'indique, je prouve	(adoullou)	أَدُلُّ
Tu prouves	(tadoullou)	تَدُلُّ
Tu prouves (fém.)	(tadoullīn)	تَدُلِّين
Il prouve	(yadoullou)	يَدُلُّ

142

Je suis présent	(ahdour)	أَحْضُرُ
Tu es présent	(tahdour)	تَحْضُرُ
Il est présent	(yahdour)	يَحْضُرُ

الدَّرْسُ الثَّانِي و السِّتُّونَ

عِنْدَ الحَلَّاقِ

١ ـ السَّلامُ عليكُمْ !

٢ ـ وعليكُمُ السَّلامُ ! تفضَّلْ، يا سيِّدي ...
هل يمكنُكَ الانتظارُ قليلًا ؟
هناكَ مِشْجَبٌ في الزَّاوِيةِ؛ تستطيعُ أنْ
تعلِّقَ عليهِ سِترتَكَ و قبَّعتَكَ

٣ ـ شكرًا، سأَنتظِرُ إذَنْ .

(ينتهي الحَلَّاقُ)

٤ ـ دورُكَ الآنَ، يا سيِّدي، تفضَّلْ !

(يجلسُ جاك)

٥ ـ كيف تحبُّ أنْ أقُصَّ لكَ شعرَكَ ؟

LEÇON 62

(La leçon la deuxième et la soixante)

CHEZ LE COIFFEUR

Jacques   **1** — Bonjour (le salut sur vous) !

Le coiffeur   **2** — Bonjour (et sur vous le salut) ... Je
vous en prie, Monsieur ... Pouvez-vous
attendre un peu (est-ce qu'il t'est possible l'attente (1) un peu) ? Il y a un
porte-manteau dans le coin, vous pouvez y suspendre (tu peux que tu accro-
ches sur lui) votre veste et votre cha-
peau.

Jacques   **3** — Merci ; je vais donc attendre.

Le coiffeur termine.

Le coiffeur   **4** — (C'est) votre tour maintenant,
à Jacques   Monsieur, je vous en prie (asseyez-
vous) !

Jacques s'assied.

Le coiffeur   **5** — Comment voulez-vous (comment
tu aimes) que je vous coupe les che-

144

٦ ـ شعري طويل ... خَفِّفْهُ[٢] مِنَ الجَانِبَيْن
ومِن ناحِيةِ الرَّقَبَةِ ، ولكن ، لا تقصَّهُ
في أعلى الرَّأسِ[٣] لأنِّي أَصْلَع قليلًا

٧ ـ لا تخف ، يا سيِّدي . سنكونُ مسرورًا
مِن عملي ... ولكن ، كيف أقصُّ شعرَك ؟
بالموسى أم بالمِقصِّ[٤] ؟

٨ ـ بالموسى أَحسى

٩ ـ هل تحبُّ أن أحلِقَ لِحيتَك أيضًا ؟

١٠ ـ لا ، ولكن ، اِغسِل شعري بعد القَصِّ
بشامبوان مِن فضلك !

١١ ـ طيِّب ! عندك شعرٌ مُسبَل ، يمكن
تمشيطُهُ[٥] بسهولةٍ . ولكن ، مع الأسف ،
عندك قشرة كثيرة ؛ عليك أن تستعملَ
شامبوان خاصًّا لِإزالتِها[٦]

145

veux (que je coupe à toi ta chevelure)?

Jacques
6 — Mes cheveux sont longs, dégagez-les (allège-les)(2) sur les côtés (par les 2 côtés) et sur la nuque (dans la région de la nuque); mais ne les coupez pas sur le sommet de la tête (ne les coupe pas sur le plus haut de la tête)(3) car j'ai une légère calvitie (je suis un peu chauve).

Le coiffeur
7 — Ne craignez rien Monsieur; vous serez satisfait de mon travail ... Mais comment (est-ce que) je vous coupe les cheveux ? Au rasoir ou aux ciseaux?(4)

Jacques
8 — Au rasoir, plutôt (c'est mieux).

Le coiffeur
9 — Voulez-vous (est-ce que tu aimes) que je vous rase la barbe également (que je rase ta barbe aussi) ?

Jacques
10 — Non, mais rincez-moi les cheveux (lave ma chevelure) après les avoir coupés (après le fait de couper) et faites moi (fais à moi) un shampooing, s'il vous plaît.

Le coiffeur
11 — Bien ... Vous avez des cheveux souples, faciles à peigner (est possible le fait de les peigner(5) avec facilité). Mais malheureusement, vous avez beaucoup de pellicules (tu as une pellicule nombreuse)... Vous devez employer (sur toi l'emploi d') un shampooing spécial pour les faire disparaître (pour

146

١٢- لقد استعملتُ مادّةً لِمعالجةِ الشَّعر خلالُ مدّةٍ طويلةٍ ، ولكن، بدون جدوى ...

١٣- معلوم ! يجب استعمال هذه الموادّ باستمرار حتّى تكونُ فعّالة ... أَرجعْ رأسَك إلى الوراء من فضلك ... هل أنت مرتاحُ هكذا ؟

١٤- أنا مرتاحُ جدًّا غيرأنَّ الماءَ ساخن قليلٌ

١٥- أَعذرني يا سيّدي !

١٦- لا بأس ؛ على كلّ حال فقد سلّمتُك رأسي ؛ تستطيع أن تتصرّفَ بهِ كما تشاء. أمّا الشّيءُ الوحيدُ الّذي أطلبُه منك فهو أن لا تقطعَهُ !!

⁂

147

leur disparition)(6).

Jacques   **12** — J'ai (déjà) employé un produit (matière) pour le traitement des cheveux pendant longtemps, mais sans résultat (en vain).

Le coiffeur   **13** — Bien sûr ! Il faut utiliser (est obligatoire l'utilisation de) ces produits continuellement (avec continuité) pour qu'ils soient (afin, de sorte qu'ils soient) efficaces ...
Penchez votre tête en arrière (fais revenir[7] ta tête vers l'arrière) s'il vous plaît ... Est-ce que vous êtes bien ainsi (est-ce que toi satisfait, à l'aise ainsi) ?

Jacques   **14** — Je suis très bien, sauf que[8] l'eau est un peu chaude.

Le coiffeur   **15** — Excusez-moi, Monsieur.

Jacques   **16** — Il n'y a pas de mal; de toutes façons, je vous ai livré[9] ma tête; vous pouvez en faire ce que bon vous semble (tu peux que tu agisses avec elle comme tu veux) ... La seule chose que je vous demanderai (que je demande lui de toi) c'est de ne pas la couper (que tu ne la coupes pas) !

✳ ✳
✳

148

NOTES :

1 — Au lieu du nom d'action : اِنْتِظَار on aurait pu avoir :

hal youmkin an tantazira qalīlan
(est-il possible que tu attendes un peu) ?
هل يمكن أنْ تَنْتَظِرَ قَلِيلٌ ؟

2 — خَفِّف : «allège», du verbe de la 2ème forme :

haffafa : خَفَّفَ «rendre léger», «alléger»

(racine hafīf : خَفِيف léger)

Nom d'action : tahfīf : تَخْفِيف «fait d'alléger», «allègement».

3 — أَعْلَى الرَّأْسِ : littéralement : le plus haut de la tête.

Haut se dit : ʿālin : عَالٍ

comparatif : plus haut que : aʿlā min : أَعْلَى مِن

superlatif : le plus haut : el aʿlā : الأَعْلَى

4 — مِقَصّ : ciseaux (instrument à cisailler, à découper)

racine : verbe : qaṣṣa قَصّ : «cisailler», «découper».

5 — تَمْشِيط : «fait de peigner».

Nom d'action du verbe de la 2ème forme : maššaṭa : مَشَّطَ :
«peigner», «passer le peigne» (racine : moušt : مِشْط peigne)

6 — إِزَالَة : «fait de faire disparaître», «d'éliminer».

Nom d'action du verbe de la 4ème forme : azāla : أَزَالَ :
faire disparaître, éliminer, supprimer (racine : zawāl : زَوَال
disparition, extinction, cessation).

Participe actif : mouzīl مُزِيل : qui fait disparaître, qui
élimine ...

149

7 — أَرْجِعْ : impératif du verbe de la 4ème forme :

arja'a : أَرْجَعَ : faire revenir, ramener en arrière (racine :
raja'a : رَجَعَ revenir).

8 — غَيْرَ أَنَّ : «sauf que» : synonyme de :

illā anna : إِلَّا أَنَّ

et siwā anna : سِوَى أَنَّ

9 — سَلَّمْتُكَ : «je t'ai livré» ... Verbe de la 2ème forme

sallama : سَلَّمَ : «livrer» (à ne pas confondre avec سَلَّمَ عَلَى

verbe qui signifie : «saluer», «présenter les salutations»).

Le verbe qui nous intéresse ici est **doublement transitif**, comme :

ballaġa : بَلَّغَ : transmettre

a'ṭā : أَعْطَى : donner

'allama : عَلَّمَ enseigner ...

Ex : Je te l'ai livré
(j'ai livré toi lui) :
(sallamtouka iyyāhou) : سَلَّمْتُكَ إِيَّاهُ

Nom d'action : taslīm : تَسْلِيم : «fait de livrer», «livraison».

EXERCICES

١ ـ هل تستعمل الآلة الحلاقة الكهربائية

أم الموسى ؟

Est-ce que tu utilises le rasoir électrique ou le rasoir
simple ?
(est-ce que tu utilises l'instrument de rasage électrique ou
le rasoir) ?

٢ ـ هذا الدّهن مفيد جدًّا لعلاج أمراض

البشرة المختلفة و لكن، عليك أن تستعمله

باستمرار

Cette pommade est très bonne pour soigner les diverses

150

maladies de peau mais il faut l'utiliser continuellement
(cette pommade très utile pour le traitement des maladies
de la peau diverses mais sur toi que tu l'utilises avec
continuité).

٣ ـ خيرٌ لك أن تحلق لحيتك بالآلة

الكهربائيّة بدلّ من الموسى مخافة

التهاب البشرة.

Il vaut mieux que tu te rases la barbe au rasoir électrique
plutôt qu'au rasoir simple pour ne pas irriter la peau.
(mieux pour toi que tu rases ta barbe avec l'instrument
électrique au lieu du rasoir de crainte de l'inflammation de
la peau).

٤ ـ يمكنكم أن تجدوا مواد التّجميل كلّها

في معهد التّجميل المشهور الواقع في قلب

المدينة.

Vous pourrez trouver tous les produits de beauté au célèbre Institut de beauté qui se trouve au cœur de la ville.
(il vous est possible que vous trouviez les matières d'em-
bellissement toutes elles dans l'Institut de l'embellisse-
ment le célèbre le situé dans le cœur de la ville).

٥ ـ أعتقد أنّك محتاج إلى تدليك الرّأس، كما أنّ

هناك مشكلة بالنّسبة لشعرك الأجعد

فإنّه صعب التّمشيط

Je crois que tu as besoin d'une friction. Il y a aussi un
problème à propos de tes cheveux frisés : ils sont difficiles
à peigner.
(je crois que toi as besoin du massage de la tête, de

même que là un problème en ce qui concerne tes cheveux frisés car eux difficiles quant au fait de les peigner) (cheveux est un collectif en arabe).

CONJUGAISON :

Verbes ACCROCHER — DECOUPER — RASER — AVOIR LIVRE — UTILISER — AVOIR EMPLOYE

J'accroche	(ou alliq)	أُعَلِّق
Tu accroches	(tou alliq)	تُعَلِّق
Il accroche	(you alliq)	يُعَلِّق
Je découpe	(aqoussou)	أُقَصُّ
Tu découpes	(taqoussou)	تَقَصُّ
Il découpe	(yaqoussou)	يَقَصُّ
Je rase	(ahliq)	أَحْلِق
Tu rases	(tahliq)	تَحْلِق
Il rase	(yahliq)	يَحْلِق
J'ai livré	(sallamtou)	سَلَّمْت
Tu as livré	(sallamta)	سَلَّمْت
Il a livré	(sallama)	سَلَّم
J'utilise, j'emploie	(asta mil)	أَسْتَعْمِل
Tu emploies	(tasta mil)	تَسْتَعْمِل
Il emploie	(yasta mil)	يَسْتَعْمِل

152

J'ai employé	(istaᵌmaltou)	إِستعملت
Tu as employé	(istaᵌmalta)	إِستعملت
Il a employé	(istaᵌmala)	إِستعمل
Nom d'action : Usage, emploi :	(istiᵌmāl)	إِستعمال
Ex : mode d'emploi : tarīqat(ou) l-istiᵌmāl طريقةُ الاستعمال		

الدّرسُ الثّالثُ و السّتّون

مراجعة

A — Aujourd'hui, nous allons parler des **noms d'instruments,** des **noms de professions ou d'activités,** dont nous avons déjà eu certains exemples, au cours des leçons précédentes.

1 — Les noms d'instruments :

Ils se forment essentiellement sur les 3 thèmes suivants :

a) Thème en : مِـْـَـاـِ

Prenons des racines déjà vues :

Ex : فَتَحَ : ouvrir (fataḥa)

— Clef, instrument à ouvrir (miftāḥ) مِفْتاح

وَزَنَ : peser (wazana)

— Balance, instrument à peser (mīzān) ميزان

153

كيف تحب أن أقص شعرك ؟

LEÇON 63

(La leçon la troisième et la soixante)

Révision

صباح : matin, clarté du matin (ṣabāḥ)

— Instrument à éclairer, lampe (miṣbāḥ) مِصْباح

etc...

b) Thème en : مِ ـْ ـَ ـ

Ex : صَعِدَ : monter (saʿida)

— Ascenseur, instrument pour monter (misʿad) مِصْعَد

c) Thème en :(ة)ـ ـَ ا ـَ ـ

Ex : Racine : سَار : aller, rouler, marcher
(sāra)

154

— Instrument pour aller, pour rouler : voiture :
sayyāra سَيَّارَة

Racine : سَمِع : entendre (sami⁶a)

— Instrument à entendre, écouteur (sammā⁶a)
سَمَّاعَة

Racine : غَسَل : laver (ġasala)

— Instrument à laver, lessiveuse, machine à laver
(ġassāla) غَسَّالَة

Pour l'instant, contentez-vous d'assimiler ces thèmes généraux de formation des noms d'instruments.
Vous les reverrez très souvent par la suite.

2 — Les **noms de professions ou d'activités**, avec
notion de fréquence ou d'intensité : ـَ ـَّا ـَ
Ils se forment sur le thème : ـَ ـَّا ـَ

Ex : Racine : حَلَق : raser (ḥalaqa)

— Barbier, coiffeur (ḥallāq) حَلَّاق

بَيْع : vente, fait de vendre (bay⁶)

— Vendeur, marchand (bayyā⁶) بَيَّاع

خُبْز : pain (ḥoubz)

— Boulanger (ḥabbāz) خَبَّاز

155

سَمَك : poisson (samak)

— Poissonnier (sammāk) سَمَّاك

رَسَمَ : dessiner (rasama)

— Dessinateur (rassām) رَسَّام

طَبَخَ : cuire, cuisiner (tabaha)

— Cuisinier (tabbāh) طَبَّاخ

نُحَاس : cuivre (nouhās)

— Dinandier, marchand de cuivre (nahhās) نَحَّاس

كَذِبَ : mentir (kadiba)

— Grand menteur, fieffé menteur (kaddāb)

كَذَّاب

B — Jusqu'à présent, nous avons utilisé très souvent des **démonstratifs.** Pourquoi ne pas les récapituler en les complétant dans un petit tableau qui vous sera toujours utile ?

Les démonstratifs, en arabe, comme en français, peuvent se diviser en **démonstratifs** dits de **proximité** (celui-ci ... ceci) et **démonstratifs** dits d'**éloignement** (celui-là ... cela).

156

a) Démonstratifs de proximité :

	Masculin	Féminin
Singulier	هذا	هذه
Duel Cas sujet :	هذان	هاتان
Cas direct et indirect :	هذين	هاتين
Pluriel : Aux trois cas :	هؤلاء	

b) Démonstratifs d'éloignement :

	Masculin	Féminin
Singulier :	ذلك	تلك
Duel Cas sujet :	ذانك	تانك
Cas direct et indirect :	ذينك	تينك
Pluriel : Aux trois cas :	أولئك	

C — Enfin, êtes-vous sûrs de manier correctement le **conditionnel** en arabe ?

N'oubliez pas de distinguer entre deux notions essentielles :

a) L'éventualité :

Introduite par les particules : إذا ou إن

(cette dernière ayant un sens voisin de إذا mais impliquant une éventualité plus forte).

157

Les **verbes** des deux membres de la phrase sont, en principe mis au **passé**. (Mais la tendance, aujourd'hui, est de mettre le **verbe du 2ème membre au présent**).

Ex : Avec : إذا

idā ᵌamilta // najaḥta : إذا عملت//نجحت

(si **tu as travaillé** // tu **as réussi**) (si tu travailles, tu réussiras).

b) **L'hypothèse irréalisable ou irréalisée :**

Introduite par لو . Les **verbes** des 2 membres de la phrase conditionnelle sont au **passé**. Le 2ème membre de phrase est précédé, toujours, de لَ .

Ex : Avec : لو

law ji'ta ams // la wajadtahou : لوجئت أمس //
لَوجدته

(si tu étais venu hier, tu l'aurais trouvé).

إلى المسجد

١ـ السَّاعةُ الثَّانية بالضَّبط . جئتَ في الوقتِ المحدَّد تمامًا ! كيف وصلتَ إلى هنا ؟

٢ـ هذا سهلٌ : ركبتُ الأتوبيس أمامَ الفندق ونقلني مباشرةً حتَّى شارعِ "الزُّهور"

٣ـ طيِّبٌ ! هلَ أنت مستعدٌّ للزِّيارة ؟ هل هي المرَّة الأولى الَّتي تزورُ فيها مسجدًا ؟

٤ـ لا، قد زرتُ مسجدًا في الماضي ،عندما كنتُ طالبًا

٥ـ أنظر إلى ورائك : نرى المنارة من هنا.

(La leçon la quatrième et la soixante)

VERS LA MOSQUEE

Mohammed **1 —** Il est deux heures juste (l'heure la 2ème exactement). Vous êtes ponctuel (tu es venu au moment fixé[1] exactement). Comment êtes-vous venu jusqu'ici ?

Jacques **2 —** (C'est) bien simple (ceci facile); j'ai pris (j'ai monté) l'autobus devant l'hôtel et il m'a conduit (transporté) directement jusqu'à la rue des Fleurs.

Mohammed **3 —** Bon ! Est-ce que vous êtes prêt[2] pour la visite ? Est-ce la première fois que vous visitez une mosquée (est-ce que elle la fois la 1ère laquelle tu visites dans elle une mosquée) ?

Jacques **4 —** Non, j'ai (déjà) visité une mosquée dans le passé lorsque j'étais étudiant.

Mohammed **5 —** Regardez derrière vous, on voit (nous voyons) le minaret d'ici.

٦ـ رائعٌ ! كأنَّها ذراعٌ ترتفعُ نحوَ السَّماءِ .

٧ـ هناكَ يصعدُ المؤذِّنُ ^٣ لِدعوةِ ^٤ المسلمينَ
لأداءِ ^٥ الصَّلاةِ

٨ـ بالضَّبطِ ! خمسَ مرّاتٍ ^٦ يوميًّا : منَ الفجرِ
إلى اللَّيلِ ... وفي القرونِ الوسطى كانَ المؤذِّنُ
غالبًا شيخًا أعمى كما ذكرَهُ ابن جبير الأندلسيّ

٩ـ هل هذا' وقتُ الصَّلاةِ ؟

١٠ـ لا، وصلنا بعد صلاةِ الظُّهرِ، و صلاةُ
العصرِ تقعُ ^٧ في الرَّابعةِ تقريبًا

١١ـ هل يصلِّي كثيرٌ منَ النّاسِ في المسجدِ
اليومَ ؟

Jacques	**6 —** Magnifique ! On dirait (comme si lui) un bras (qui) s'élève vers le ciel.
Jacques	**7 —** (C'est) là que monte le muezzin[3] pour appeler (pour l'appel)[4] les musulmans à la prière (à l'accomplissement de la prière)[5].
Mohammed	**8 —** Exactement ! 5 fois[6] par jour (quotidiennement) : de l'aube à la nuit ... (et) au Moyen Age, le muezzin était généralement un vieillard aveugle, comme l'a mentionné Ibn Joubayr el Andalousi*.
Jacques	**9 —** Est-ce que c'est l'heure (le moment) de la prière ?
Mohammed	**10 —** Non, nous sommes arrivés après la prière de midi, (et) la prière du ʿAṣr a lieu[7] (tombe) vers 16 heures (à la 4ème à peu près).
Jacques	**11 —** Est-ce qu'il y a beaucoup de gens qui prient (est-ce que beaucoup de gens prient) à la mosquée aujourd'hui ?

* Ibn Joubayr el Andalousi : cf notice biographique à la fin du tome 2.

١٢- لا ، قليلون ! لا يجتمع المسلمون(٥)
لأداء الصّلاة جميعًا إلّا في أيّام
الجمعة

١٣- في الأيّام الأخرى ، يستطيع كلُّ مسلم
أن يُقيمَ الصّلاة في بيتهِ أو في أيِّ
مكان آخر ، بشرطٍ أن يكونَ هذا المكان
نظيفًا

**
*

Mohammed **12** — Non, peu; les musulmans ne se rassemblent pour prier que (les musulmans ne se réunissent[8] pas pour l'accomplissement de la prière tous ensemble si ce n'est) le vendredi (dans les jours du vendredi).

Mohammed **13** — Les autres jours, tout musulman peut faire la prière chez lui ou dans n'importe quel autre endroit à condition qu'il soit propre (que soit cet endroit propre).

* *
*

NOTES :

1 — مُحَدَّد : «précis», «fixé», «déterminé».

Participe passif du verbe de la 2ème forme : ḥaddada : حَدَّدَ

mettre une limite, délimiter, fixer, définir, déterminer (racine :

ḥadd : حَدّ : «limite»; pluriel : houdoūd : حدود : limi-

tes, frontière).

Nom d'action : taḥdīd : تَحْدِيد : définition, limitation, fixation...

2 — مُسْتَعِدّ لِ : «disposé à», «prêt à». Participe actif du verbe

de la 10ème forme :

istaʿadda li : اِسْتَعَدَّ لِ : être prêt à : se préparer à.

Nom d'action : istiʿdād : اِسْتِعْدَاد : préparation, disposition(à).

3 — مُؤَذِّن : participe actif du verbe de la 2ème forme :

aḏḏana : أَذَّنَ : faire l'«adhān» : l'appel à la prière.

Le «mouaḏḏin» est celui qui lance l'appel à la prière.

4 — دَعْوَة : appel, invocation, invitation. Nom d'action du

verbe : daʿā : دَعَا : appeler, inviter, invoquer.

5 — أَدَاءُ الصَّلَاةِ : fait d'accomplir la prière (terme spécifique

à la vie religieuse).

On emploie également «adā'» pour dire : «l'accomplissement du

pèlerinage» : adā (ou) l-ḥajj : أَدَاءُ الحَجِّ

6 — خَمْسَ : voyelle «a» sur le «s» de ḥams (circonstanciel

de temps).

7 — وَقَعَ : verbe qui signifie : «avoir lieu, survenir» et

aussi : se trouver, être situé.

Ex : taqaʿou ṣ - ṣalāt : تَقَعُ الصَّلَاةُ
la prière **survient**

et   ayna yaqa° (ou) l-bank ? أَيْنَ يَقَعُ البَنْكُ ؟
où se **trouve** la banque ?

8 — يَجْتَمِعُ : il se réunit; verbe de la 8ème forme:ijtama°a :

اِجْتَمَعَ (racine : jama°a : جَمَعَ : réunir, assembler).

Participe actif de جَمَعَ : jāmi° : جَامِعٌ : qui réunit, qui ras-

semble.

Ex : el masjid(ou) l-jāmi° أَلمَسْجِدُ الجَامِعُ : «la mos-

quée qui réunit» (mosquée cathédrale pour la prière du vendredi,
notamment).
Nom d'action de ijtama°a : ijtimā° : اِجْتِمَاعٌ : fait de se réunir,

réunion.
Participe passif du même verbe : moujtama° مُجْتَمَعٌ : ce qui

est réuni, assemblé : société.
On retrouve la racine : jama°a جَمَع
dans : jami°an : جَمِيعًا : ensemble, tous (adverbe).

yawmou l-joumou°a يَوْمُ الجُمْعَةِ : le jour de la réunion : le

vendredi.

EXERCICES

١ـ كَأَنَّ المسلمين ، بركوعهم و سجودهم
عند الصَّلاة ، يقومون بِرياضةٍ حقيقيةٍ
تستفيدُ منها الأرواح و الأجسام في
أنٍ واحد

On dirait que les musulmans, par leur génuflexion et leur
prosternation au moment de la prière, accomplissent une
véritable gymnastique utile à la fois aux âmes et aux
corps.
(c'est) comme si les musulmans, par leur génuflexion et
leur prosternation, accomplissent une gymnastique véritable dont profitent les âmes et les corps dans un même
temps).

166

Le mot : «ān» أَنْ signifie : moment, temps.

cf : el ān : أَلآنْ (= le moment présent) = maintenant.

٢ـ جاءَ في القُرآنِ الكَريمِ : « إنَّ في خَلْقِ الشَّمَوَاتِ وَ الأَرْضِ وَ اخْتِلافِ اللَّيْلِ وَ النَّهَارِ لآيَاتٍ لِأُولِي الأَلْبَابِ »

On peut lire dans le Qoran vénérable : (il est venu, on trouve, dans le Qoran vénérable) :

...«Certes, dans la création des cieux et de la terre, et dans la différenciation entre la nuit et le jour (il y a) des signes pour ceux qui réfléchissent (ceux qui ont les esprits les plus pénétrants)».

٣ـ ليس الإسلام دينًا وعقيدةً فحسبِ بل إنَّهُ عقليّةٌ وأسلوبٌ من أساليبِ العيشِ أيضًا .

L'Islam n'est pas seulement une religion et une croyance, c'est aussi une mentalité et un mode de vie.

(n'est pas l'Islam une religion et une croyance seulement, mais (bien plus) certes lui une mentalité et un style parmi les styles de la vie également).

CONJUGAISON :

**Verbes AVOIR MONTE — AVOIR TRANSPORTE — PRIER —
SE PREPARER à — SE REUNIR**

J'ai monté	(rakibtou)	ركبت
Tu as monté	(rakibta)	ركبت
Il a monté	(rakiba)	ركب
J'ai transporté	(naqaltou)	نقلت
Tu as transporté	(naqalta)	نقلت
Il a transporté	(naqala)	نقل
Je prie	(ousallī)	أصلّي
Tu pries	(tousallī)	تصلّي
Il prie	(yousallī)	يصلّي
Je me prépare (à)	(astaʿiddou) li	أستعدّ لِ
Tu te prépares (à)	(tastaʿiddou) li	تستعدّ »
Il se prépare à	(yastaʿiddou) li	يستعدّ »
Je me suis réuni (avec)	(ijtamaʿtou) maʿa	إجتمعت مع
Tu t'es réuni (avec)	(ijtamaʿta) maʿa	إجتمعت »
Il s'est réuni (avec)	(ijtamaʿa) maʿa	إجتمع »

168

الدَّرسُ الخَامِسُ و السِّتُّون

فِي المَسجِد

(يُصلِّيانِ أَمامَ بابِ المَسجِد)

١- إلى أَيِّ تَأْريخٍ يَعودُ هذا المَسجِد؟

٢- إلى العَصرِ العَبَّاسيِّ فِي القَرنِ العَاشِرِ
الميلاديِّ [5] وَ قَد ازدَهَرتِ [6] الحَضارَةُ العَربيَّةُ
كَثيرًا فِي ذَلِكَ [7] العَهدِ فِي كُلِّ المَجالاتِ

٣- وَخاصَّةً [8] فِي مَجالِ العِلمِ وَالطِّبِّ وَالرِّياضيَّاتِ
وَالكيمياءِ وَالتَّأْريخِ وَالجُغرافيا وَكَذَلِكَ فِي
الأُدبِ وَالشِّعرِ ..

٤- صَحيحٌ، وَلَكِنَّ عَصرَ الدَّولَةِ الأُمويَّةِ
كانَ مُزدَهِرًا هُوَ أَيضًا، كَما قَرأْتُ ذَلِكَ
فِي كُتُبِ التَّأْريخِ الإِسلاميِّ

(يَدخُلانِ المَسجِد)

LEÇON 65

(La leçon la cinquième et la soixante)

A LA MOSQUEE

Ils arrivent devant la porte de la mosquée.

Jacques   1 — De quand date cette mosquée ? (jusqu'à quelle date remonte cette mosquée)?

Mohammed   2 — De (jusqu'à) l'époque abbasside*, au 10ème siècle de l'ère chrétienne[1], la civilisation arabe a été très florissante (a fleuri[2] beaucoup) à cette[3] époque (là) dans tous les domaines,

Mohammed   3 — et notamment dans le domaine de la science (et) de la médecine (et) des mathématiques (et) de la chimie (et) de l'histoire (et) de la géographie, ainsi qu'en littérature et en poésie (dans la littérature et dans la poésie)...

Jacques   4 — (C'est) vrai, mais l'époque de la dynastie ommeyyade* a été florissante elle aussi, comme je l'ai lu dans les livres d'histoire islamique.

(Ils entrent (dans) la mosquée).

* Abbasside ⎫ cf notice
* Ommeyade   ⎬ biographique à
             ⎭ la fin du tome 2.

٥- ما أَجْمَلَ هذا السَّقْفَ !

٦- إنَّه من خَشَبِ الأُرْزِ المُلَوَّنِ و المُذَهَّبِ ... ④
وهذه الفُسَيْفَسَاءُ ، كيف تحدُها ؟

٧- رائعة ! تعجبني أشكالُها ⑤ وألوانُها كثيراً ...
ما معنى الكلماتِ المكتوبةِ على الجدرانِ ؟ ⑥

٨- إنَّها آياتٌ من القرآنِ الكريمِ ؛ الخطُّ ⑦
العربيُّ جميلٌ كما ترى ؛ ولا يوجد هنا
أيُّ تمثالٍ لأنَّ تصويرَ ⑧ البشرِ ⑨ والحيواناتِ
محرَّمٌ ⑩ في المساجدِ

٩- ولهذا أُستعملَ الخطُّ بدلًا منَ الصُّورِ .
أليس كذلك ؟

١٠- صحيح ! إنَّك تعرفُ الدِّينَ الإسلاميَّ
والفنَّ العربيَّ أحسنَ المعرفةِ ؛ كيف ⑪
أعلِّمُكَ شيئًا لا تعرفُهُ ؟ ⑫

Jacques regardant (et lui regarde) le plafond	**5** — Que ce plafond est beau !
Mohammed	**6** — Il (certes lui) (est) en bois de cèdre peint (coloré) et doré[(4)] ... et cette mosaïque, comment la trouves-tu ?
Jacques	**7** — Splendide ! Ses motifs (formes)[(5)] et ses couleurs me plaisent beaucoup... Que signifient (quel est le sens) les mots écrits sur les murs ?[(6)]
Mohammed	**8** — Ce sont (certes eux) des versets du Qoran (vénérable); l'écriture (la calligraphie, la graphie)[(7)] arabe est belle comme tu vois; il n'y a ici aucune statue car la représentation figurée[(8)] des humains[(9)] et des animaux est illicite[(10)] (tabou) dans les mosquées.
Jacques	**9** — Et c'est pourquoi (et pour ceci) la calligraphie a été utilisée à la place des images, n'est-ce pas ?
Mohammed	**10** — C'est vrai ! (certes toi) tu connais parfaitement la religion islamique et l'art arabe (tu connais la religion islamique et l'art arabe de la meilleure connaissance)[(11)]; comment t'apprendre quelque chose que tu ne saches déjà (comment j'apprends toi quelque chose tu ne connais pas)[(12)]!

١١ - « فَوْقَ كُلِّ ذِي عِلْمٍ عَلِيمٌ » (٣) ... وكما قالَ
شاعِرُكمُ العبَّاسيُّ أبو نواس :

١٢ - ... « فَقُلْ لِمَنْ يَدَّعِي في العِلْمِ فَلْسَفَةً
حَفِظْتَ شَيْئًا وَغَابَتْ عَنْكَ أَشْيَاءُ »

١٣ - ألا يدلُّ ذلك على أنَّكَ عالِمٌ حقًّا ؟

✦ ✦
✦

173

Jacques	**11** — «Au-dessus de tout savant (tout homme possesseur[13] de connaissance) il y a un omniscient» et comme a dit votre poète abbasside Abou Nouwās* :
Jacques	**12** — «Dis à qui (à celui qui) prétend tout connaître (prétend à une science encyclopédique) : Tu sais quelque chose (tu as retenu quelque chose) (mais) tu en ignores beaucoup (mais beaucoup de choses t'échappent)».
Mohammed	**13** — (Mais) ceci ne prouve-t-il pas que (toi) tu es véritablement savant ?

* Abou Nouwās : cf notice biographique à la fin du tome 2.

EXERCICES

١ ـ ألقُرآنُ هو الكتابُ المقدَّسُ للمسلمينَ

Le Qoran est le livre sacré des Musulmans
(Le Qoran lui le Livre le sacré pour les Musulmans).

٢ ـ قال النبيُّ محمّد (صلَّى الله عليه وسلَّم)
« أُطلبِ العلمَ منَ المهدِ إلى اللَّحدِ »

Le Prophète Mohammed (la prière et le salut soient sur
lui) (que Dieu prie pour lui et assure son salut) a dit : «Recherche la science du berceau à la tombe».

٣ ـ هل حفظت هذه الآيات القُرآنيَّة (من

سورة "العلق" ٩٦، ١ ـ ٥) ؟

« بسْمِ اللَّهِ الرَّحْمٰنِ الرَّحيمِ ،

إقرأْ إقرأْ بسْمِ رَبِّكَ الَّذي خَلَقَ

خَلَقَ الإنسانَ مِنْ عَلَقٍ

إقرأْ وَ رَبُّكَ الأكْرَمُ

الَّذي عَلَّمَ بِالقلمِ

عَلَّمَ الإنسانَ ما لَمْ يَعْلَمْ ... »

As-tu appris (par cœur) ces versets qoraniques de la sourate «L'adhérence» : el'alaq (sourate 96, verset 1 à 5) ?

«... Au nom de Dieu Clément Miséricordieux, récite
Récite au nom de ton Seigneur qui a créé
Créé l'homme à partir (d') une adhérence
Récite, car ton Seigneur est le plus Vénérable, qui a
Enseigné (l'usage) du calame (roseau)
Enseigné à l'homme ce qu'il ne savait pas ...»

**
*

NOTES :

1 — ميلادِيّ : qui a trait au mīlād : ميلاد : la Nativité ;

Noël se dit : ʿīd(ou) l-mīlād : عيدُ الميلاد : la fête de la Nativité.

2 — إِزدهرتْ : elle a fleuri. Du verbe de la 8ème forme :

izdahara : إِزدهر : fleurir, s'épanouir (racine : zahra :

زهرة : fleur).

Participe actif : mouzdahir : مُزدهِر : qui fleurit, florissant.

Nom d'action : izdihār : إزدهار : fait de fleurir, épanouisse-
ment, floraison ...

3 — ذلك : démonstratif dit «d'éloignement» par opposi-

tion à hadā : هذا : dit de «proximité».

(cf tableau des démonstratifs - leçon de révision 63).

4 — مُذهَّب : doré ; participe passif du verbe de la 2ème

forme : dahhaba : ذَهَّبَ : rendre doré, dorer (racine :

176

ḏahab : ذهب : or).

5 — أشكال : pluriel de šakl : شكل : forme; aspect.

6 — جدران : pluriel de jidār : جدار : mur, cloison.

7 — خطّ signifie : trait, ligne. Pluriel : ḫoutoūt : خطوط

Ex : ḫoutoūt jawwiyya : خطوط جوّية : lignes aériennes.

Au Moyen Age arabo-musulman, le ḫatt désignait la calligraphie, érigée en véritable art et même considérée comme une science (à l'instar des chinois de l'ère confucéenne). Il y eut, dans le monde arabe de l'époque, des calligraphes célèbres.

Notons que : calligraphe se dit : ḫattāt : خطّاط celui qui

trace des traits, des lignes, qui pratique le ḫatt.

8 — تصوير : nom d'action du verbe de la 2ème forme :

ṣawwara : صَقّرَ : figurer, imager, faire une représentation

figurée, mettre en image.
(racine : ṣoūra : صورة : image (figure).

Dans la langue moderne, le mot : صورة : signifie souvent

une «photographie», une illustration, d'où le nom d'action : taswīr prend le sens de : «fait de photographier».

Ex : «l'appareil photo» se dit :
ālat(ou) t-taswīr : آلةُ التّصوير

(l'appareil à photographier (du fait de photographier).
Participe actif : mousawwir : مُصوّر celui qui fait des ima-

ges, illustrateur, celui qui fait une photo, photographe, peintre.
Participe passif : mousawwar : مُصوّر qui est imagé, illustré,

figuré, peint.

9 — بشر : nom collectif : les Hommes, l'Humanité.

10 — مُحترَم : participe passif du verbe de la 2ème for-

177

me : ḥarrama : حَرَّمَ : rendre illicite, prohiber (racine :

ḥarām : حرام : sacré, tabou).

11 — أُحسِنُ المعرفة : de la meilleure connaissance

(maʿrifa : معرفة : nom d'action dit «absolu» (cf leçon 59,

note 12).

12 — أُعَلِّمُكَ شيئًا لا تعرفه : je t'enseigne quelque chose

(que) tu ne connais pas.

Après avoir noté le caractère doublement transitif du verbe :

عَلَّمَ : enseigner, **rappelons la disparition du relatif** :

«que» : أَلَّذِي **après une indétermination** (cf leçon 51 note 1 -
remarque (b)).

13 — ذِي : de : «dōu» : possesseur de, qui a, doué

de, doté de .

1 — **Cas sujet :** _dōu_ : ذو

Ex : un homme possédant du savoir :
      (rajouloun _dōu_ ʿilm) : رجلٌ ذو علم

2 — **Cas direct :** _dā_ : ذا

Ex : C'était un homme possédant du savoir :
      (kāna rajoulan _dā_ ʿilm) : كان رجلًا ذا علم

178

Ex : J'étais avec un homme possédant du savoir
(kountou ma'a rajoulin _ḏī_ 'ilm) :

كنتُ مع رجلٍ ذي علم

الدَّرسُ السَّادسُ والسِّتُّون

في المسجد

١- كيف يُسمَّى⑤ المكانُ الَّذي نحنُ به الآنَ؟

٢- إسمُهُ الصَّحنى ... أنظرْ إلى هذا الحوضِ الواسع ... يتوضَّأُ⑥ بمائِهِ المسلمون قبلَ الصَّلاة.

٣- ولكن، أينَ يُقيمونَ الصَّلاةَ؟

٤- تفضَّلْ معي إلى هذه القاعةِ إلى اليمين؛ إسمُها «المُصلَّى» أي : المكانُ الَّذي يُصلِّي فيهِ المسلمونَ⑦

٥- وعلينا أنْ نخلعَ الأحذيةَ⑧ قبلَ الدُّخول⑨. أليس كذلك؟

179

LEÇON 66

(La leçon la sixième et la soixante)

A LA MOSQUEE

Jacques **1 —** Comment s'appelle (se nomme)[1] l'endroit où nous sommes (lequel nous dans lui) maintenant ?

Mohammed **2 —** On le nomme (son nom) : «sahn» (cour intérieure) ... Regardez ce grand (vaste) bassin ... Les musulmans font leurs ablutions[2] avec son eau avant la prière.

Jacques **3 —** Mais, où font-ils la prière ?

Mohammed **4 —** Venez avec moi (vers) cette salle à droite, on la nomme (son nom) «el mousallā», c'est-à-dire : l'endroit où prient les musulmans (l'endroit lequel prient dans lui les musulmans).

Jacques **5 —** Nous devons ôter les chaussures[3] (et sur nous que nous enlevions les chaussures) avant d'entrer (avant le fait d'entrer[4]), n'est-ce pas ?

٦ـ كأنَّكَ مسلمٌ حقيقيٌّ ⑤
(يدخلان المصلَّى)

٧ـ ما رأيُكَ لو بقينا هنا نستمعُ إلى هذا
الرَّجلِ الَّذي يقرأُ سورةَ الفاتحةِ ⑤ ؟ ⑦
هل تعرفُها ؟

٨ـ سمعتُها في الماضي ولكن، لم أحفظُها .

٩ـ استمعْ إذن !

١٠ـ « بِسمِ ⑤ اللهِ الرَّحمٰنِ الرَّحيمِ، الحَمْدُ للَّهِ
رَبِّ العَالَمِينَ، الرَّحمٰنِ الرَّحيمِ ، مَالِكِ يَوْمِ الدِّينِ
إِيَّاكَ نَعْبُدُ ⑤ وَإِيَّاكَ نَسْتَعِينُ، إهْدِنَا الصِّرَاطَ
المُسْتَقِيمَ، صِرَاطَ الَّذِينَ أنْعَمْتَ عَلَيْهِمْ غَيْرِ
المَغْضُوبِ عَلَيْهِمْ وَلَا الضَّالِّينَ »

NOTES :

1 — يُسَمَّى : passif présent du verbe de la 2ème forme

sammā : سَمَّى : nommer, donner un nom, désigner.

Nom d'action : tasmiya : تَسمِية fait de nommer, dénomina-

tion, appellation.

181

Mohammed 6 — On dirait (comme si toi) un vrai[5] musulman.

Ils entrent (dans) le mouṣallā

Mohammed 7 — Si nous restions ici (que dirais-tu si, quel est ton avis si nous restions ici) à écouter (nous écoutons) cet homme qui récite (lit) la sourate[6] «el Fāti-ha»[7] (la sourate liminaire) ? Est-ce que vous la connaissez ?

Jacques 8 — Je l'ai entendue jadis (dans le passé) mais je ne l'ai pas retenue (je ne l'ai pas apprise par cœur).

Mohammed 9 — Eh bien, écoutez !

Voix de l'homme 10 — «Au nom[8] de Dieu, Clément Miséricordieux, louange à Dieu, Maître des Mondes, Clément Miséricordieux, Souverain du jour du jugement dernier, c'est Toi que[9] nous adorons et c'est Toi que nous appelons à notre aide; guide nous dans la Voie droite, la Voie de ceux que Tu as comblés de Tes bienfaits et non de ceux contre qui Tu es courroucé ni de ceux qui sont éga-rés».

**
*

2 — بِيَنْوَضَّأُ : «il fait ses ablutions». Du verbe de la 5ème

forme : tawaddaʼa : تَوَضَّأَ «faire ses ablutions» (racine :

woudoûʼ : ablutions). وَضُوء

3 — أَحْذِيَة : pluriel de : حِذَاء hidāʼ : «chaussure», «soulier».

4 — قَبْلَ الدُّخُول : «avant le fait d'entrer».

Au lieu du nom d'action, on aurait pu avoir :
        qabla an nadhoula : قَبْلَ أَنْ نَدْخُلَ
        avant que nous n'entrions.

5 — حَقِيقِيّ : véritable. De haqīqa : حَقِيقَة : vérité,

réalité.
haqīqatan : حَقِيقَةً : en vérité, véritablement,

en réalité (adv.).

6 — سُورَة : singulier de «souwar» : سُوَر :

sourate (chapitre du Qoran).

7 — اَلْفَاتِحَة : Participe actif du verbe : fataha : فَتَحَ

ouvrir
fātih : فَاتِح : qui ouvre; el fatiha : اَلْفَاتِحَة : celle qui ouvre,

La Liminaire.

8 — بِسْم : mis pour «bi» : بِ «ism» : إِسْم : au

nom de ... (on trouve en général la graphie suivante :

dans le même sens). بَاسِم

9 — إِيَّاكَ : «c'est Toi (que) nous adorons» (mis pour) :

anta lladī na'boudouhou : أَنْتَ الَّذِي نَعْبُدُهُ
(Toi lequel nous adorons lui).

إِيَّا est une particule qui s'emploie **essentiellement** dans le

cas de constructions avec des **verbes à double complément d'objet
direct** comme : donner, enseigner, transmettre, lorsque les compléments sont des pronoms affixes de même personne : le : (à lui),
la : (à elle), etc...

Ex : Je lui ai donné le livre :
    (a'taytouhou l-kitāb) : أَعْطَيْتُهُ الكِتَابَ

      Je *le* lui ai donné :
    (a'taytouhou *iyyāhou*) : أَعْطَيْتُهُ إِيَّاهُ

Nous leur avons enseigné l'arabe :
('allamnāhoum(ou) l-'arabiyya) : عَلَّمْناهُمُ العَرَبِيَّةَ

Nous *la* leur avons enseignée :
'allamnāhoum *iyyāhā* : عَلَّمْناهُمْ إِيَّاها

Remarque :
Les textes qoraniques sont toujours vocalisés pour éviter le risque de lectures défectueuses qui pourraient donner lieu à des exégèses multiples.

EXERCICES

١. جاءَ فِي القُرآنِ الكَرِيم (سورة البقرة ـ الآية ١٩) :

﴿ يَا أَيُّهَا النَّاسُ اعْبُدُوا رَبَّكُمُ الَّذِي خَلَقَكُمْ
وَالَّذِينَ مِنْ قَبْلِكُمْ لَعَلَّكُمْ تَتَّقُونَ ﴾ الَّذِي
جَعَلَ لَكُمُ الأَرْضَ فِرَاشًا وَالسَّمَاءَ بِنَاءً وَ
أَنْزَلَ مِنَ السَّمَاءِ مَاءً فَأَخْرَجَ بِهِ مِنَ
الثَّمَرَاتِ رِزْقًا لَكُمْ ...

On peut lire dans le Qoran vénérable (il est venu, on trouve dans le Qoran vénérable) : sourate de «la Génisse» verset 19 :
«O gens ! Adorez votre Seigneur qui vous a créés ainsi que ceux qui vous ont précédés (et lesquels avant vous) peut être serez-vous pieux
Qui (lequel) a fait pour vous de la terre une couche et du ciel un édifice et fait descendre du ciel de l'eau grâce à laquelle il a fait sortir (et il a fait sortir par elle) des fruits (plusieurs sortes de fruits) pour assurer votre subsistance (en tant que moyen de subsistance pour vous...)»

٢ـ هل يوجد رهبان في الدّين الإسلاميّ ؟

Y a-t-il des prêtres dans la religion musulmane ?

٣ـ أُهنّئكم بمناسبةِ عيدِ الفطرِ المبارك

Je vous félicite à l'occasion de la Fête de la Rupture du
Jeûne (de la Fête du Fitr bénie).

الدّرسُ السّابعُ والسّتّونَ

في المسجد

١ـ قل لي : هل تدري كيف يُسمّى هذا
الحائطُ① المنقوشُ② الّذي يتوجّهُ③ إليه
هؤلاءِ المؤمنونَ عندَ④ الصّلاةِ ؟

185

CONJUGAISON :

Verbes : OTER (ENLEVER) — AVOIR ENTENDU — RETENIR (CONSERVER)

J'ôte, j'enlève	(ahla$^\varepsilon$)	أَخلع
Tu ôtes, tu enlèves	(tahla$^\varepsilon$)	تخلع
Il ôte, il enlève	(yahla$^\varepsilon$)	يخلع
J'ai entendu	(sami$^\varepsilon$tou)	سمعت
Tu as entendu	(sami$^\varepsilon$ta)	سمعت
Il a entendu	(sami$^\varepsilon$a)	سمع
Je retiens, je conserve	(ahfaz)	أَحفظ
Tu retiens, tu conserves	(tahfaz)	تحفظ
Il retient, il conserve	(yahfaz)	يحفظ

LEÇON 67

(La leçon la septième et la soixante)

A LA MOSQUEE

Mohammed **1 —** Dites-moi : savez-vous comment se nomme ce mur[1] sculpté (gravé) vers lequel se tournent[2] ces[3] fidèles (croyants) (lequel se tourne vers lui ces fidèles) au moment[4] de la prière ?

186

٢ـ نسيتُ اسمَه ، و إنَّما [5] أعتقد أنَّه
يدلُّ على جهةِ مكَّةَ المكرَّمةِ [6] و
بيتِ اللَّهِ الحرامِ [7]

٣ـ مضبوط ! إسمُه «المحرابُ» ، أمَّا
الجهةُ التي يدلُّ عليها المحراب فهي
«القِبلةُ» التي يتوجَّه إليها المؤمنون
خمسَ مرَّاتٍ يوميًّا عند أوقاتِ الصَّلاةِ

٤ـ وما هذا السُّلَّمُ [8] الخشبيُّ الواقعُ [9]
بجانب المحرابِ ؟ قد نسيتُ اسمَه أيضًا

٥ـ إنَّه «المِنبر» ، يصعدُ إليه الإمام [10] يومَ
الجمعةِ لإلقاءِ [11] الخطبةِ

٦ـ اللَّه! رائحةُ البَخور هذه تذكِّرُني [12]
الكنيسةَ ... ثمَّ ما أجْمَلَ هذه الأبسطةَ [13]
والقناديلَ [14]

٧ـ طيِّب ! أعتقد أنَّنا قد زرنا الجزءَ الأكبرَ
منَ المسجدِ ... ما رأيُك لو خرجنا الآنَ ؟

١٨٧

Jacques	**2** — J'ai oublié son nom, mais (et seu-lement)[5] je crois (je pense) qu'il indi-que la direction de la Mecque (la Véné-rée)[6] et de la Maison sacrée[7] de Dieu.
Mohammed	**3** — Exact ! On le nomme (son nom est) (le) «miḥrāb»; (quant à) la direction indiquée par le «miḥrāb», (c'est) la «qibla» vers laquelle se tournent les fidèles (croyants) 5 fois par jour aux moments de la prière.
Jacques	**4** — Qu'est-ce que cet escalier[8] de bois qui se trouve[9] à côté du miḥrāb? J'ai oublié aussi son nom.
Mohammed	**5** — C'est le «minbar»; l'imām[10] y monte (monte vers lui) le vendredi pour prononcer[11] la «ḥouṭba» (le sermon, le prône, le prêche).
Jacques	**6** — Dieu ! Cette odeur d'encens (l'odeur de l'encens celle-ci) me rap-pelle[12] l'église ... (et puis), comme ces tapis[13] et (les) lampes[14] sont beaux!
Mohammed	**7** — Bon ! Je crois que nous avons vi-sité la plus grande partie de la mos-quée. Si nous sortions maintenant ?

٨- كما تحبّ !

٩- لا تنسَ أُحْذِيَتَك !

(وفي نفس الوقت يسمعان صوتَ المؤذِّن)

١٠- إسمع ! إنّهُ الأذان لِصلاةِ العصر

١١- اللّهُ أكبر ـ اللّهُ أكبر ـ اللّهُ أكبر ـ اللّهُ أكبر .
أشهدُ أنّ لا إلهَ إلّا اللّه . أشهدُ أنّ لا إلهَ إلّا
اللّه . أشهدُ أنّ محمّدًا رسولُ اللّه ⑮ . أشهدُ أنّ
محمّدًا رسولُ اللّه . حيّ على الصّلاة ـ حيّ
على الصّلاة ـ حيّ على الفلاح ـ حيّ على الفلاح
اللّهُ أكبر ـ اللّهُ أكبر ـ لا إلهَ إلّا اللّه .

(يخرجان و يصلان إلى الشّارع)

١٢- يا للأسف ! كأنّا خرجنا مِنَ الآخرة
فرجعنا إلى الدّنيا ⑯ ، كنّا في الجنّة و
أُدخِلنا ⑰ النّار !

189

| Jacques | 8 — Comme vous voudrez. |

| Mohammed | 9 — N'oubliez pas vos chaussures. |

(Et) au même moment ils entendent la voix du muezzin.

| Mohammed | 10 — Ecoutez ! C'est (certes lui) l'appel (l'adān) à la prière du «aṣr». |

| Voix du muezzin | 11 — «Dieu (est) le plus grand ! Dieu (est) le plus grand ! Dieu (est) le plus grand ! Dieu (est) le plus grand. J'atteste qu'il n'y a de divinité que Dieu (2 fois); j'atteste que Mohammed est le Prophète de Dieu (l'Envoyé, le Messager[15] de Dieu) (2 fois).
 (Lève-toi pour) Venez à la prière (2 fois)
 (Lève-toi pour) Venez à la félicité (réussite, bien être) (2 fois).
 Dieu est le plus grand (2 fois)
 Il n'y a de divinité que Dieu !» |

Ils sortent et arrivent dans la rue.

| Jacques | 12 — Hélas ! J'ai l'impression que nous (c'est comme si nous étions) sommes sortis de l'Au-delà pour revenir dans ce Bas monde[16] (et nous sommes revenus vers ...). Nous étions au Paradis et on nous a fait entrer en Enfer (nous avons été entrés[17] le Feu) ! |

۱۳ـ لا تقلْ ذلكَ ! أَلا تعرفُ هذا البيتَ المشهور من قصيدةٍ للشَّاعر ابن خفاجة الأندلسيّ :«فَلَيْسَتْ تُدْخَلُ بَعْدَ الجَنَّةِ النَّارُ»

Mohammed 13 — Ne dites pas cela ! Ne connais-sez-vous (donc) pas ce vers célèbre d'un poème du poète Ibn Khafāja l. Anda-lousi* : «On n'entre pas en Enfer après avoir été en Paradis !» (il n'est pas in-troduit (dans) le Feu après le Paradis).

كيف يستمّن المكان الذي نحن به الآن ؟

* *

*

NOTES :

1 — حائط : pluriel : hīṭān : حيطان

2 — يتوجّه : verbe de la 5ème forme : tawajjaha : تَوَجَّهَ

s'orienter, se tourner (vers) ... (racine : wajh : وجه : visage,

face et : «jiha» : جهة : côté, direction).

Participe actif : moutawajjih : مُتَوَجِّه : qui s'oriente (vers), qui

se tourne (vers), qui tourne son visage (vers) ...

3 — هؤُلاء : pluriel de : هذا : (cf les démonstratifs : leçon

de révision 63).

4 — عند signifie ici : au moment de (sens très employé

en arabe). Indique une continuité dans le temps et l'espace (cf :

ʿindamā : عندما : lorsque, au moment où).

5 — إنّما signifie : «seulement». Très souvent utilisé en ara-

be dans le sens de : «mais», «cependant», proche de :

غير أنّ – سوى أنّ – إلّا أنّ : sauf que, si ce n'est que ...

6 — مُكرَّمة : vénérée. Participe passif du verbe de la 2ème

forme : karrama : كَرَّمَ : vénérer, honorer (de «karīm» :

كريم : vénérable, noble).

7 — حرام signifie : sacré, tabou; d'où : interdit, illicite -

Contraire de : «ḥalāl» : حلال : licite.

A cette racine se rattachent :

harīm : حريم : lieu sacré, interdit (harem)

haram : حرم : épouse = être sacré.

193

8 — سُلَّم : mot féminin ou masculin indifféremment, signi-

fie : escalier, mais a le sens premier : d'échelle.

Pour dire : les escaliers, on emploie aussi : دَرَج de

دَرَجَة : (marche, degré).

9 — واقِع : qui se trouve. Participe actif du verbe waqaᶜa :

وَقَعَ : se trouver, se situer (cf leçon 64, note 7, sens de sur-

venir, arriver).

10 — إِمام : Imām, celui qui dirige la prière et se place

devant les fidèles

(comparer : أَمامَ amāma : devant

et : إِمام : imām : Imam).

11 — ...لِإِلْقاءِ : pour le fait de prononcer ... (étymologi-

quement : pour le fait de lancer).

On a usé ici d'un nom d'action d'un verbe de la 4ème forme
alqā : أَلْقَى : lancer, prononcer, mais on aurait aussi bien

pu avoir le verbe lui-même :
li youlqya l-houtba : لِيُلْقِيَ الخُطْبَة

pour qu'il prononce le prône.

12 — تُذَكِّرُني : me rappelle. Verbe de la 2ème forme :

dakkara : ذَكَّرَ : rappeler, faire souvenir (doublement

transitif, c'est-à-dire à 2 compléments d'objet comme : عَلَّمَ.

Racine : dakara : ذَكَرَ : citer, mentionner).

Participe actif : moudakkir : مُذَكِّر qui rappelle, qui fait se

souvenir. D'où : moudakkira : مُذَكِّرَة mémento, mémoire,

note, calepin, carnet de notes.

13 — أَبْسِطَة : pluriel de bisāt : بِساط (du verbe :

194

بَسَطَ basata : étendre, déployer).

14 — قَنَادِيل : pluriel de qindīl : قِنْدِيل (qui a donné : «chandelle», «candélabre»).

15 — رَسُول : messager, prophète, **porteur d'un message**

- lettre, message, missive se dit : رِسَالَة

- envoyer une lettre, un message se dit : أَرْسَلَ

16 — الدُّنْيَا : monde d'Ici-Bas. En fait, il s'agit littéra-

lement de la «vie **la plus basse**» (el hayāt(ou) d-dounyā) : أَلْحِيَاةُ الدُّنْيَا

le plus bas se disant : el adnā : اَلأُدْنَى

(c'est un superlatif) (féminin) : دُنْيَا

On a coutume d'opposer : (la vie) d'Ici-Bas et celle de l'Au-delà
(ed-dounyā) الدُّنْيَا wa الأَخِرَة (l-āhira).

A l'époque du califat arabo-musulman, notamment :

الدُّنْيَا signifiait aussi : le pouvoir temporel par opposition

au : الدِّين (ed-dīn) : le pouvoir spirituel (littéralement : la

religion).

17 — أُدْخِلْنَا : littéralement : nous avons été entrés (on

nous a fait entrer ...)
Passif du verbe de la 4ème forme : adhala : أَدْخَلَ : faire

entrer (racine dahala : دَخَلَ : entrer).

(les verbes دَخَلَ et أَدْخَلَ sont tous deux directement transi-

tifs (cf leçon 59 note 9).

Ex : — oudhila l-moustasfā : أُدْخِلَ المُسْتَشْفَى

il a été fait entrer (à) l'hôpital; on l'a fait entrer (à) l'hôpital.

195

— (youdhal(ou) l- bayt : يُدْخَلُ البيتُ il est fait entrer
(dans) la maison; on le fait entrer (dans) la maison.
— toudhalou n-nar : تُدْخَلُ النَّارَ : est entré le Feu (c'est-
à-dire : on entre (dans) le Feu (dans la Fournaise, en Enfer).

EXERCICES

١- أركانُ الدِّينِ الإسلاميِّ الخمسةُ هي :

الإيمانُ بالله ـ و الصَّلاةُ ـ و صومُ رمضانَ

و الحجُّ إلى بيتِ اللهِ الحرامِ ـ و الزَّكاةُ

Les 5 fondements (piliers) de la religion musulmane sont :
La Foi en Dieu — La prière — Le jeûne du Ramadan —
Le pèlerinage à la Maison sacrée de Dieu et l'Aumône
légale.

٢- التَّقويمُ الدِّينيُّ الإسلاميُّ قمريٌّ

بينما التَّقويمُ الميلاديُّ شمسيٌّ

Le calendrier religieux musulman est lunaire tandis que le
calendrier chrétien est solaire.

٣- هل تدري ما هي الأعيادُ الإسلاميَّةُ ؟

Sais-tu quelles sont les fêtes musulmanes ?

٤- معلومٌ ، هي :

أوّلُ رمضانَ ـ و ليلةُ القدرِ ـ و عيدُ الفطرِ

المباركِ (أو العيدُ الصَّغيرُ) ـ و عيدُ الأضحى

(أو العيدُ الكبيرُ) ـ و رأسُ السَّنةِ الهجريَّةِ

و عاشوراءُ ـ و المولدُ النَّبويُّ

196

Bien sûr, ce sont :

Le 1er du Ramadan — La nuit du Destin — La fête du Fiṭr (de la Rupture du Jeûne (ou : la petite fête) — La fête du Sacrifice (ou la grande fête) — Le Jour de l'An hégirien (la tête de l'année hégirienne) — 'Achoūrā' — La Naissance du Prophète.

كنّا في الجنّة وأُدخلنا النّار !

الدَّرسُ الثَّامن والسَّتُّون

حفلةٌ في بيت أحمد

١ ـ مساءَ الخير، يا أحمد

٢ ـ مساءَ الخير؛ تفضَّل ! نحن جميعًا
في انتظارك ⑤

CONJUGAISON :

Verbes : ETRE REVENU — AVOIR FAIT ENTRER — ETRE SORTI

Je suis revenu	(raja‘tou)	رجعت
Tu es revenu	(raja‘ta)	رجعت
Il est revenu	(raja‘a)	رجع
J'ai fait entrer	(adhaltou)	أدخلت
Tu as fait entrer	(adhalta)	أدخلت
Il a fait entrer	(adhala)	أدخل
Je suis sorti	(harajtou)	خرجت
Tu es sorti	(harajta)	خرجت
Il est sorti	(haraja)	خرج

LEÇON 68

(La leçon la huitième et la soixante)

RECEPTION CHEZ AHMED

Jacques **1 —** Bonsoir, Ahmed

Ahmed **2 —** Bonsoir; entre ... nous t'attendons[1] tous.

198

٣ـ أرجو أن لا تكونَ الحفلةُ رسميّةً
لأنّني لم أَلبس الثّيابَ المناسبة

٤ـ لم أُقِمْ هذه الحفلةَ تكريمًا لملابسك
بل تكريمًا لكَ أنت ، وكما قال الشّاعر
أبو العلاء المعرّيّ : «وَإِنْ كَانَ فِي لُبْسِ الفَتَى
شَرَفٌ لَهُ فَمَا السَّيْفُ إِلَّا غِمْدُهُ وَ
اَلحَمَائِلُ.»

٥ـ وهو الّذي قال أيضًا : «كُلْ يَا كُمّي !»
يومَ استُدْعِيَ إلى وليمة وجاءَ وعليهِ
ثيابٌ وسخة فطُلِبَ منه أن يغادرَ
القاعة لهذا السّبب

٦ـ وبعد قليل، رجع وعليهِ ثيابٌ فاخرة
فجلس إلى المائدة ووضع كمَّ قميصِهِ
في الصّحن قائلًا : «كُلْ يَا كُمّي ، فأَنْتَ
اَلمَدْعُوُّ »

199

Jacques	**3 —** J'espère que ce n'est pas une réception officielle (je souhaite que la réception ne soit pas officielle), car (parce que moi) je n'ai pas mis des habits de circonstance (je n'ai pas revêtu)[2] les vêtements (habits)[3] convenables (qui conviennent).
Ahmed	**4 —** Je n'ai pas organisé[4] cette réception en l'honneur de tes vêtements mais en ton honneur à toi, et comme a dit le poète Abou l-Ala- l Maarri* : «Si l'honneur de l'homme résidait dans ses vêtements, le sabre ne vaudrait que par sa gaine et son baudrier» (et si il y avait (si était) dans le fait de se vêtir de l'homme[5], un honneur pour lui, alors pas le sabre si ce n'est sa gaine (fourreau) et le baudrier).
Jacques	**5 —** (Et) c'est lui aussi qui a dit : «Mange (ô) ma manche !» ... le jour[6] où il fut convié[7] à un banquet, il y vint habillé de vêtements sales (et il vint et[8] (alors que) sur lui des habits sales), on lui demanda (alors il fut demandé de lui) de quitter la salle (qu'il quitte[9] la salle) pour cette raison.
Jacques	**6 —** Peu après (après un peu), il revint vêtu d'habits somptueux (et sur lui des habits somptueux); il s'assit (alors) à la table et mit la manche de sa tunique (chemise) dans l'assiette (le plat), en disant[10] : «Mange, ma manche (car) c'est toi l'invitée![11]»

* Abou l-Ala l Maarri : cf notice biographique à la fin du tome 2.

٧- ماشاء اللّه ! أراكَ عالمًا في شؤون الحضارة العربيّة ... يسرُّني أن أتحدّثَ إليكَ قليلًا [16]

٨ - أقدّمُ لكَ الأستاذ حسن العراقيّ ، أستاذَ الآداب في الجامعة ، وقد عاشَ مدّةً طويلةً في فرنسا

٩- تشرّفنا ! إذا رجعتَ يومًا إلى فرنسا ، فعليكَ أن تزورَني في باريس ... وإليكَ بطاقتي الشّخصيّة ... تفضّل !
(يتحدّثان معًا)

١٠- أيّها الأصدقاء ! أقدّمُ لكم السّيد فرنوي . إنّه صحفيٌّ مشهور في بلده و قد جاء لقضاء عطلة قصيرة . تعرّفتُ إليهِ في الطّائرة مؤخّرًا فاتّخذتُهُ [17] فورًا صديقًا لي ... [18]

١١- شكرًا . ولكنّ هذا مدحٌ جزيل ، لَيْتَني كنتُ جديرًا به وبصداقتِكم أنتم جميعًا .

Un invité (qui avait entendu Jacques) (et il avait entendu ...)	**7** — Bravo! Je vois que vous êtes savant (je te vois savant) en matière de civilisation arabe (dans les affaires, les questions de la civilisation arabe). Je serais heureux de bavarder (que je parle)[12] avec (vers) vous un moment (un peu).
Ahmed à Jacques	**8** — Je te présente (le maître) Monsieur Hasan El Iraqi, professeur de littérature (Lettres) à l'Université ;(et) il a vécu longtemps en France.
Jacques	**9** — Très honoré ! Si vous revenez (si tu es revenu) un jour en France, il faut que vous me rendiez visite (sur toi que tu me visites) à Paris. Voici (et vers toi) ma carte de visite (personnelle) ... Tenez.

Ils conversent ensemble

Ahmed	**10** — Mes amis ! (ô les amis) je vous présente Monsieur Verneuil; c'est un journaliste de renom (célèbre) dans son pays (et) il est venu passer de courtes vacances (une vacance courte). Je l'ai connu (j'ai fait sa connaissance) récemment (dernièrement) dans l'avion et j'en ai fait aussitôt mon ami (et je l'ai pris[13] aussitôt comme ami pour moi).
Jacques	**11** — Merci ! Mais c'est un trop grand éloge (mais celui-ci est un éloge abondant); puissé-je[14] en être digne (ah ! si j'étais digne de lui) ainsi que de (et de) votre amitié à tous (vous tous).

NOTES :

1 — نحن جميعًا في انتظارك : Au lieu d'un nom d'action, on aurait pu avoir nahnou jami'an nantazirouk :

Nous t'attendons tous نحن جميعًا ننتظرك

2 — لم أُلبس : On aurait pu dire : mā labistou : je n'ai pas revêtu. ما لبست

3 — ثياب : pluriel de thawb : ثوب : manteau, habit.

4 — لم أُقم : On aurait pu dire : mā aqamtou: je n'ai pas organisé. ما أقمت

5 — فتى : ici, mot poétique pour dire : insān : إنسان être humain. فتى signifie en fait : jeune homme; féminin : فتاة jeune fille.

6 — يومَ : la terminaison «a» est l'indice du cas direct voulu par la notion circonstancielle de temps. يومَ ... = le jour que, le jour où (terminaison que l'on retrouve dans : قبلَ-بعدَ).

Un certain jour, d'aventure, un jour par hasard, se dit : yawman ou yawman mā يومًا - يومًا ما

Ex : si tu viens un jour
(si tu es venu un jour)
(idā ji'ta yawman) : إذا جئت يومًا

7 — اُستُدعيَ : Passif du verbe de la 10ème forme : istad'a : اِستدعى inviter (racine : da'a : دعا : inviter, appeler, convoquer).

8 — و n'a pas ici le sens de «et», mais de : «alors que», «tout en», «tandis que», «en» ...**très important et très fréquent en arabe.**

203

Ex : Il entrait en riant : كان يدخل
(il entrait alors qu'il était riant)
(kāna yadhoulou *wa hwa* dāhik) : و هو ضاحك

9 — يُغادِر : Présent du verbe de la 3ème forme : ḡādara

غَادَرَ : il a quitté.

Nom d'action : مغادرة : mouḡādara : fait de quitter, de partir,

départ (directement transitif).

Ex : A mon départ de Paris
(au moment de mon fait de quitter Paris)
(ʿinda mouḡādaratī Bārīs) :

عند مغادرتي باريس

10 — قَائِلٌ : en disant. Accusatif de manière.

qā'il est le participe actif du verbe qāla : قَالَ : dire. (au lieu

de : قَائِلٌ on aurait pu avoir : *wa hwa* qā'il : (و هو قائل

11 — مَدْعُوٌّ : participe passif du verbe : دَعَا : invi-

ter; مدعوّ : un invité; دعوة : daʿwa : invitation.

12 — أَتَحَدَّثُ : du verbe de la 5ème forme : tahaddata :

تَحَدَّثَ : s'entretenir, converser. (racine : حديث : hadīt :

entretien, propos).

13 — اِتَّخَذْت : du verbe de la 8ème forme : ittahada :

اِتَّخَذَ : il a pris, il a choisi parmi ... (racine : أَخَذَ :

prendre).

Nom d'action : ittihād : اِتِّخَاذ : fait de prendre, de choisir

parmi ...

14 — يَا لَيْتَ : fasse le ciel que, plût au ciel que !

Toujours suivi d'un pronom affixe et **d'un verbe au passé,** traduit
en français par un présent.

EXERCICES

١- يَزورُ رئيسُ جمهوريَّتِكم دولَتَنا تلبيةً
لِدعوةٍ رسميَّةٍ مِنَ الحكومةِ ؛ وقد أُقيمت
مأدبةُ غداءٍ تكريماً له وللوفدِ المرافقِ له

Votre Président de la République (le Président de votre
République) visite notre pays (notre Etat) en réponse à
une invitation officielle du Gouvernement; un déjeuner (un
banquet) a été offert en son honneur et (en l'honneur) de
la délégation qui l'accompagne.

٢- وجَّهَ إليَّ السيِّدُ السفيرُ دعوةً إلى
الحفلةِ التي يقيمُها في مباني السفارةِ
بمناسبةِ العيدِ الوطنيّ.

Monsieur l'Ambassadeur m'a adressé une invitation pour
(vers) la réception qu'il organise dans les bâtiments de
l'Ambassade à l'occasion de la fête nationale.

٣- تلقَّيتُ بغايةِ السرورِ بطاقةَ الدعوةِ
التي أرسلتَها إليَّ ، فقد تأثَّرتُ بها كثيراً ،
غيرَ أنَّني أُغادرُ المدينةَ غداً ، ومعَ الأسفِ
ليسَ باستطاعتي تأجيلُ وقتِ السفرِ

J'ai reçu avec un extrême plaisir la carte d'invitation que
tu m'as envoyée. J'y ai été très sensible, mais je quitte la
ville demain et, malheureusement, je ne peux pas remettre
le moment de mon départ (voyage).

٤- أعرفُ هذه المنطقةَ جيِّداً ؛ فقد عشتُ
فيها مع عائلتي أكثرَ من ثلاثَ عَشْرَةَ سنةً

205

Je connais très bien cette région; j'y ai vécu avec ma famille plus de 13 ans.

CONJUGAISON :

Verbes : SOUHAITER — AVOIR INVITE — INVITER — AVOIR REVETU — REVETIR — AVOIR MIS — AVOIR VECU

Je souhaite que, J'espère que	(arjoū) an	أرجو أُن
Tu souhaites ✓	(tarjoū) ✓	ترجو ✓
Il souhaite ✓	(yarjoū) ✓	يرجو ✓
Je t'en prie	(arjoūk)	أرجوك
J'ai invité	(daʿawtou)	دعوت
Tu as invité	(daʿawta)	دعوت
Il a invité	(daʿā)	دعا
J'invite	(adʿoū)	أدعو
Tu invites	(tadʿoū)	تدعو
Il invite	(yadʿoū)	يدعو
J'ai revêtu	(labistou)	لبست
Tu as revêtu	(labista)	لبست
Il a revêtu	(labisa)	لبس
Je revêts	(albas)	ألبس
Tu revêts	(talbas)	تلبس
Il revêt	(yalbas)	يلبس

J'ai mis	(wada'tou)	وضعت
Tu as mis	(wada'ta)	وضعت
Il a mis	(wada'a)	وضع

الدَّرسُ التَّاسِع و السِّتُّون

حفلةٌ في بيت أحمد

١ـ آهٍ! الدُّكتور مبارك! كيف الأحوال؟

٢ـ مرحبًا! ألاحظ أنَّكَ بصحَّةٍ جيِّدة الآن. لا شكَّ أنَّكَ لم تنسَ أن تأخذَ أدويتَك ... ولكن ... أتصوَّر أنَّكَ لا تعرف زوجتي.

٣ـ تشرَّفنا، يا سيِّدتي.

٤ـ ولكن، ما رأيت بعد زوجةَ السيِّد نبيل؛ ربَّما بقيَتْ في المطبخ مع الأولاد.

٥ـ ها هي قادمة مع فاطمة.

٦ـ مساءُ الخير، ياجاك؛ يسرُّنا أن نراك.

207

J'ai vécu	(ʿistou)	عشت
Tu as vécu	(ʿista)	عشت
Il a vécu	(ʿasa)	عاش

LEÇON 69

(La leçon la neuvième et la soixante)

RECEPTION CHEZ AHMED

Jacques **1 —** Ah ! (le) Docteur Moubarak ! Comment allez-vous (comment les états) ?

Le docteur **2 —** Bienvenue ! Je constate que vous allez bien maintenant (que toi en bonne santé); c'est sûr que (il n'y a pas doute que) vous n'avez pas oublié de prendre vos médicaments ... Mais, je crois (j'imagine) que vous ne connaissez pas ma femme (mon épouse).

Jacques **3 —** Mes hommages, Madame

Le docteur **4 —** Mais je n'ai pas encore vu[1] l'épouse de Monsieur Nabil; peut-être est-elle restée à la cuisine avec les enfants.

Jacques **5 —** La voici qui arrive avec Fatima !

Layla **6 —** Bonsoir, Jacques; nous sommes heureux de vous voir. Mon mari m'a

208

قال لي زوجي إنَّكَ مريضٌ قليلًا .

هل تحسَّنَتْ⁶ حالتُك ؟

٧ ـ أَلحمدُ لِلّه! صحّتي أحسنُ الآن

٨ ـ إذن، لا بدَّ من أَن تأكلَ من هذه
الوجبات كلّها

٩ ـ اللّه! هذه حفلة: ملوك³ : حلويات
ومشروبات ولحمُ مشويّ وجبالٌ مِنَ الرُّزّ⁴
كأنّي أَعيشُ قصةً من قِصَصِ ألفِ ليلة وليلة

١٠ ـ تفضَّل يا جباك ! أُريد أَن أُقدّمَ لك
أَحمدُ رفّاق⁵ ابني، إنَّه مُحامٍ قد درس
مدَّةً في باريس، ويسرُّه أَن يتعرَّفَ إِليك⁶

١١ ـ تتشرَّفنا ، يا سيّدي...قيل لي بأنَّكَ
قضيتَ بِضعَ سنينَ⁷ في باريس ...
كيف وجدتَ عاصمتَنا ؟

209

dit que vous étiez légèrement souffrant (malade un peu). Est-ce que cela va mieux? (est-ce que ton état s'est amélioré)?.(2)

Jacques

7 — Grâce à Dieu; je vais mieux maintenant (ma santé (est) mieux, (meilleure) maintenant).

Layla

8 — Alors (donc) il faut absolument que vous mangiez (il n'y a pas d'échappatoire à ce que tu manges) de tous ces plats.

Jacques

9 — Dieu ! C'est une réception royale (une réception de rois)(3) : gâteaux, (et) boissons (et) viande grillée (et) montagnes(4) de riz ! J'ai l'impression de vivre (comme si moi je vis) un conte des Mille et une nuits.

Ahmed

10 — Viens, Jacques ! Je voudrais te présenter un camarade de mon fils (un des camarades(5) de mon fils); (certes lui) c'est un avocat (qui) a étudié un certain temps (une durée) à Paris; il serait heureux (il lui plairait) de faire ta connaissance.(6)

Jacques à l'avocat

11 — Très honoré, Monsieur ... On m'a dit (il a été dit à moi) que vous aviez passé (que toi tu as passé) quelques années(7) à Paris ... Comment avez-vous trouvé notre capitale ?

۱۲ـ كنت طالبًا [8] في ذلكَ الوقت و قضيتُ
هناكَ أيامًا مُمتِعة [9] فعلًا لن أنساها
أبدًا ...

ولكن، ما أشدّ الضّجيج و الحركة هناك!

۱۳ـ قل لي : ألا يزالُ الباريسيّون
مستعجلين [10] اليوم كما كانوا في
الماضي ؟

NOTES :

1 — ما رأيتُ بعد : je n'ai pas encore vu. Pour rendre l'expres-

sion : **pas encore**, on fait suivre : ما **pas**, de بعد : **après**

Ex :

ما وصلت بعد   Elle n'est pas encore arrivée

ou : لم تصل بعد

2 — تحسّنت : du verbe de la 5ème forme: taḥassana تَحَسَّنَ

s'améliorer (racine : ḥasan : bon, bien, beau).

(2ème forme : حَسَّنَ : améliorer; nom d'action : taḥsīn :

تحسين amélioration (fait d'améliorer).

Ne pas confondre avec le nom d'action de la 5ème forme :

taḥassoun : تحسّن : amélioration (**fait de s'améliorer**).

3 — ملوك : pluriel de : malik : ملك : roi.

4 — جبال : pluriel de : jabal : جبل : montagne.

5 — رفاق : pluriel de : rafīq : رفيق : camarade.

211

L'avocat   **12** — J'étais étudiant(8) en ce temps là (à ce moment là) et j'y ai passé (j'ai passé là-bas) des jours vraiment délicieux(9) (que) je n'oublierai jamais. Mais quel bruit et quelle agitation (mais combien est intense le bruit et le mouvement) là-bas !

L'avocat   **13** — Dites-moi : est-ce que les Parisiens sont toujours aussi pressés (pressés(10) aujourd'hui comme ils l'étaient dans le passé) ?

✱ ✱
✱

6 — يَتَعَرَّف إلى : verbe de la 5ème forme

ta‘arrafa (ilā) : تَعَرَّفَ إلى : faire la connaissance de ... (racine :

‘arafa : عَرَفَ : connaître, savoir).

7 — سنِيـن : pluriel de : sana سنـة : année

(cas indirect).

     cas sujet : sinoūn : سنـون

     cas direct : sinīn : سنِيـن

(سنـة a deux formes de pluriel : سنـون et سنـوات).

8 — طالـب : étudiant, qui étudie.

Participe actif du verbe : ṭalaba : طَلَبَ : «demander»,

(ici = rechercher (la science) = étudier).
     Pluriel : toullāb : طُلّـاب ou : ṭalaba : طلبـة

Cf : le hadith (parole du Prophète) :
«Recherche la science même si elle était en Chine» أطلب العلم
(outloub(i) l-‘ilm wa law kāna fī s-sīn): ولو كان في الصّين

212

9 — مُمْتِعة : participe actif du verbe de la 4ème forme :

amta‘a : أَمْتَعَ : rendre délicieux, agréable (racine :

mout‘a : مُتعة : jouissance, agrément).

10 — مُسْتَعْجِل : participe actif du verbe de la 10ème for-

me : ista‘jala : اِسْتَعْجَلَ (être pressé, se hâter (racine : ‘ajala :

عِجلة : précipitation); en mécanique : accélération.

مُسْتَعْجِل signifie également : express, urgent.

EXERCICES

١ ـ أَنا شَبْعانُ، يا أَخي، لا أَسْتَطيعُ أَنْ

آكُلَ أَكْثَر

Je suis rassasié, mon cher (mon frère), je ne peux pas
manger plus.

٢ ـ أَلْواقِعُ أَنَّنا قَضَيْنا أَوْقاتًا مُمْتِعة

بِصُحْبَتِكُم، غَيْرَ أَنَّ الْوَقْتَ قَدْ حانَ

لِرُجوعِنا إلى الْمَنْزِل

C'est un fait que nous avons passé des moments délicieux en votre compagnie, cependant le moment est venu
pour nous de rentrer (de notre retour) à la maison.

٣ ـ تَحَسَّنَتْ حالَتُهُ الصِّحِّيَّة حَتَّى أَرادَ أَنْ

يُرافِقَني إلى السَّهْرَة الَّتي يُقيمُها رَفيقي

عَبْدُ الْمَجيد بِمُناسَبة حُصولِهِ على شَهادة

الدُّكْتوراه في الْحُقوق

Son état de santé s'est amélioré au point qu'il a voulu
m'accompagner à la soirée qu'organise mon camarade

Abdel Majid à l'occasion de l'obtention de son Doctorat en droit (à l'occasion de son obtention du diplôme du Doctorat en droit).

٤ ـ قيل لي بأنّكَ طالبٌ في كلّيّةِ الحقوقِ؛
هل تريد أن تصبحَ محاميًا في المستقبل
مثل والدِك ؟

On m'a dit (il m'a été dit) que tu étais étudiant à la Faculté de droit; est-ce que tu veux devenir avocat plus tard (dans l'avenir) comme ton père ?

٥ ـ لا، أنا متخصّصٌ في القانونِ الدُّوليِّ و
أرغبُ أن أعملَ يومًا مع هيئةٍ دُوليّةٍ
كهيئةِ الأممِ المتّحدةِ مثلاً

Non, je suis spécialisé en droit international et je désire travailler, un jour, avec un organisme international comme celui des Nations Unies par exemple.

CONJUGAISON :

Verbes : VIVRE — CONSTATER QUE

Je vis	(aʿīš)	أعيشُ
Tu vis	(taʿīš)	تعيشُ
Il vit	(yaʿīš)	يعيشُ
Je constate que	(oulāḥiz) anna	ألاحظُ أنّ
Tu constates que	(toulāḥiz) anna	تلاحظُ أنّ
Il constate	(youlāḥiz) anna	يلاحظُ أنّ

214

مُراجَعة

Depuis le début de la méthode, nous avons rencontré certains verbes, participes actifs et noms d'action qui présentent par leur aspect des similitudes
troublantes.

Ainsi les **verbes au présent** :   Au passé :

أَتَمَنَّى   تَعَلَّمْت

أَتَعَشَّى   تَحَسَّنْت

أَتَحَدَّث   تَشَرَّفْنا

أَتَغَدَّى

تَتَكَلَّم

تَتَأَخَّر

etc...

— **Les participes actifs** :

مُتَزَوِّج

مُتَنَوِّع

مُتَشَكِّر

etc...

— **Les noms d'action** :

تَحَمُّل

215

LEÇON 70

(La leçon la soixante dixième)

Révision

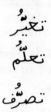

etc...

Deux constatations s'imposent :

1 — La présence d'un ﺗَ avant la 1ère radicale

2 — Le redoublement de la 2ème radicale :

Ex : Racine (savoir)
عَلِمَ

تَ ـ ـ ـَّ ـَ

apprendre :
(ta°allama)
تَعَلَّمَ

Racine (être bien,
être bon) حَسُنَ

s'améliorer:
(tahassana)
تَحَسَّنَ

— **Participe actif :** مُ ـ ـَ ـِّ ـ

Racine : علم   qui apprend :
(mouta°allim)
مُتَعَلِّم

Racine : حسن   qui s'améliore:
(moutahassin)
مُتَحَسِّن

216

— **Nom d'action :** تَـَـّـُـ ـ ـ

Racine : عِلم fait d'apprendre:
apprentissage
(ta‘alloum) تَعَلُّم

Racine : حسن amélioration,
fait de s'améliorer
(taḥassoun) تَحَسُّن

Cette forme dérivée est la **5ème forme**. Elle est dite «réfléchie» et a souvent un sens pronominal.

EXERCICE

Essayez de construire un verbe à la 5ème forme, son participe actif et son nom d'action à partir des racines : كسر et قدم par exemple :

تَـَـّـَـ ـ ← كسر :

تَـَـّـَـ ـ ← قدم :

Participe actif :

مُتَـَـّـِـ ـ ← كسر :

مُتَـَـّـِـ ـ ← قدم :

Nom d'action :

تَـَـّـُـ ـ ـ ← كسر :

تَـَـّـُـ ـ ـ ← قدم :

C'est un petit jeu amusant, n'est-ce pas ?
Essayons de voir s'il est aussi facile à exécuter avec la **8ème forme**.

Et d'abord, à quoi ressemble-t-elle ?

En fait, elle nous est déjà assez familière puisque nous avons eu l'occasion de rencontrer des verbes tels que :

(racine : نبه) : اِنْتَبَه

(racine : نظر) : اِنْتَظَرَ

(racine : شرى) : اِشْتَرَى

(racine : نهز) : اِنْتَهَزَ

(racine : جمع) : اِجْتَمَعَ

(racine : سمع) : اِسْتَمَعَ

etc ...

Participes actifs :

مُسْتَمِع

مُجْتَمِع

etc ...

Noms d'action :

اِنْتِظَار

اِسْتِمَاع

اِجْتِمَاع

etc ...

La 8ème forme a un sens réfléchi pronominal et souvent de réciprocité.

Elle se construit en faisant précéder la 1ère radicale d'un ا et suivre cette même radicale d'un تـ

Racine : جَمَعَ (réunir)

اِــْـتَـــَـــَــ
اِجْتَمَعَ
(ijtama‘a)
(se réunir)

Racine : نَظَرَ (regarder)

اِــْـتَـــَـــَـ
اِنْتَظَرَ
(intazara)
(attendre)

Racine : قَرُبَ (être près)

اِــْـتَـــَـــَـ
اِقْتَرَبَ
(iqtaraba)
(se rapprocher)

Participes actifs : مُــْـتَـــِـ

Racine : جمع (moujtami‘) مُجْتَمِعٌ
(qui se réunit)

Racine : نظر (mountazir) مُنْتَظِرٌ
(qui attend)

Racine : قرب (mouqtarib) مُقْتَرِبٌ
(qui s'approche)

Noms d'action : اِــْـتِـــَـاــ

Racine : جمع (ijtimā‘) اِجْتِمَاعٌ
(fait de se réunir, réunion)

Racine : نبـه (intibāh) اِنْتِبَاه
(fait de faire attention,
d'être attentif : attention)

EXERCICE
Prenons la racine فرق (notion de «séparer»).

Essayez de reconstituer la 8ème forme de ce
verbe : اِنْتَــ ـَ ـَ ـَ

Le participe actif : مُــتَ ـ ـ ـَ

Le nom d'action : اِنْتِــ ـَا ـ

A partir de la racine بعد (notion «d'être

loin») reconstituez la 8ème forme de ce verbe :
اِنْتَــ ـَ ـَ ـَ

Le participe actif : مُــتَ ـ ـ ـَ

Le nom d'action : اِنْتِــ ـَا ـ

كُلْ ! كُلْ يَا كُمِّي !

Lorsque vous aurez assimilé toutes ces formes dérivées (les 2, 3, 4, 5 et 8èmes) vous pourrez considérer que vous en connaissez les principales.

Restent : la 6, la 7, la 9 (très peu usitée sauf pour les notions de couleurs) et la 10ème.

Quelques conseils et remarques :

A partir de la leçon suivante, **il n'y aura plus de transcription phonétique dans les notes.**

En effet, vous devez maintenant être suffisamment familiarisés avec l'écriture arabe pour pouvoir vous passer allègrement de cette transcription.

Si vous éprouvez encore des difficultés, n'hésitez pas cependant à revenir même aux toutes premières leçons, pour faire vous-mêmes des exercices de lecture et d'écriture, en vous aidant d'abord de la transcription et du support phonétique, puis en éliminant progressivement ces deux éléments, pour voler de vos propres ailes.

Un conseil :

Répétez avec soin les moindres sons. Il faut à tout prix que votre **oreille s'imprègne des phonèmes propres à l'arabe,** de sorte que votre élocution soit parfaite.

Veillez particulièrement à faire la **distinction** entre les sons **normaux** et les sons **emphatiques**, ainsi qu'aux **allongements des voyelles-consonnes** : $\bar{a}$ — $\bar{ou}$ — $\bar{i}$.

Vous verrez, dans la pratique, combien notre conseil vous aura été précieux.

a) **Pour les emphatiques :**

Faites bien la différence par exemple, entre :

un   س (s) et un   ص (ṣ)

Ex :   سيف (sayf): sabre et صيف (ṣayf): été

221

Entre un د (d) et un ض (d)

Ex : بعد (ba‘da): après et بعض (ba‘d): quelques, certains.

b) Pour les allongements de voyelles-consonnes : ā — ou — ī.

— ā :
Faire la différence entre :
(matar): pluie مطر et مطار (matār): aéroport

— ou :
Entre :

لم أعد (lam a‘oud) : je ne suis pas revenu

et

أعود (a‘oud) : je reviens.

— ī :
Entre :

مرض (marida) : il est tombé malade

et

مريض (marīd) : malade.

لا بدّ أن تأكل من هذه الوجبات كلّها

222

الدَّرسُ الحادي والسَّبعون

حفلةٌ في بيت أحمد

(محادثةٌ عن النّفط)

١ـ نسيتُ أن أقدّمَ لكَ السَّيّد نورالدّين الخيّاط. إنّهُ مهندسٌ شابٌّ يعمل في شركةِ النّفطِ الوطنيّة، وهو خبيرٌ مُتخصّصٌ [٥] في مجالِ البتروكيمياء

٢ـ تشرّفنا! هذه صدفةٌ طيّبةٌ؛ كنتُ أتمنّى منذ زمنٍ طويلٍ فرصةَ المُقابَلَةِ [٦] مع فنّيٍّ كبيرٍ ذي [٣] مسؤوليّةٍ عاليةٍ

٣ـ أنا أيضًا يسرّني لقاءُ صحفيٍّ كبيرٍ مثلَك

٤ـ شكرًا، ولكن، لا تُصدّقْ [٤] كلَّ ما قالَهُ أحمد عنّي... هل تسمح لي بأن أعرِضَ عليكَ بعضَ الأسئلةِ عن الصّناعةِ النّفطيّةِ؟

(La leçon la première et la soixante dix)

RECEPTION CHEZ AHMED
(Conversation sur le (au sujet du) pétrole)

Ahmed à
Jacques

1 — J'ai oublié de te présenter Monsieur Noureddine el Khayyat. (Certes lui) c'est un jeune ingénieur (qui) travaille dans la Compagnie pétrolière nationale (la Compagnie du pétrole la nationale). C'est un expert spécialisé[1] dans le domaine de la pétrochimie.

Jacques

2 — Très honoré ! ... Quelle heureuse coïncidence (celle-ci une agréable coïncidence); je souhaitais depuis longtemps (avoir) l'occasion de rencontrer (de l'entrevue[2] avec) un grand technicien à haute responsabilité (possesseur[3] d'une responsabilité haute).

L'ingénieur

3 — Moi aussi, je suis heureux de rencontrer un grand journaliste tel que vous (me fait plaisir la rencontre d'un grand journaliste comme toi).

Jacques

4 — Merci, mais ne croyez pas[4] tout ce qu'Ahmed a dit à mon sujet ... Me permettez-vous de vous poser (que je soumette à toi) quelques questions sur (au sujet de) l'industrie pétrolière,

٥ـ لكيْ أستطيعَ أنْ أرسلَ مقالاً مُخصَّصاً (5)
لهذا الموضوع إلى إدارةِ(6) صحيفتي في
باريس !

٦ـ بكلِّ سرور..تفضّل ! من أين تحبُّ أنْ نبدأ؟

٧ـ ألسُّؤالُ الأوَّلُ يتعلَّقُ بأهمِّيَة(7) النَّفط
كمصدرٍ للطَّاقة(8) في الوقتِ الحاضرِ بالنِّسبة(9)
للعالم

٨ـ بالنِّسبة للدُّول(10) المُستهلِكة(11)، يمثِّلُ(12) النَّفط
مصدرَ طاقةٍ لا بدَّ منهُ(13) في أغلب قطاعاتِ
الحياةِ المُعاصِرة(14)

٩ـ وبالنِّسبة للدُّول المُنتِجة(15)، يشكِّلُ(16)
ضمانَ تنميتِها و تقدُّمِها في كافَّةِ
المجالات .

NOTES :

1 ـ مُتَخَصِّص: participe actif de la 5ème forme : تَخَصَّصَ

être spécialisé dans, se spécialiser dans …

تَخَصُّص : spécialisation (racine : خاصّ : spécial, parti-

225

Jacques	5 — afin que je puisse envoyer un article consacré[5] à ce sujet à la Direction[6] de mon journal à Paris ?
L'ingénieur	6 — Avec plaisir ... Je vous en prie ... (vas-y). Par où aimeriez-vous commencer (que nous commencions)?
Jacques	7 — La première question concerne[7] l'importance du pétrole en tant que (comme) source d'énergie (de l'énergie)[8] à l'heure actuelle (au moment présent), pour (en ce qui concerne[9]) le monde.
L'ingénieur	8 — (En ce qui concerne) Pour les Etats[10] consommateurs[11], le pétrole représente[12] une source d'énergie indispensable (il n'y a pas d'échappatoire de lui), dans la plupart des secteurs[13] de la vie contemporaine[14];
L'ingénieur	9 — et pour les Etats producteurs[15], il constitue[16] une garantie de (leur) développement et de (leur) progrès dans tous les domaines.

*
* *

culier, privé, propre à ... opposé à : عَامّ : général, public).

Ex : شَرِكَة خَاصّة : société privée

شَرِكَة عَامّة : société publique.

2 — مُقَابَلَة : rencontre, audience, face-à-face. A parfois le sens d'interview : (ex : مُقَابَلَة صَحَفِيّة : rencontre avec la presse).

Nom d'action du verbe de la 3ème forme : قَابَلَ : faire

face à, affronter, rencontrer, être vis-à-vis ...

Participe actif : مُقابِل : qui est en face, vis-à-vis, qui fait

face, qui est opposé.

(cf : بِالمُقابِل : à l'opposé, en revanche, en contrepartie...)

3 — ذي : «possesseur de», «ayant», «doté de» (cas in-

direct (cf leçon 65 note 13).

4 — صَدَّقَ : du verbe de la 2ème forme : لا تُصَدِّق

«ajouter foi à», «croire»

racine : صِدْق : sincérité, véracité

صَدَقَ : être sincère

صَديق : ami sincère

صادِق : véridique, sincère

Nom d'action de صَدَّقَ : تَصْديق : ratification, fait de

croire, d'accepter, acceptation, caution, approbation.

5 — مُخَصَّص : participe passif du verbe de la 2ème forme :

خَصَّصَ : réserver, consacrer, destiner spécialement à ... (ra-

cine : خاصّ : particulier, privé, spécial).

Nom d'action : تَخْصيص : spécification, fait de réserver à, de

consacrer à ...

6 — إدارة : direction, administration. Nom d'action du

verbe de la 4ème forme : أَدارَ : faire tourner, faire mar-

cher , gérer, diriger, administrer (racine : دارَ : tourner).

Participe actif : مُدير : qui dirige, qui administre, qui gère:

Directeur, administrateur, gestionnaire.

7 — تَعَلَّقَ بِـ : du verbe de la 5ème forme : يَتَعَلَّقُ بِـ

se rattacher à, concerner (racine : عَلاقَة : lien, rapport, relation).

Participe actif : بـ مُتعَلِّق : qui se rattache à, qui concerne...

8 — مصدر للطّاقة : une source **pour** l'énergie.

On aurait pu avoir simplement 2 mots indéterminés.

مصدر طاقة : (une) **source** (d') **énergie**.

9 — بالنّسبة لـ : pour, pour ce qui est de, qui regarde, qui

concerne, qui a rapport à ...

Equivalent à : بـ فيما يتعلّق : en (dans) ce qui concerne

ou : فيما يَخُصّ : en (dans) ce qui concerne spécialement.

10 — دول : pluriel de : دَوْلَة : Etat.

11 — مُستهلِك : participe actif du verbe de la 10ème for-

me : اِستَهْلَكَ : consommer.

Participe passif : مُستهلَك : consommé.

Nom d'action : اِستهلاك : consommation.

12 — يُمثِّل : du verbe de la 2ème forme : مَثَّلَ

(racine : مَثَلَ).

Participe actif : مُمثِّل : celui qui représente, représentant,

acteur.

Participe passif : مُمثَّل : représenté.

Nom d'action : تَمْثيل : représentation, fait de représenter,

théâtre (fait de représenter théâtralement).

13 — قطاعات : pluriel de : قِطاع : secteur.

14 — مُعاصِر : participe actif du verbe de la 3ème forme

عاصَرَ : être contemporain, être de la même époque. (raci-

ne : عَصْر : époque, temps, siècle).

228

15 — مُنْتِجَة : participe actif du verbe de la 4ème forme :

أَنْتَجَ : produire (racine : نَتَجَ عن : provenir de).

Participe passif : مُنْتَج : produit (adj. et subs.).

Nom d'action : إِنْتَاج : fait de produire, production.

16 — du verbe de la 2ème forme : شَكَّلَ constituer, représenter, former (racine : شَكْل : forme).

(voir le sens aussi de «vocaliser» - leçon 60 note 3).

EXERCICES

١ـ ما هو الوضعُ الرّاهنُ في السّوقِ

النّفطيّةِ العالميّةِ ؟

Quelle est la situation actuelle sur (dans) le marché pétrolier mondial ?

٢ـ هناكَ نقصٌ في مصادرِ الطّاقةِ و

طلبٌ شديدٌ على النّفطِ

Il y a pénurie de sources d'énergie (il y a une pénurie dans les sources de l'énergie) et une forte demande en pétrole.

٣ـ تمَّ الإتّفاقُ على التّسعيرِ خلالَ

المفاوضاتِ الأخيرةِ بينَ الشّركاتِ

العالميّةِ الكبرى و الدّولِ المنتجةِ.

On est parvenu à un accord (l'accord a été achevé, résolu) sur la tarification au cours des récentes négociations entre les Grandes Compagnies internationales (les Compagnies mondiales les plus grandes) et les Etats producteurs.

٤ـ تنصُّ الاتّفاقيّة المعقودة على مبلغِ

التّعويض بعد قرارِ التّأميم

L'accord conclu prévoit (stipule) le montant de l'indemni-
sation après la décision de nationalisation.

٥ـ يُستخرَجُ النّفط من قاع البحار أيضًا ،

فهناك مناطق نفطيّة بحريّة و برّيّة

Le pétrole est extrait également du fond des mers : il
existe des zones pétrolifères marines et continentales.

CONJUGAISON :

**Verbes : RENCONTRER — REPRESENTER — PERMETTRE
— FORMER (CONSTITUER) — SOUMETTRE (EXPOSER)**

Je rencontre, j'ai une entrevue (avec)	(ouqābil)	أُقابل
Tu rencontres	(touqābil)	تقابل
Il rencontre	(youqābil)	يقابل
Je représente	(oumat̲t̲il)	أُمثّل
Tu représentes	(toumat̲t̲il)	تمثّل
Il représente	(youmat̲t̲il)	يمثّل
Je permets à ... de	(asmah li... bi)	أَسمح لـ ... بـ
Tu permets ''	(tasmah li ... bi)	تسمح لـ ... بـ
Il permet ''	(yasmah li ... bi)	يسمح لـ ... بـ

أُشَكِّل	(ousakkil)	Je forme, je constitue
تُشَكِّل	(tousakkil)	Tu formes
يُشَكِّل	(yousakkil)	Il forme

الدَّرسُ الثَّاني و السَّبعون

حَفلةٌ في بيت أحمد
(محادثةٌ عن النَّفط)

١ـ هل مُعدَّلُ الإنتاج مُرتفِعٌ أم مُنخفِضٌ
في بلدِكم ؟

٢ـ ما زال مُنخفِضًا لحدِّ الآن، غيرَ أنَّه
سيرتفع سريعًا في السَّنوات القادمة
تطبيقًا لخطَّة التَّنمية السَّنويَّة.

٣ـ وقد اكتَشَفْنا أبارًا جديدة في
الحقول الموجودة في المناطق السَّاحليَّة.
أمَّا المشكلة الوحيدة حاليًا فهي طاقةُ
الضَّخِّ الَّتي لا تزالُ ضعيفة.

231

Je soumets à, J'expose à ...	(a°rid)°alā	أعرِضُ على
Tu soumets à, tu exposes à ..	(ta°rid)°alā	نعرِضُ على
Il soumet à, il expose à ..	(ya°rid)°alā	يعرِضُ على

LEÇON 72

(La leçon la deuxième et la soixante dix)

RECEPTION CHEZ AHMED

Conversation sur le (au sujet du) pétrole

Jacques **1 —** Le taux (moyenne) de production est-il élevé[1] ou bas[2] dans votre pays?

L'ingénieur **2 —** Il est encore bas (il n'a pas cessé[3] (d'être) bas) jusqu'à présent, mais (sauf que lui) il va s'élever rapidement dans les années qui viennent, en application[4] du plan annuel de développement (du plan du développement l'annuel).

L'ingénieur **3 —** (Et) nous avons découvert[5] de nouveaux puits sur les gisements[6] se trouvant dans les zones[7] côtières; (quant au) le seul problème actuellement c'est (celui de) la capacité de pompage qui reste faible (qui ne cesse pas (d'être faible).

232

٤ـ وفيما يتعلّق بالخبراء والفنّيّين[5] هل تجدونَ صعوبات؟

٥ـ أيّةُ صعوبات؟ ألخبراء والفنّيّون والعمّال[9]، كلّهم منَ المواطنين، ولكنّ بعضَ الأجانب[10] يعملون بتعاون[10] معنا في عمليّاتِ الحفر والتّنقيب[13] والاستخراج[13] والتّخزين[14] والتّصفية مثلاً ...

٦ـ إنّ سوقَ[15] البترول واسعةً جدّاً؛ هل لديكُم الوسائلُ[16] الكفيلة بتوزيع[17] وتسويقِ[18] النّفطِ الخام؟

٧ـ طبعاً، وربّما تعرف أنّ لدينا شبكة أنابيب[19] كثيفة لنقل النّفط حتّى مرفأ عميق واقع على ساحلِ البحر حيث توجد خزّانات[20] لخزن الخام قبل تحميلِه[21] على ظهر النّاقلات؛ وقد أنشأنا مؤخّراً مصفاةً[22] بالقربِ منَ المرفأ

Jacques	**4** — Et en ce qui concerne les experts et les techniciens[8], est-ce que vous rencontrez (vous trouvez) des difficultés ?
L'ingénieur	**5** — Quelles difficultés? Les experts (et) les techniciens et les ouvriers[9] sont tous des nationaux (tous des citoyens); mais quelques étrangers[10] travaillent en coopération[11] avec nous dans les opérations de forage (et) de prospection[12] (et) d'extraction[13] (et) de stockage[14], de raffinage par exemple..
Jacques	**6** — (Certes) le marché[15] du pétrole est très vaste; avez-vous (est-ce que chez vous) les moyens[16] de garantir (garants de) la distribution[17] et la commercialisation[18] du pétrole brut ?
L'ingénieur	**7** — Naturellement; peut-être savez-vous que nous avons un réseau dense d'oléoducs (et peut-être tu sais que chez nous un réseau de tuyaux[19] dense, pour le transport du pétrole) jusqu'à un port en eau profonde (profond) situé sur la côte (sur la côte de la mer) où se trouvent des réservoirs[20] (pour le) de stockage du brut avant son chargement[21] à bord de pétroliers (sur le dos des pétroliers); (et) nous avons installé dernièrement une raffinerie[22] près du terminal (du port).

٨ـ إنّ النّفطَ المعروفَ «بالذّهبِ الأسودِ»
لَثروةٌ هائلةٌ؛ وبفضلِهِ ستكونُ الدّولُ
العربيّةُ غنيّةً جدًّا

٩ـ صحيحٌ أنّها ثروةٌ كبيرةٌ ولكنّ الثّروةَ
الحقيقيّةَ الكبرى في البلدانِ العربيّةِ
هي الطّاقةُ البشريّةُ وإرادةُ التّقدّمِ .

NOTES :

1 — مُرتفِع : participe actif du verbe de la 8ème forme :

اِرْتَفَعَ : s'élever; (racine : رَفَعَ : lever).

Nom d'action : اِرتِفاع : élévation, hauteur, altitude, hausse
(fait de s'élever).

Ex :   hausse des prix : اِرتِفاعُ الأسعارِ

2 — مُنخفِض : participe actif du verbe de la 7ème forme :

اِنْخَفَضَ : s'abaisser, diminuer.

(racine : خَفَضَ : baisser, abaisser).

Nom d'action : اِنخِفاض : baisse, diminution, abaissement
(fait de diminuer, de baisser).

Ex : baisse des prix : اِنخِفاضُ الأسعارِ

3 — ... ما زالَ : «il n'a pas cessé de ...»

(on aurait pu avoir : لم يزل)

(cf le **verbe** : كان   et les **autres verbes d'état** toujours **suivis**

235

Jacques   8 — (Certes) le pétrole, connu sous le nom «d'Or noir» (est) une immense richesse; (et) grâce à lui, les Etats arabes seront très riches !

L'ingénieur   9 — C'est vrai que c'est (qu'elle) une grande richesse, mais la véritable grande richesse dans les pays arabes c'est le potentiel humain (l'énergie humaine) et la volonté de progrès.

* *
*

d'un **attribut au cas direct** - leçon de révision 14).

4 — لِـ تَطبيقًا : «en application de» ... (la désinence du cas direct est voulue par la notion de circonstanciel de manière évoquée ici).

C'est un nom d'action du verbe de la 2ème forme : طَبَّقَ

appliquer.

Participe actif : مُطَبِّق : qui applique

Participe passif : مُطَبَّق : appliqué

ou : تطبيقيّ

Ex :   Dans : les sciences appliquées : ألعلوم التطبيقيّة

5 — إكتِشَفَ : du verbe de la 8ème forme : اكتَشَفَ

découvrir (racine : كَشَفَ : révéler, mettre à nu, dévoiler).

Participe actif : مُكتَشِف : qui découvre

Participe passif : مُكتَشَف : découvert

Nom d'action : إكتِشاف : découverte.

236

6 — حقول : pluriel de : حقل : champ

7 — مناطق : pluriel de : مِنْطَقَة : zone, région.

8 — فنّ : signifie : technique et art.

Pour distinguer entre les deux, on dit : فنّان : pour : «artiste» et : فنّيّ : pour : «technicien».

Ex : Coopération technique : تعاون فنّيّ

9 — عمّال : pluriel de : عامِل , participe actif du verbe : عَمِلَ : travailler.

10 — أجانب : pluriel de : أَجْنَبِيّ : étranger.

11 — تعاون : nom d'action du verbe de la 6ème forme : تَعَاوَنَ : s'entr'aider, coopérer (racine : عَوْن : aide). Participe actif : مُتَعاوِن : qui coopère, qui collabore, coopérant.

12 — تنقيب : nom d'action du verbe de la 2ème forme : نَقَّبَ عن.. : prospecter. Participe actif : مُنَقِّب : prospecteur.

13 — اِسْتِخْراج : nom d'action du verbe de la 10ème forme : اِسْتَخْرَجَ : extraire (racine : خَرَجَ sortir).

أَخْرَجَ : (4ème forme : faire sortir).

Participe actif : مُسْتَخْرِج : extracteur, qui extrait.

Participe passif : مُسْتَخْرَج : extrait, qui est extrait.

237

14 — تخزين : nom d'action du verbe de la 2ème forme :

خَزَّنَ : mettre en stock, en réserve (racine : خَزَنَ :

emmagasiner)

مَخْزَن : magasin

خِزَانَة : armoire.

15 — سوق : (pluriel : أَسْوَاق) : «marché» (du féminin ou du masculin indifféremment en arabe).

16 — وسائل : pluriel de : وَسِيلَة : «moyen» (subst.)

17 — توزيع : nom d'action du verbe de la 2ème forme :

وَزَّعَ : distribuer, répartir.

Participe actif : مُوَزِّع : qui distribue, distributeur.

Participe passif : مُوَزَّع : qui est distribué.

18 — تسويق : nom d'action du verbe de la 2ème forme :

سَوَّقَ : mettre sur le marché, commercialiser (racine :

سوق marché).

Participe actif : مُسَوِّق : qui commercialise.

Participe passif : مسوَّق : commercialisé.

19 — أنابيب : pluriel de : أُنْبُوب : tuyau.

Ex : أنبوب النَّفط : oléoduc, pipe line

أنبوب الغاز : gazoduc.

20 — خزّانات : pluriel de : خزّان : réservoir.

21 — تحميل : nom d'action du verbe de la 2ème forme
حَمَّلَ : faire porter (racine : حَمَلَ : porter).

238

22 — مِصْفَاة : «raffinerie»   (moyen de raffinage)

(racine : verbe : صَفَى : être pur).

2ème forme : صَفَّى : rendre pur, purifier, raffiner.

Nom d'action (du verbe de la 2ème forme) : تَصْفِيَة : action

de raffiner, raffinage.

EXERCICES

١ ـ هل لديكمُ الموادُّ الأوَّليةُ اللَّازمة

لتطويرِ صناعتكمُ الأساسيَّة ؟

Est-ce que vous avez les matières premières nécessaires
au développement de votre industrie de base (de votre
industrie fondamentale) ?

٢ ـ ما هي كلفةُ الإنتاجِ في هذه المنطقة ؟

Quel est le coût de production dans cette région ?

٣ ـ هل تستطيعُ الدُّولُ المنتِجة أن تحدِّدَ

الأسعارَ المُعلَنة حَسَبَ أَسعارِ السُّوق ؟

Est-ce que les pays producteurs peuvent fixer les prix affi-
chés selon les cours du marché ?

٤ ـ لا أُدري هل تزيدُ الدَّولة معدَّلَ الإنتاج

في هذه السَّنـة أم لا ؟

Je ne sais pas si l'Etat (va) accroître le taux de production
cette année ou non.

٥ ـ أَعتقد أنَّ هناكَ فائضًا في ميزانكمُ التِّجاريّ

بِفَضْلِ زِيَادَةِ عَائِدَاتِكُمُ النَّفْطِيَّةِ.

Je crois qu'il y a un excédent dans votre balance commerciale grâce à l'augmentation de vos redevances pétrolières.

٦ـ نَعَم، وَسَوفَ نَستَعمِلُ هَذَا الفَائِضَ لِتَصنِيعِ

البَلَدِ حَتَّى يُواكِبَ العَصرَ الحَدِيثَ بِنَجاحٍ

Oui, et nous emploierons cet excédent à industrialiser le (à l'industrialisation du) pays de manière à ce qu'il s'intègre (accompagne le cortège de) à l'époque moderne avec succès.

CONJUGAISON :

Verbes : S'ELEVER — AVOIR INSTALLE — NE PAS CESSER de — NE PAS AVOIR CESSE de

Je m'élève	(artafiᵉ)	أَرتَفِع
Tu t'élèves	(tartafiᵉ)	تَرتَفِع
Il s'élève	(yartafiᵉ)	يَرتَفِع
J'ai installé, J'ai construit	(anša'tou)	أَنشَأت
Tu as installé	(anša'ta)	أَنشَأت
Il a installé	(anša'a)	أَنشَأ
Je ne cesse pas de	(lā azāl)	لا أَزال
Tu ne cesses pas de	(lā tazāl)	لا نَزال
Il ne cesse pas de	(lā yazāl)	لا يَزال

240

Je n'ai pas cessé de	(mā ziltou)	ما زلت
ou	(lam azal)	لم أزل
Tu n'as pas cessé de	(mā zilta)	ما زلت
ou	(lam tazal)	لم تزل
Il n'a pas cessé de	(mā zāla)	ما زال
ou	(lam yazal)	لم يزل

الدّرسُ الثّالثُ و السّبعون

حفلةٌ في بيت أحمد

(حادث سيّارة)

١ـ لماذا هذا التّأخّر ؟ ننتظرك منذ ساعة
تقريبًا. أين كنتَ إذن ؟

٢ـ ألعفوُ يا بابا، ولكن، إذا تأخّرتُ
فلأسبابٍ خارجة عن إرادتي تمامًا

٣ـ أُعذرني يا جاك ! أنا متأسّف جدًّا
وخاصّةً إذ أنّ الحفلة أقيمت تكريمًا لَك

٤ـ مابك يا ولدي ؟ وجهُكَ أصفر !
ماذا حَدَثَ ؟ تكلّم !

241

هل تسمح لي بأن أعرض
عليك بعض الأسئلة ؟

LEÇON 73

(la leçon la troisième et la soixante dix)

RECEPTION CHEZ AHMED
(un accident de voiture)

Aḥmed à Mohammed	**1** — Pourquoi ce retard[1] ? Nous t'attendons depuis près d'une heure. Où étais-tu donc ?
Mohammed à Ahmed	**2** — Pardon, Papa, mais si j'ai ṭardé, c'est pour des raisons absolument indépendantes de ma volonté (ceci pour des raisons sortantes de ma volonté absolument).
Mohammed se tour- nant[2] vers Jacques	**3** — Excusez-moi Jacques : je suis vraiment navré (moi très désolé[3]) d'autant plus que (et surtout, notamment, du fait que) la réception a été organisée en votre honneur[4].
Layla à Mohammed	**4** — Qu'as-tu, mon enfant ? Tu es tout pâle (ton visage (est) jaune) ! Que se passe-t-il ? (que s'est-il passé); parle !

242

٥ـ لا تخافي يا ماما ... لا أزالُ مُتأثّرًا [٥]
بما شاهدتُهُ مساءَ اليوم ... بينما كنتُ
خارجًا منَ الملعبِ [٦] ، في السّادسةِ و
الرّبعِ تقريبًا ، شاهدتُ حادثَ سيّارةٍ
في مَفرقِ «المستقبلِ» [٥] فقد اصطدمت
سيّارةٌ صغيرةٌ بسيّارةِ نقلٍ

٦ـ ما حَدَثَ بالضّبطِ ؟

٧ـ كانتِ السّيّارةُ الصّغيرةُ تأتي بسرعةٍ
كبيرةٍ فلم تلاحظ إشارةَ الضّوءِ الأحمرِ
و اصطدمت بسيّارةِ نقلٍ ضخمةٍ
مشحونةٍ بزجاجاتٍ للمشروباتِ الغازيّةِ

٨ـ هل أُصيبَ الرُّكّابُ [٥] بجروحٍ ؟ [١١]

٩ـ كان هناكَ ثلاثةُ أشخاصٍ في السّيّارةِ
الصّغيرةِ : الأبُ و الأمُّ و الإبنُ ، كما علمتُ
فيما بعد .

243

Mohammed	**5 —** Ne crains rien, Maman ... Je suis encore sous le coup de ce que j'ai vu ce soir (je ne cesse pas (d'être) influencé[5] par ce à quoi j'ai assisté ce soir) ... Tandis que je sortais (j'étais sortant) du stade[6] vers 18 heures 1/4 (à la 6ème et le quart à peu près), j'ai vu (j'ai assisté à) un accident de voiture au carrefour[7] de l'Avenir... Une petite voiture est entrée en collision[8] avec un camion (une voiture de transport).
Ahmed	**6 —** Que s'est-il passé exactement ?
Mohammed	**7 —** La petite voiture arrivait à toute vitesse (à une vitesse grande) (et) n'a pas remarqué le feu rouge (le signal de la lumière rouge) et est entrée en collision (a heurté) avec un gros camion chargé de bouteilles de boissons gazeuses.
Le docteur Moubarak	**8 —** Les passagers ont-ils été blessés (est-ce que ont été atteints[9] les passagers[10] de blessures[11]) ?
Mohammed	**9 —** Il y avait 3 personnes dans la petite voiture : le père, la mère et le fils comme je l'ai appris (je l'ai su) par la suite.

١٠ـ إنَّ المرأةَ، التي كانت جالسةً بجانبِ
زوجِها، حالتُها خطيرةٌ جدًّا

١١ـ والأبُ أُصيبَ بكسورٍ [١٢] في الرَّأسِ
والصَّدرِ

١٢ـ أمّا الشّابُّ فلم يُصَبْ إلّا بجروحٍ
طفيفةٍ

١٣ـ وسائقُ سيّارةِ النَّقلِ، هل أُصيبَ أيضًا؟

١٤ـ أصابَهُ الخوفُ فقط، ولكن، لشدَّةِ
الصَّدمةِ، سقطتِ الزّجاجاتُ على الأرضِ
وانكسرتْ فمنعتِ الشَّظايا [١٤] المرورَ [١٣]
في ساحةِ المفرقِ كلِّها

١٥ـ هل أُتُّخِذتْ [١٥] إجراءاتُ الإسعافِ
اللّازمةِ بسرعةٍ؟

١٦ـ عقبَ الحادثِ، رأينا سيّارةَ الإسعافِ
تصلُ مع الشُّرطةِ لنقلِ الجَرْحَى [١٧] إلى
مستشفى ابنِ سينا فورًا

Mohammed	**10** — L'état de la femme, qui était assise à côté de son mari, est très grave (certes la femme ... son état est très grave).
Mohammed	**11** — Le père souffre de (a été atteint de) fractures[12] du crâne (à la tête) et du thorax (à la poitrine).
Mohammed	**12** — Quant au jeune (homme) il n'a été que légèrement blessé (il n'a été atteint que par des blessures insignifiantes).
Layla	**13** — Et le chauffeur du camion ? Est-ce qu'il a été touché (lui) aussi ?
Mohammed	**14** — Il a été quitte pour la peur (l'a atteint la peur seulement) mais, par la force (l'intensité) du choc, les bouteilles sont tombées par terre (sur le sol) et se sont brisées ...[13] Les débris (les éclats[14]) ont bloqué (empêché) la circulation sur toute la place du carrefour.
Le docteur Moubarak	**15** — Les mesures de secours nécessaires ont-elles été prises[15] rapidement ?
Mohammed	**16** — Juste après l'accident, nous avons vu l'ambulance arriver (elle arrive) avec la police pour transporter les blessés[16] immédiatement à l'hôpital Ibn Sina.

✱   ✱

✱

NOTES :

1 — تَأَخُّر : retard, fait de tarder.

Nom d'action du verbe de la 5ème forme : تَأَخَّرَ «tarder»,

«être en retard» (racine : أَخِير : dernier).

Participe actif : مُتَأَخِّر : qui tarde, tardif, retardataire, en retard.

2 - مُلْتَفِتاً إلى : participe actif du verbe de la 8ème forme :

اِلْتَفَتَ إلى : se tourner vers, prêter attention à ...

(Le participe est ici au cas direct du fait d'un circonstanciel de manière).

Nom d'action : اِلْتِفات : attention, soin, considération, égards.

3 — مُتَأَسِّف : participe actif du verbe de la 5ème forme :

تَأَسَّفَ : regretter, déplorer (racine : أَسَف : regret).

cf l'expression مع الأسف : hélas (avec le regret).

4 — تَكْرِيماً لِ : «en honneur pour» ... (cas direct, du fait

d'un circonstanciel de manière - cf leçon 72, note 4).

Nom d'action du verbe de la 2ème forme : كَرَّمَ : faire

honneur à, honorer (racine : كَرَم : générosité, magnani-

mité) (cf l'expression : مكَّة المُكَرَّمة : La Mecque la véné-

rée - leçon 67, note 6).

5 — مُتَأَثِّر بِ : influencé par, marqué par, sensible à ...

Participe actif de la 5ème forme : تَأَثَّرَ بِ : être influencé

par ... (racine : أَثَر : marque, trace .

تَأْثِير : influence, fait d'influencer, effet).

247

Nom d'action : تَأَثُّر : sensibilité, fait d'être sensible à ...

6 — مَلعَب : stade, lieu où l'on joue (racine: لَعِبَ : jouer).

Pluriel : مَلاعِب (cf leçon de révision 49).

7 — مَفرِق : carrefour, endroit où se séparent (les routes); (racine : اِفتَرَقَ : se séparer).

(cf : la formation des noms de lieu - leçon de révision 49).

8 — اِصطَدَمَ : اِصطدم من : du verbe de la 8ème forme : se percuter, se heurter, s'entrechoquer (racine : صَدمَة : heurt, choc).

Remarque :

Normalement, nous aurions dû avoir : اِصتَدَمَ mais du fait que la 1ère radicale est une emphatique : ص , le ت est lui aussi emphatique et devient : ط

d'où : اصتدم : devient : اصطدم

(cf : formation de la 8ème forme - leçon de révision 70).

Nom d'action : اِصطِدام : heurt, collision.

9 — أُصيب : il a été atteint (passif du verbe : أَصابَ il a atteint, 4ème forme).

Participe actif : مُصيب : qui atteint, juste, correct,

مُصيبة : malheur qui frappe, qui atteint.

Participe passif : مُصاب : atteint par, frappé par ...

Nom d'action : إِصابة : atteinte, accident, impact.

10 — رِكاب : pluriel de : رَاكِب : qui chevauche

248

(une monture), qui monte, (par extension : passager).

11 — جروح : pluriel de : جُرْح : blessure.

Participe passif : جَرِيح - مَجْرُوح

12 — كسور : pluriel de : كَسْر : fracture, cas-
sure, bris (du verbe : كَسَرَ : casser).

13 — انكسرت : du verbe de la 7ème forme : اِنْكَسَرَ
se casser, se briser (racine : كسر).

14 — شظايا : pluriel de شَظِيَّة

Forme de pluriel que l'on retrouve pour tous les singuliers du
genre de : هَدِيَّة : cadeau - pluriel : هدايا
قَضِيَّة : cause, affaire - pluriel : قضايا

15 — أُتُّخِذَت : passif du verbe de la 8ème forme : اِتَّخَذَ
prendre en choisissant (cf leçon 68 note 13).

Remarque :
Normalement, nous devrions avoir : اِئْتَخَذَ

qui est devenu : اِتَّخَذَ

(cf: formation des verbes de la 8ème forme - leçon de révision 70).

16 — جرحى : pluriel que l'on retrouve dans les noms in-
diquant souvent une atteinte ou une maladie.

Ex : مَرِيض : malade - pluriel : مَرْضى
أَسِير : prisonnier - pluriel : أَسْرى
قَتِيل : tué - pluriel : قَتْلى
جَرِيح : blessé : pluriel : جَرْحى

249

EXERCICES

١ـ أَلَمْ تُلاحِظْ أَنَّ السُّرْعَةَ مَحْدُودَةٌ

فِي هٰذَا الحَيِّ ؟

N'as-tu pas remarqué que la vitesse (était) limitée dans ce quartier ?

٢ـ نَعَمْ ، وَلٰكِنْ ، لِمَاذَا هٰذَا التَّحْدِيدُ ؟

Oui, mais pourquoi cette limitation ?

٣ـ لِأَنَّ شَوَارِعَ وَمَفَارِقَ هٰذِهِ المِنْطَقَةِ خَطِرَةٌ

جِدّاً ، وَالوَاقِعُ أَنَّ الاصْطِدَامَاتِ الَّتِي تَحْدُثُ هُنَا

بَيْنَ السَّيَّارَاتِ عَدِيدَةٌ وَمُسْتَمِرَّةٌ

Parce que les rues et les carrefours de cette zone sont très dangereux, et effectivement les collisions qui se produisent ici entre les voitures sont nombreuses et continuelles.

٤ـ لا أَدْرِي بِالضَّبْطِ كَمْ هِيَ ضَحَايَا الحَادِثِ،

غَيْرَ أَنَّ أَحَدَ رِجَالِ الشُّرْطَةِ قَالَ لِي بِأَنَّ

الصَّدْمَةَ كَانَتْ شَدِيدَةً، مِمَّا أَدَّى إِلَى

قَتْلِ بَعْضِ الرُّكَّابِ وَإِصَابَةِ بَعْضِهِمْ

بِجُرُوحٍ خَطِرَةٍ

Je ne sais pas exactement combien il y a (elles) de victimes de l'accident, mais un agent de police (un des hommes de la police) m'a dit que le choc avait été violent,

ce qui a provoqué la mort de certains passagers et occa-
sionné à d'autres de graves blessures (et l'atteinte de
certains d'eux par des blessures graves).

٥ ـ قف ! لا يمكنكَ المرورُ من هذا الشّارعِ لأنّ
سيّارةً قد اصطدمت بدرّاجةٍ ناريّة و
أوقفت الشّرطة كلَّ السّيّارات لاتّخاذِ
الإجراءات اللّازمة ، كما أنّ الشّظايا
الّتي سقطت على الأرضِ لا تسمح
بالمرورِ على أيّ حال

Halte ! (arrête-toi) Tu ne peux pas passer par cette rue :
(car) une voiture est entrée en collision avec un vélomo-
teur et la police a arrêté toutes les voitures pour prendre
les mesures nécessaires; en outre (de même que) les
débris qui sont tombés sur le sol ne permettent pas de
passer, de toutes façons.

CONJUGAISON :

Verbes : AVOIR TARDE — VENIR — AVOIR SU — ETRE TOMBE — AVOIR INTERDIT (AVOIR EMPECHE)

J'ai tardé (je suis en retard)	(ta'ahhartou)	تأخّرت
Tu as tardé	(ta'ahharta)	تأخّرت
Il a tardé	(ta'ahhara)	تأخّر
Je viens	(a'tī)	آتي
Tu viens	(ta'tī)	تأتي
Il vient	(ya'tī)	يأتي
J'ai su	(ᶜalimtou)	علمت
Tu as su	(ᶜalimta)	علمت
Il a su	(ᶜalima)	علم
Je suis tombé	(saqaṭṭou)	سقطت
Tu es tombé	(saqaṭṭa)	سقطت
Il est tombé	(saqaṭa)	سقط
J'ai interdit, j'ai empêché	(manaᶜtou)	منعت
Tu as interdit	(manaᶜta)	منعت
Il a interdit	(manaᶜa)	منع
Interdit	(mamnouᶜ̄)	ممنوع

الدَّرسُ الرَّابعُ و السَّبعون

حفلةٌ في بيت أحمد

١- ما أَنْسَ لا أَنْسَ [1] هذا اليوم . كانت
الجماهيرُ [2] تَزْدَحِمُ [3] لِمشاهدةِ [4] الحادثِ

٢- فتوقّفت [5] حركةُ المرورِ مُطلقًا و ارتفعت
أصواتُ السَّيّاراتِ باستمرار

٣- و ما حَدَثَ بعد ذلك ؟

٤- اتَّخذتِ الشُّرطةُ الإجراءاتِ اللَّازمةِ .
و سألتني [6] هل كنتُ شاهدًا أم لا ، ثمّ
طرحت عليَّ بعضَ الأسئلةِ عن ظروفِ الحادثِ

٥- و لماذا لم تنصرفْ بعد الرَّدِّ [7] على أسئلةِ
الشُّرطةِ ؟

٦- كانت محتاجة إليَّ للتَّحقيقِ [8]

٧- و طلبت من سائقِ سيّارةِ النَّقلِ
رُخصةَ السِّياقةِ و

(La leçon la quatrième et la soixante dix)

RECEPTION CHEZ AHMED

Mohammed **1 —** Je n'oublierai jamais (si j'oublie (tout), je n'oublierai pas)[1] cette journée (ce jour). La foule[2] se pressait[3] (le public s'agglutinait) pour voir[4] l'accident.

Mohammed **2 —** (Et) la circulation s'est arrêtée[5] complètement et le son des klaksons s'est élevé sans interruption (les voix des automobiles se sont élevées continuellement).

Ahmed **3 —** Et que s'est-il passé après cela ?

Mohammed **4 —** La police a pris les mesures nécessaires et m'a demandé[6] si j'étais témoin ou non; puis elle m'a posé quelques questions sur les circonstances de l'accident.

Layla **5 —** Et pourquoi n'es-tu pas parti après avoir répondu (après le fait d'avoir répondu)[7] aux questions de la police ?

Mohammed **6 —** Elle avait besoin de moi pour le constat[8];

Mohammed **7 —** (et) elle demanda au conducteur du camion son permis de conduire, (et)

بطاقةُ المِلكيّةِ و وثيقةُ التّأمينِ مع البطاقةِ السّنويّةِ و بطاقةِ الهُويّةِ.

٨ـ إنّه حقًّا حادثٌ مُؤسِف، ولكن، لا تفكّرْ فيه كثيرًا فالسّيارةُ سلاحٌ ذو حدَّينِ يسمحُ بالتّسليةِ [٩] كما أنّه يُؤدّي إلى القتلِ في نفسِ الوقتِ [١٠] ولكن، لا بدّ منَ السّياراتِ في حياتِنا العصريّة.

٩ـ رغمَ كلِّ شيءٍ، أرجو أن تكونَ قد قضَيتَ وقتًا طيّبًا في بيتِنا هذه اللّيلة.

١٠ـ كنتُ مسرورًا جدًّا لِمعرفةِ أصدقائِكم و أشكركم على دعوتِكمُ الّتي تأثّرتُ بها كثيرًا.

١١ـ نحن نشكرك على حضورِك فصداقتُك عزيزة علينا. أنت ضيفنا و الضّيافة مقدَّسة [١١] عند العرب !

sa carte grise (carte de propriété) (et) son assurance (le document de l'assurance), avec la vignette (la carte annuelle) et sa carte d'identité ·

Jacques à Mohammed	**8 —** En effet (en vérité), c'est un accident regrettable (navrant, déplorable), mais n'y pensez pas trop (ne pense pas à lui beaucoup) (car) la voiture est une arme à double tranchant (qui possède 2 tranchants) (qui) permet de se divertir (la distraction[9], le délassement) et (qui) conduit en même temps[10] à la mort (au fait de se tuer); mais les voitures sont indispensables dans notre vie moderne.
Ahmed à Jacques	**9 —** Malgré tout, j'espère que tu as passé un bon moment chez nous ce soir (cette nuit) !
Jacques	**10 —** J'ai été très heureux de faire la connaissance (de la connaissance) de vos amis et je vous remercie pour votre invitation à laquelle j'ai été très sensible (laquelle j'ai été sensible à elle beaucoup).
Ahmed	**11 —** C'est nous qui te remercions pour ta présence (car) ton amitié nous est chère. Tu es notre hôte et l'hospitalité est sacrée[11] chez les Arabes !

١٢ـ صحيح ! ولكن ، حَانَ ، حَانَ وقتُ الفِراق ، يجب أن أعودَ إلى فندقي

١٣ـ قبل أن تفارقَنا ، قل لي هل فكّرتَ في برنامج زيارات ليوم غد

١٤ـ لا ، ولكنّي مُتأكّد من أنّكَ فكرتَ فيهِ قبلي

١٥ـ على كل حال ، لن أقولَ لكَ عنه شيئًا . ستكون مفاجأة . خابِرني غدًا صباحًا

١٦ـ هل يمكن أن تصحبَني بالسّيّارة ؟!!!

NOTES :

١ — ما أنس لا أُنسى : expression qui revient à dire :
«je n'oublierai jamais» : لن أنسى أبدًا

٢ — جماهير : pluriel de : جُمْهُور : foule, public;
de là : جمهوريّة : république

جمهوريّ : républicain.

٣ — اِزدَحَمَ : نزدحم : du verbe de la 8ème forme :
être bondé, s'agglutiner (racine : زَحْمَة : presse, foule,

257

Jacques	12 — C'est vrai ! Mais le moment est venu de nous séparer (le moment de la séparation est venu); je dois rentrer à mon hôtel (il faut que je revienne vers mon hôtel).
Ahmed	13 — Avant de nous quitter (avant que tu nous quittes) dis-moi si tu as réfléchi à un programme de visites pour demain (pour le jour de demain).
Jacques	14 — Non, mais je suis sûr (de ce) que (toi) tu y as songé avant moi.
Ahmed	15 — De toutes façons, je ne t'en dirai rien (je ne dirai pas à toi à son sujet quelque chose). Ce sera une surprise. Téléphone-moi demain matin.
Jacques	16 — Peux-tu m'accompagner en voiture ?!!

* *
*

cohue). Normalement, nous devrions avoir, conformément à la structure de la 8ème forme : اِزْتَحَمَ ; mais le ت

devient : د après un : ز

Nom d'action : اِزْدِحام

Participe actif : مُزْدَحِم : bondé.

4 — مُشَاهَدة : nom d'action du verbe de la 3ème forme :

شَاهَدَ : assister à, voir ... (racine : شَهِدَ : être témoin de).

Participe actif de : شَهِدَ : شَاهِد : témoin.

258

5 — توقّفتُ : du verbe de la 5ème forme : تَوَقَّفَ
s'arrêter (racine : وَقَفَ : s'arrêter, être arrêté, stationner).

Nom d'action : تَوَقُّف : arrêt, escale, panne.

6 — سألتني هل ... : elle m'a demandé si (est-ce que) ...

Remarques :

a) Les **interrogations indirectes** sont le plus souvent construites
en arabe avec : هل : est-ce que

Ex : Je ne sais pas si ... لا أدري هل ...

Dis-moi si .... قل لي هل ...

Mais aujourd'hui, il existe une tendance à remplacer هل dans

les interrogatives indirectes par : ما إذا (**si** du conditionnel).

Ex : Je ne sais pas s'il est venu : لا أدري ما إذا جاء

(au lieu de : لا أدري هل جاء)

b) N'oubliez pas la **différence entre** les verbes : سَأَلَ demander, **questionner**, et : طَلَبَ : demander, **réclamer**
(cf leçon 45, note 8).

7 — بعد الرّدّ : après le fait de répondre, de répliquer.

Nom d'action du verbe : رَدَّ : répondre, répliquer (qui a

aussi le sens de : rendre, restituer).

8 — تحقيق : nom d'action du verbe de la 2ème forme :
حَقَّقَ : réaliser, confirmer, vérifier, enquêter.

تحقيق signifie donc : réalisation, vérification, enquête,

constat, instruction (juridique)

Ex : قاضي التّحقيق : juge d'instruction.

Participe actif : مُحَقِّق : examinateur, vérificateur, enquêteur ...

9 — نَسْلِيَة : nom d'action du verbe de la 2ème forme :

سَلَّى : consoler, distraire, délasser.

Participe actif : مُسَلِّ : distrayant, qui délasse.

10 — نَفْس signifie ici : «même» (invariable),

qu'il soit suivi d'un masculin ou d'un féminin, au singulier, au duel ou au pluriel.

Ex : نَفْس الشَّخْص : la même personne

نَفْس المدينة : la même ville.

11 — مُقَدَّسَة : participe passif du verbe de la 2ème forme :

قَدَّسَ : sacraliser, rendre sacré, sanctifier, bénir.

(racine : قُدْس : sanctuaire)

d'où : مدينة القُدْس : la ville du sanctuaire (c'est-à-dire la ville sacrée)

ou : القُدْس : Jérusalem.

Jérusalem se dit également : البَيْت المُقَدَّس : la Maison sacrée.

EXERCICES

١ـ هل سيطلبونَ مِنِّي بطاقةَ الهُوِيَّةِ؟

Est-ce qu'ils me demanderont (est-ce qu'ils demandent de moi) ma carte d'identité (la carte d'identité) ?

٢ـ لا أتصوَّرُ . ولكنْ، لا تنسَ أنْ تحمِلَ

بطاقتَكَ الشَّخْصِيَّة مَعَكَ دائماً،أينما ذهبتَ

Je ne crois pas ! Mais n'oublie pas de porter toujours sur toi (avec toi) ta carte d'identité (ta carte personnelle) où

260

que tu ailles (où que tu es allé).

٣ـ لِماذا لم يردَّ على الأسئلةِ الّتي طرحتها
عليه السُّلطاتُ المختصَّةُ ؟

Pourquoi n'a-t-il pas répondu aux questions que lui ont posées les autorités compétentes ?

٤ـ أعتقد أنّهُ لم يعرف كيف يملأُ الأوراقَ
الإداريّةَ فهناك مصطلحات لا يفهمُها
إلّا الشَّخصُ المتعوّد على ممارسةِ
الشُّؤونِ الإداريّةِ

Je crois qu'il n'a pas su comment remplir les formulaires administratifs (les feuilles administratives); il y a là (toute) une terminologie (des termes techniques) que ne peut comprendre (que ne comprend) qu'une personne habituée à la pratique des questions administratives.

٥ـ لِأيّ سبب تريد أن تنصرفَ ؟ ألستَ
مرتاحًا من إقامتك في بيتنا ؟
يؤسفنا أن تفارقَنا الآن . لِماذا لا تؤجّل
وقتَ انصرافِك ؟

Pour quelle raison veux-tu t'en aller ? N'es-tu pas satisfait de ton séjour chez nous (dans notre maison) ? Cela nous désole que tu nous quittes maintenant (il nous désole que tu nous quittes) ... Pourquoi ne reportes-tu pas le moment de ton départ ?

٦ـ يجب على الانسان أن يفكّرَ جيّدًا قبل

أن يقومَ بأيِّ عمل مهما كانت أهميَّته

L'homme (l'être humain) doit bien réfléchir avant d'accomplir la moindre action (n'importe quel acte) quelle que soit (quelle qu'ait été) son importance.

CONJUGAISON :

Verbes : AVOIR INTERROGE — S'EN ALLER — S'ARRETER REPONDRE A — QUITTER (SE SEPARER DE)

J'ai interrogé	(sa'altou)	سألت
Tu as interrogé	(sa'alta)	سألت
Il a interrogé	(sa'ala)	سأل
Je m'en vais	(ansarif)	أنصرف
Tu t'en vas	(tansarif)	تنصرف
Il s'en va	(yansarif)	ينصرف
Je m'arrête	(atawaqqaf)	أتوقَّف
Tu t'arrêtes	(tatawaqqaf)	تتوقَّف
Il s'arrête	(yatawaqqaf)	يتوقَّف
Je réponds à, Je réplique à	(arouddou)'alā	أردُّ على
Tu réponds à	(tarouddou)'alā	تردُّ "
Il répond à	(yarouddou)'alā	يردُّ "
Je quitte (je me sépare de) (transitif)	(oufāriq)	أفارق
Tu quittes	(toufāriq)	تفارق
Il quitte	(youfāriq)	يفارق

جاك يخابر أحمد

١ـ هنا جاك فرنوي ... ألغرفة رقم : ٣٠ .

أعطني رقمَ الهاتفِ التّالي : ٥.٣٦١

(خمسة ـ صفر ـ ثلاثة ـ ستّة ـ واحد) ...

٢ـ طيّب ، يا سيّدي . لحظة ، من فضلك ـ

سأصلُ الخطَّ بغرفتِك

(بعد لحظة يدقُّ جرسُ الهاتفِ في غرفةِ جاك)

٣ـ دونَكَ الخطَّ ، يا سيّدي ... تكلّم !

٤ـ أَلو! أحمد؟ كيف حالُك ؟ ولكن ، ماذا

حَدَثَ حتّى تغيّرَ صوتُك ؟

٥ـ أنا مبحوح ؛ أصابني البرد

٦ـ أخابرُكَ اليوم كما اتّفقنا على

ذلكَ البارحة . ولكن ،

(La leçon la cinquième et la soixante dix)

JACQUES TELEPHONE A AHMED

Jacques   **1 —** Ici, Jacques Verneuil ... (la) chambre N° 30. Donnez-moi (donne-moi) le N° de téléphone suivant : 503-61 (cinq, zéro, trois, six, un) ...

Voix   **2 —** Bien, Monsieur. Un instant s'il vous plaît ... Je vais vous donner la ligne (la communication) dans votre chambre (je vais relier la ligne à ta chambre).

Un instant après (après un instant) (la sonnerie) du téléphone sonne dans la chambre de Jacques.

Voix   **3 —** Vous avez[1] la ligne, Monsieur ... Parlez !

Jacques   **4 —** Allo ! Ahmed ? Comment va ? Mais que se passe-t-il ? (que s'est-il passé)? Ta voix est changée (au point que ta voix soit transformée)[2].

Ahmed   **5 —** Je suis enroué; j'ai attrapé froid (le froid m'a atteint).

Jacques   **6 —** Je t'appelle (je te téléphone) aujourd'hui comme convenu (comme nous en sommes convenus) hier. Mais

264

يمكن أن نؤجّل (٣) الموعد إذا كانت
حالتُك سيّئة

٧ـ أبدًا . أودُّ أن أقومَ بهذه الجولة
معك فمنذ زمن طويل كنت أنتظر
فرصةً مثل هذه

٨ـ أين تريد أن نلتقيَ ؟ (٤)

٩ـ أتصوّرُ (٥) أنّكَ تعرف أين يقع مكتبُ
البريدِ الكبير . ما رأيُك لو التقينا
هناك ؟ إنّه في طريقِنا نحوَ المدينة
القديمة

١٠ـ حسنًا . في أيّةِ ساعة ؟

١١ـ في الثّالثة . والرّبع . ما رأيُك ؟

١٢ـ ممتاز !... ولكن، ألست مشغولًا أليوم ؟

١٣ـ لا ، ولحسن الحظّ، ليست لديَّ دروس
أليوم بعد الظّهر

١٤ـ إذن، والحالةُ هذه، فأنا مُوافِق ...

265

nous pouvons remettre le rendez-vous (mais il est possible que nous différions[3] le rendez-vous) si tu n'es pas bien (si ton état est mauvais).

Ahmed
7 — Pas du tout. Je tiens à faire cette promenade avec toi. Il y a longtemps (et depuis longtemps) que j'attendais une telle occasion (une occasion comme celle-ci).

Jacques
8 — Où veux-tu que nous nous retrouvions (que nous nous rencontrions)[4] ?

Ahmed
9 — Je crois (j'imagine)[5] que tu sais où se trouve (où est située) la grande poste (le bureau de la poste le grand); que dirais-tu si nous nous retrouvions là-bas ? (Certes lui) c'est sur notre chemin vers la vieille ville.

Jacques
10 — Bien ! ... A quelle heure ?

Ahmed
11 — A 3 heures et quart; qu'en penses-tu ?

Jacques
12 — Parfait ! ... Mais n'es-tu pas occupé aujourd'hui ?

Ahmed
13 — Non, (et) heureusement, je n'ai pas de cours cet après-midi (il n'y a pas chez moi des cours aujourd'hui après le midi).

Jacques
14 — Eh bien ! S'il en est ainsi (donc) et (alors que) la situation (est) celle-ci), je suis d'accord ...

إلى اللّقاء، يا أحمد، وسلّم ⑥ على

عائلتك من قبلي !

**
*

EXERCICES

١ـ هذا خطأ، يا آنستي، فليس هو

الرّقمُ الّذي طلبتُهُ

C'est une erreur, Mademoiselle, ce n'est pas le numéro
que j'ai demandé.

٢ـ لديَّ عنوانُه ولكنّني لم أجد رقمَ هاتفِه

في الدّليل ؛ هل تستطيع أن تعطيَني إيّاه ؟

J'ai son adresse, mais je n'ai pas trouvé son numéro de
téléphone dans l'annuaire; pourrais-tu me le donner ?

٣ـ لا أسمع جيّدًا ؛ هناك تشويشٌ في الخطّ

Je n'entends pas bien; la ligne est brouillée (il y a de la
«friture» sur la ligne).

٤ـ من تطلب ؟

Qui demandes-tu ?

٥ـ أرغبُ الإتّصالَ بباريس. كم أنتظر

من فضلكم ؟

J'aimerais avoir Paris (je désire la communication (la liaison) avec Paris. Combien d'attente   (combien j'attends)
s'il vous plaît ?

٦ـ حاولتُ الاتّصالَ بك طوالَ صباحِ أمسِ

Au revoir, Ahmed; transmets le bonjour à ta famille de ma part (salue[6])
ta famille de ma part).

**
*

بدونِ فائدةٍ ؛ رُبَّما كُنْتَ غائبًا ؟

J'ai essayé de te joindre (j'ai essayé la liaison avec toi),
toute la matinée d'hier sans résultat (sans utilité); peut-
être étais-tu absent ?

٧ـ لا ، كُنْتُ مَوْجودًا في الشَّقَّةِ ، غيرَ أنَّ

خَطَّ الهاتفِ مُحْتاجٌ إلى تصليحٍ

فإنَّه مُعَطَّلٌ منذ يومَيْنِ

Non, j'étais (présent) dans l'appartement; mais la ligne
(du téléphone) a besoin d'être réparée, elle est en déran-
gement (hors d'usage) depuis deux jours.

NOTES :

1 — دونك الخَطّ (cf leçon 55 note 1)

2 — مُتَغَيِّر : participe actif du verbe de la 5ème forme

تَغَيَّرَ : varier, changer, se transformer, être variable (ra-

cine غير : autre غَيَّرَ : changer, transformer).

Nom d'action de : تَغَيَّرَ : تَغْيير : variation, modification,

changement, transformation.

3 — نُؤَجِّل : du verbe de la 2ème forme : أَجَّلَ

différer, reporter, remettre à plus tard, ajourner (racine : أَجَل

échéance, délai).

Participe passif : مُؤَجَّل : reporté, ajourné

268

Nom d'action : تَأْجِيل : fait d'ajourner, report, ajournement.

4 — نلتقي : du verbe de la 8ème forme : اِلْتَقَى :
converger, se rencontrer (racine : لَقِيَ : rencontrer).

Nom d'action : اِلْتِقَاء : rencontre, fait de se rencontrer, convergence.

Participe passif : مُلْتَقَى : qui se rencontre, qui est en convergence.

Ex : ملتقى الطُّرُق : lieu où se rencontrent les routes : carrefour.

ملتقى النَّهْرَيْن : lieu où se rencontrent les deux fleuves : confluent.

5 — أَتَصَوَّر : du verbe de la 5ème forme : تَصَوَّر :
s'imaginer, concevoir, penser, imaginer, croire (racine : صورة : image).

Nom d'action : تَصَوُّر : fait d'imaginer, imagination, conception.

6 — سلّم على... : du verbe de la 2ème forme : سَلَّمَ على :
saluer, transmettre le salut (racine : سلام : salut)

CONJUGAISON :

Verbes : TENIR A — IMAGINER (CROIRE) — REMETTRE — RENCONTRER (RETROUVER) — RELIER A

Je tiens à ce que, j'aimerais	(awaddou) an	أودّ أن
Tu tiens à ..., tu aimerais	(tawaddou) an	تودّ أن
Il tient à, il aimerait	(yawaddou) an	يودّ أن

269

J'imagine, je crois	(ataṣawwar)	أتصوّر
Tu crois	(tataṣawwar)	تتصوّر
Il croit	(yataṣawwar)	يتصوّر

Je remets, je diffère	(ou'ajjil)	أؤجّل
Tu remets	(tou'ajjil)	تؤجّل
Tu remets (fém.)	(tou'ajjilīn)	تؤجّلين
Il remet	(you'ajjil)	يؤجّل

Je rencontre, je retrouve	(altaqī) bi	ألتقي بـ
Tu rencontres	(taltaqī) bi	تلتقي بـ
Il rencontre	(yaltaqī) bi	يلتقي بـ

Je relie à	(aṣil) bi	أصل بـ
Tu relies à	(taṣil) bi	نصل بـ
Il relie à	(yaṣil) bi	يصل بـ

أنا مبحوح ... أصابني البرد

270

في البنك

١- عفوًا، يا سيِّدي، أحتاجُ إلى الذَّهاب إلى البنك، والسَّاعةُ الآنَ الحاديةَ عشرةَ صباحًا ؛ هل تُغلَقُ البنوكُ في أوقاتِ الغداءِ ؟

٢- لا، عدا الجمعةِ وأيَّامِ العُطَلِ في الأيَّامِ الأخرى، تبقى مفتوحةً حتَّى الثَّانيةِ بعد الظُّهر

٣- مررت أوَّلَ أمس، وأنا في الأوتوبيس، أمامَ بنك أتصوَّرُ أنَّه قريبٌ من هنا، غيرَ أنَّني لا أتذكَّرُ مكانَه بالضَّبط

٤- آه، تريد «البنكَ الوطنيّ»... نعم... إنَّه واقعٌ قربَ تمثالِ صلاحِ الدِّين، في زاويةِ شارعِ التِّجارِ وشارعِ النَّهضةِ. سأدلُّكَ على الطَّريق إذا أردتَ

LEÇON 76

(La leçon la sixième et la soixante dix)

A LA BANQUE

Jacques à
l'hôtelier

1 — Pardon, Monsieur, j'ai besoin d'aller à la banque (et) il est 11 heures; est-ce que les banques ferment[1] à l'heure (aux moments) du déjeuner ?

L'hôtelier

2 — Non, sauf le vendredi et les jours fériés (les jours de vacance). Les autres jours, elles restent ouvertes jusqu'à 14 heures (2ème heure après midi).

Jacques

3 — Je suis passé avant-hier[2] en autobus (alors[3] que moi dans l'autobus) devant une banque. Je crois (j'imagine) qu'elle est proche d'ici, cependant (sauf que moi) je ne me souviens[4] pas exactement de l'endroit où elle se trouve (je ne me souviens pas de son lieu exactement).

L'hôtelier

4 — Ah ! Vous voulez dire (tu veux) «la Banque Nationale» ... Oui ... elle se trouve (certes lui situé) près de la statue de «Saladin»* à l'angle de la rue des Commerçants[5] et de la rue de la Renaissance ... Je vais vous indiquer le chemin (à prendre) si vous voulez (je vais t'indiquer le chemin, si tu veux).

* Saladin : cf notice biographique à la fin du tome 2.

272

(جاك يصل إلى البنك ويدخل)

٥ـ اللّه ! ما أَطْوَلَ صفَّ الانتظار قدّامَ
مكتبِ الصّرفِ ... لحسنِ الحظِّ، أستطيع
أن أقفَ في الصّفِّ بكلِّ صبرٍ أليومَ فلديَّ
الوقتُ الكافي

٦ـ هل يمكن أن تصرِفَ لي هذه النّقود من
فضلك ؟

٧ـ من أيّةِ عملةٍ ؟

٨ـ معي فرنكات فرنسيّة . أتصوَّر أنَّ سعرَ
الصّرف ملائِم في الوقتِ الحاضر

٩ـ نعم، ولكنَّ السّوقَ النّقديّة متغيِّرة بسرعة

١٠ـ هل هناك فرعٌ للبنك الصّناعيِّ والزّراعيِّ
الباريسيّ ؟

١١ـ أ هذا مصرفُكَ العاديّ ؟ ... مع الأسف ،
لا يوجد له أيُّ فرعٍ في البلد فلن تقدرَ
أن تستعملَ دفترَ الشّيكات طوالَ إقامتِك
هنا ، ولكنّ

273

Jacques arrive à la banque et entre.

Jacques   **5** — Dieu ! Quelle longue queue (comme il a rendu longue[6] la file d'attente) devant le bureau de change. Heureusement, je peux faire la queue (je peux que je m'arrête (que je stationne dans la file) patiemment (en toute patience) aujourd'hui, (car) j'ai suffisamment de temps (car chez moi le temps suffisant).

Jacques à   **6** — Pouvez-vous me changer cet argent, s'il vous plaît ?
l'employé

L'employé   **7** — De quelle monnaie ?

Jacques   **8** — J'ai (avec moi)[7] des francs français. Je crois que le taux de change est avantageux actuellement (à l'heure actuelle, au moment présent).

L'employé   **9** — Oui, mais le marché monétaire est très mouvant (se transforme, change, rapidement).

Jacques   **10** — Y a-t-il une succursale de la «Banque industrielle[8] et agricole[9] parisienne» ?

L'employé   **11** — C'est votre banque[10] habituelle ? (est-ce que celle-ci ta banque habituelle) ? Malheureusement, elle n'a aucune succursale dans notre pays (il n'existe pas de lui aucune succursale dans notre pays) (et) vous ne pourrez pas utiliser[11] de carnet de chèques durant tout votre séjour ici, mais vous

لديك وسائل أخرى

١٢ـ أُدري ! ولكنّي لا أحمِلُ معي نقودًا ⑫
كثيرة ، طلبتُ من مصرِفي صكوكًا ⑬
للمسافرين ⑭

١٣ـ هذه فكرةٌ جيّدة . إنّها وسيلةٌ عمليّةٌ
جدًّا ، يلجأُ إليها أغلبُ السّوّاح ⑮

١٤ـ غيرَ أنّ تلك الصّكوك ليست سوى
ورق ، وكالأوراق النّقديّة تذهبُ هباءً ⑯

١٥ـ أنتَ مُحِقٌّ ، ولكن ، يبقى ذكرُها !

**
**

NOTES :

1 — تُغلَقُ : passif présent du verbe de la 4ème forme :
أُغلِقَ : fermer.

Participe passif : مُغلَق : fermé.

2 — أوّلَ أمسِ : avant-hier (le «a» du cas direct de أوّلُ
est amené par le circonstanciel de temps).

3 — و أنا : et moi (= **alors que** moi)(cf leçon 68 note 8).

275

avez (chez toi, auprès de toi) d'autres moyens.

Jacques   **12** — Je sais ! Et pour éviter d'emporter avec moi beaucoup d'argent (afin que je ne porte pas[12] avec moi beaucoup d'argent), j'ai demandé à ma banque des chèques[13] de voyage (des chèques pour les voyageurs[14]).

L'employé   **13** — C'est une très bonne idée. (C'est) (certes elle) un moyen très pratique auquel ont recours (recourt à lui) la plupart des touristes.[15]

Jacques   **14** — Cependant, ces chèques ne sont que du papier (sauf que ces chèques ne sont que du papier) et comme les billets de banque (les feuilles de monnaie), ils s'envolent en fumée (elles partent en poussière)[16].

L'employé   **15** — Vous avez raison; mais il en reste le souvenir (il reste leur souvenir)!

* *
*

4 — أَتَنَذَكَّرُ : du verbe de la 5ème forme : تَنَذَكَّرَ :

se souvenir (même sens que : ذَكَرَ : se souvenir)

(racine : ذِكْر : mention, souvenir).

5 — تُجَّار : pluriel de : نَاجِر : marchand, commerçant.

6 — طَوِيل : أَطْوَل : (de طويل : exclamatif. مَا : مَا أَطْوَلَ

long (cf leçon 44 note 2).

7 — Notez la différence entre عِنْدِي et مَعِي (cf leçon 12

note 3).

8 — صِنَاعِيّ : de : صِنَاعَة : industrie.

9 — زِرَاعِيّ : de : زِرَاعَة : agriculture.

10 — مَصْرِف : banque (racine : صَرَف : change).

Lieu où l'on change, où s'effectuent des opérations financières de
change.

11 — نَسْتَعْمِل : du verbe de la 10ème forme : إِسْتَعْمَلَ :

utiliser, employer (racine : عَمِل : faire).

Participe passif : مُسْتَعْمَل : employé, utilisé, usagé, d'occasion.

Nom d'action : إِسْتِعْمَال : emploi, usage.

12 — لِكَي لا : «afin que ... ne ... pas» - contraction de

لِكَي : «afin que» et de « لا » : pas. Toujours suivie du

subjonctif.

13 — صُكُوك : pluriel de : صَكّ : document, titre,

chèque (à l'origine du mot français : chèque).

14 — مُسَافِرِين : pluriel de : مُسَافِر : voyageur.

Participe actif du verbe de la 3ème forme : سَافَرَ : voyager.

(racine : سَفَر : voyage). Le nom d'action : مُسَافَرَة

n'est pas usité.

15 — سُوّاح : pluriel de : سَائِح (pluriel que l'on

utilise couramment dans la conversation. Mais, en fait, grammati-

277

calement, nous devrions avoir : (سُيّاحٌ).

16 — هَبَاءٌ : en poussière (en fumée) (cas direct de manière).

Remarque :

La terminaison du cas direct indéterminé : «an» n'est pas suivie ici d'un ا comme dans : كِتَابًا ou : وَلَدًا par exemple. En effet, lorsque la dernière lettre du mot est un ء (hamza) précédé d'un ا , d'un و ou d'un ي , la terminaison au cas direct fait : ءً .

Ex : مَاءً : (cas direct indéterminé de : eau)

سَمَاءً : ("   "   " de : ciel)

لِقَاءً : ("   "   " de : rencontre)

شِرَاءً : ("   "   " de : achat)

شِفَاءً : ("   "   " de : guérison).

EXERCICES

١ ـ أُرِيدُ أَنْ أَفْتَحَ حِسَابًا فِي مَصْرِفِكُمْ

J'aimerais ouvrir un compte dans votre banque.

٢ ـ السُّوقُ النَّقْدِيَّةُ مُتَمَوِّجَةٌ جِدًّا فِي الوَقْتِ الحَاضِرِ، وقَدِ اشْتَدَّ التَّضَخُّمُ النَّقْدِيُّ فِي كُلِّ البُلْدَانِ

Le marché monétaire est très fluctuant à l'heure actuelle. L'inflation monétaire s'est intensifiée dans tous les pays.

٣ ـ هَذَا هُوَ رَقْمُ حِسَابِي

Voici mon numéro de compte (le N° de mon compte).

278

٤ ـ هل تعتقد أنّ الانخفاض في قيمةِ العملاتِ سيستمرّ مدّةً طويلةً ؟

Est-ce que tu crois que la dévaluation (la baisse dans la valeur) des monnaies durera longtemps ?

٥ ـ هل لديكم حسابٌ مصرفيٌّ أم بريديٌّ ؟

Avez-vous un compte bancaire ou postal ?

٦ ـ إنّ الوضعَ الماليَّ الحاليَّ لَأَحسنُ ممّا كان في الماضي

La situation financière actuelle est meilleure que ce qu'elle était dans le passé.

٧ ـ هل يمكن أن تعطيَني عملاتٍ صعبةً ؟

Peux-tu me donner des devises fortes ?

هل تغلق البنوكُ في أوقاتِ الغداءِ ؟

CONJUGAISON :

Verbes : AVOIR RECOURS — ETRE PASSE PAR

J'ai recours à	(alja'ou) ilā	ألجأ إلى
Tu as recours à	(talja'ou) ilā	تلجأ إلى
Il a recours à	(yalja'ou) ilā	يلجأ إلى
Je suis passé (par)	(marartou) bi	مررت بـ
Tu es passé (par)	(mararta) bi	مررت بـ
Il est passé (par)	(marra) bi	مرّ بـ

280

مراجعة

١- أرجو منك عدمُ التّدخين

٢- هل يريد جريدة أم مجلّة ؟

٣- أعطِهم قهوة مع سكّر، وأنا
أعطني عصير برتقال

٤- هل هم أطبّاء ؟

٥- لا، هم معلّمون

٦- هل تعرف هذه السّيّدة ؟

٧- سيصلون بعد خمس دقائق

٨- هل عندكم أمتعة ؟

٩- نعم، عندنا خمس حقائب و شنطتان

(La leçon la septième et la soixante-dix)

Révision

En cette fin de semaine, nous vous proposons une petite pose au cours de laquelle, plutôt que de revoir des règles grammaticales ou de mettre l'accent sur des éléments théoriques, nous préférons vous soumettre quelques phrases extraites des leçons précédentes avec des variantes, ou se rattachant aux thèmes déjà vus :

1 — Je te prie de ne pas fumer

2 — Est-ce qu'il veut un journal ou une revue ?

3 — Donne-leur du café avec du sucre et à moi donne-moi un jus d'orange

4 — Est-ce que ce sont des médecins ?

5 — Non, ils sont professeurs

6 — Est-ce qu'elle connaît cette dame ?

7 — Ils arriveront dans cinq minutes

8 — Avez-vous (plur.) des bagages ?

9 — Oui, nous avons cinq valises et deux sacs

١٠ـ هل النّاسِ كثيرونَ اليوم في المطار ؟

١١ـ ها هم قادمون مع الأولدد

١٢ـ ماذا عندهم من مشروبات ؟

١٣ـ هل يريد أن أفتحَ الحقيبة السّوداء أم الشنطة الخضراء ؟

١٤ـ أين جوازي ؟

١٥ـ كم تريد منَ النّقودِ الفرنسيّة ؟

١٦ـ لا نريد أن نزعجَهم

١٧ـ إلى أين تريد أن أصحبَه ؟

١٨ـ هل ابنتكَ متزوّجة ؟

١٩ـ هل تفهمُ العربيّة ؟

٢٠ـ نعم، إنّها تتكلّمُ العربيّة بلا صعوبة

٢١ـ الفندق بعيد جدًّا عن المطار فسوف نأخذ تاكسي

٢٢ـ أنا مع زوجتي وأولددي أعطني غرفتيْن واسعتيْن من فضلك

٢٣ـ هل أخذت مفتاحَ غرفتك ؟

10 — Est-ce qu'il y a beaucoup de monde (est-ce que les gens sont nombreux) aujourd'hui à l'aéroport ?

11 — Les voici qui viennent avec les enfants

12 — Qu'est-ce qu'ils ont comme boissons ?

13 — Est-ce qu'il veut que j'ouvre la valise noire ou le sac vert ?

14 — Où est mon passeport ?

15 — Combien veux-tu d'argent français ?

16 — Nous ne voulons pas les déranger.

17 — Où veux-tu que je l'accompagne ?

18 — Est-ce que ta fille est mariée ?

19 — Est-ce qu'elle comprend l'arabe ?

20 — Oui, elle parle l'arabe sans difficulté

21 — L'hôtel est très loin de l'aéroport : nous allons prendre un taxi.

22 — Je suis avec ma femme et mes enfants : donnez-moi deux grandes chambres, s'il vous plaît.

23 — As-tu pris la clef de ta chambre ?

٢٤ - إجلسوا هنا ، فأنا أفتح أبوابَ
السَّيّارة.

٢٥ - هل تريد أن تأخذَ حمّامًا ؟

٢٦ - خابرني في الفندق مساءَ اليومِ حولَ
الثّامنة ... إليكَ رقم هاتفي

٢٧ - هل هم في حاجة إليَّ صباحَ اليومِ ؟

٢٨ - سوف نتعشّى معًا في مطعم قريب
منَ الفندق

٢٩ - هل يمكن أن تخرجا معنا مساءَ
اليومِ ؟

٣٠ - سننزل غدًا صباحًا في الثّامنة ... هل
منَ الممكن أن يُقدَّمَ لنا الفطور بسرعة ؟

٣١ - سيلقى المستشفى بسهولة ، هو المبنى
الكبير الحديث الواقع بجانب المصرف

٣٢ - لقد حجزت باسم السَّيّد محمّد نبيل
مائدةً لأربعة أشخاص

٣٣ - لقد أكلت كثيرًا ظهرَ اليومِ في المطعم
ولهذا لست جوعان هذا المساء

٣٤ - نسينا اسمَ هذه الوجبة الشّرقيّة
اللّذيذة .

24 — Asseyez-vous (plur.) ici; je vais ouvrir les portes de la voiture.

25 — Est-ce que tu veux prendre un bain ?

26 — Appelle-moi (au téléphone) à l'hôtel ce soir vers 20 heures : tiens voici mon numéro (de téléphone).

27 — Est-ce qu'ils ont besoin de moi ce matin ?

28 — Nous dînerons ensemble dans un restaurant proche de l'hôtel.

29 — Est-ce que vous pouvez sortir (est-ce qu'il est possible que vous sortiez) (tous deux) ce soir avec nous ?

30 — Nous descendrons demain matin à 8 heures; est-ce qu'il est possible qu'on nous serve le petit déjeuner rapidement ?

31 — Il trouvera facilement l'hôpital. C'est le grand bâtiment moderne à côté de la banque.

32 — J'ai réservé, au nom de Monsieur Mohammed Nabil, une table pour quatre personnes.

33 — J'ai beaucoup mangé aujourd'hui à midi au restaurant, aussi je n'ai pas faim ce soir.

34 — Nous avons oublié le nom de ce plat oriental délicieux.

٢٥ - هل قضيتم ليلة سعيدة رغم الضجيج ؟

٣٦ - لا يمكن أن نخرج الآن فإنّا ننتظر مخابرةً هاتفيّة من الخارج

٣٧ - يزورون هذه المدينة لأوّل مرّة . هل يمكن أن تصحبهم وقد يحتاجون إليك ؟

٣٨ - هل تحبّون كلّكم الشّاي بالنّعناع ؟ وإلّا فيمكن أن نقدّمَ لكم قهوة أو عصير فواكه

٣٩ - هل ينتظروننا منذ زمن طويل ؟

٤٠ - لا أدري ، فقد جئت قبل دقيقة فقط

٤١ - لقد أرادوا أن يقوموا بزيارةِ المنطقة مشيًا لأنّ الطّقس جميل جدًّا اليوم

٤٢ - متى تصلون ؟ فنحن ننتظركم بفارغِ الصّبر

٤٣ - هل يوجد في مدينتكم حدائق جميلة مثل هذه ؟

٤٤ - لا أستطيع أن أبقى معك أكثر ؛ عندي موعد عاجل في المكتب

٤٥ - لقد خرجت زوجتي مع صديقة لتشتريَ بعضَ الملابس للأولاد .

287

35 — Avez-vous passé (plur.) une bonne nuit malgré le bruit ?

36 — Nous ne pouvons pas sortir maintenant : nous attendons une communication téléphonique de l'étranger.

37 — Ils visitent cette ville pour la première fois. Peux-tu les accompagner car ils auront sans doute besoin de toi ?

38 — Est-ce que vous aimez tous le thé à la menthe ? Sinon, nous pouvons vous servir du café ou du jus de fruits.

39 — Est-ce qu'ils nous attendent depuis longtemps ?

40 — Je ne sais pas : je suis arrivé il y a une minute à peine.

41 — Ils ont voulu visiter (faire la visite de) la région à pied car il fait très beau aujourd'hui.

42 — Quand arriverez-vous ? Nous vous attendons avec impatience.

43 — Est-ce qu'il y a dans votre ville des parcs aussi beaux que celui-ci ?

44 — Je ne peux pas rester avec toi plus longtemps ; j'ai un rendez-vous urgent au bureau.

45 — Ma femme est sortie avec une amie pour acheter quelques vêtements aux enfants.

٤٦ ـ كيف وجدت المجلّة الّتي أرسلتها إليك !

٤٧ ـ أودُّ أن أَشتريَ بعضَ الكتب الأدبيّة لإرسالها إلى أخي الّذي يحبُّ الأدبَ العربيَّ كثيرًا

٤٨ ـ هل قرأتم هذه القصّة ؟ مؤلّفها مشهور جدًّا

٤٩ ـ لا نبيعُ، في الوقتِ الحاضرِ، هذا النّوع من الملابس .

٥٠ ـ إنَّ الطّبيبَ الّذي أعرفه لن يستطيعَ أن يستقبلكم خلالَ هذا الأسبوع .

الدّرسُ الثّامن و السّبعون

جولةٌ في المدينة القديمة

١ ـ العفو، أتصوّر أنّني متأخّر ـ توقّفت ساعتي . كم السّاعة من فضلك ؟

٢ ـ السّاعة الثّالثة وخمس وعشرون دقيقة . ولكن، لا يهمّ : لسنا مستعجلين ①

289

46 — Comment as-tu trouvé la revue que je t'ai envoyée ?

47 — J'aimerais acheter quelques livres littéraires pour les envoyer à mon frère qui aime beaucoup la littérature arabe.

48 — Avez-vous (plur.) lu ce roman ? L'auteur est très connu.

49 — Nous ne vendons pas, pour le moment, ce genre de vêtement.

50 — Le médecin que je connais ne pourra pas vous (plur.) recevoir au cours de cette semaine.

Exercez-vous à les manier en essayant vous-mêmes, à votre gré, de changer le genre, le nombre, le temps, ce qui vous permettra rapidement d'enrichir votre mode d'expression.

LEÇON 78

(La leçon la huitième et la soixante dix)

PROMENADE DANS LA VIEILLE VILLE

Jacques à Ahmed	**1** — Pardon; je crois que je suis en retard. Ma montre est arrêtée ... Quelle heure est-il, s'il te plaît ?
Ahmed	**2** — 15 h 25 (l'heure la 3ème et 5 et 20 minutes). Mais cela ne fait rien : nous ne sommes pas (nous deux) pressés.[1]

٣- تفضّل ، سنسيرُ في هذا الشّارعِ الّذي
يُؤدّي إلى مُتحفِ الآثارِ القديمة [5]

٤- ما أَجْمَلَ الجوَّ اليومَ ! لحسنِ الحظَّ ، أصبحت
الآن مُتعوَّداً على طقسكِم ، والسّيرُ على
الأقدامِ رياضة مفيدة [5] جدّاً للأجسامِ [6]

٥- في باريس أستعملُ السّيّارةَ كثيراً ، عدا
أوقاتِ الزّحامِ الشّديد

٦- المشيُ خيرُ طريقة [5] لزيارةِ المدن في
البلدانِ الأجنبيّة لأنّكَ تستطيعُ [6] أن
تتوقّفَ أينما أردتَ [7] وأن تتكلّمَ مع أهلِ [8]
البلد وأن ندخلَ الدّكاكين (إلى آخره)...

Ahmed   **3** — Je t'en prie (passe devant) ! Nous
          allons prendre cette rue qui conduit au
          musée d'archéologie (des vestiges(2)
          anciens).

Jacques   **4** — Qu'il fait beau aujourd'hui !
          (comme il a rendu beau le temps au-
          jourd'hui) ! Heureusement, je suis
          maintenant habitué à votre climat (je
          suis devenu maintenant habitué à votre
          climat) et (puis) la marche à pied (sur
          les pieds) (est) un sport très salutaire
          (un sport très utile(3)) aux corps.(4)

Jacques   **5** — A Paris, j'utilise beaucoup la voi-
          ture, sauf aux heures de pointe (aux
          moments de la presse intense).

Ahmed   **6** — La marche est la meilleure métho-
          de(5) pour visiter (la visite) les villes
          dans les pays étrangers, car l'on peut
          s'arrêter où l'on veut (car toi tu peux(6)
          que tu t'arrêtes où que(7) tu as voulu)
          (et) parler aux gens(8) du pays (et) en-
          trer (dans) les boutiques etc ...

٧ـ أليس هذا هو المُتحف؟ في هذه العمارة الحديثة؟

٨ـ نعم، والغريب أنَّ بناية مُتحفِ الآثارِ القديمة أُعدت من بناية مُتحفِ الفنونِ الحديثة

٩ـ أَنا عطشان جِدًّا، وأنت؟

١٠ـ أنا أيضًا ... أُنظر إلى هذا السَّقّاءِ ⑨ ... يمكنُنا أن نشربَ ماءً باردًا

(يشربان ثمَّ ينصرفان)

١١ـ فعلاً! كان لهذا الماء طعمُ لذيذ ... هل يكونُ الماءُ الّذي يُباع ⑩ في الشَّوارع باردًا دائمًا مثلَ هذا الّذي شربناهُ اليوم؟

١٢ـ دائمًا، لأنّه يُحتفَظ به ⑪ في زقٍّ من جلدِ الماعز

١٣ـ فهمت ... كأنّه ثلّاجة ⑫

Jacques	7 — N'est-ce pas là le musée (est-ce que n'est pas ceci lui le musée), dans cet immeuble moderne ?
Ahmed	8 — Oui; et (ce qui est) curieux (étrange) (c'est) que le bâtiment du musée d'archéologie est plus moderne que celui (que le bâtiment) du musée d'art moderne !
Jacques	9 — J'ai très soif et toi ?
Ahmed	10 — Moi aussi ... Regarde ce porteur d'eau[9] ... Nous allons pouvoir boire de l'eau fraîche (il va nous être possible que nous buvions une eau froide).

Ils boivent puis s'en vont.

Jacques	11 — En effet ! Cette eau avait un goût délicieux (il était à cette eau un goût délicieux) ... Est-ce que l'eau vendue dans les rues est toujours aussi fraîche que celle que nous avons bue aujourd'hui ? (est-ce qu'est l'eau qui est vendue[10] dans les rues, froide toujours comme celui lequel nous avons bu lui aujourd'hui) ?
Ahmed	12 — Toujours, parce qu'elle est conservée[11] dans une outre en (de) peau (cuir) de chèvre.
Jacques	13 — Je comprends (j'ai compris)... C'est une sorte de glacière[12] (comme

مُتَنَقِّلَة، غَيرَ أَنَّها لا تَحتاج إلى ثلج .

**
*

NOTES :

1 — لَسنا مُستَعجلَين : nous ne sommes pas pressés (nous

deux) cas direct voulu par : لَسنا

Au duel, le cas sujet, rappelons-le a une terminaison en «ān(i)», les
cas direct et indirect en : «ayn» : ـَين

2 — آثار : pluriel de : أَثَر : trace, vestige.

الآثار القَديمَة : les vieux vestiges, les antiquités.

عِلم الآثار : la science des antiquités : l'archéologie.

3 — مُفيدَة : participe actif du verbe de la 4ème forme :

أَفادَ : être utile (racine : فائدَة : intérêt, utilité,

avantage).

4 — أَجسام : pluriel de : جِسم : corps.

5 — خَير طَريقَة : la meilleure méthode. On aurait pu avoir :

أَحسَن طَريقَة

6 — En arabe, l'impersonnel «on» peut se rendre :
— soit par l'utilisation d'un **verbe à la 2ème personne du singulier**

Ex : tu peux = on peut : تَستَطيع

— soit par l'usage d'un **verbe à la 3ème personne du pluriel**

Ex : Ils peuvent = on peut : يَستَطيعون
     (les gens peuvent)
— soit par un **passif** (cf leçon 23 note 6).

295

si lui une glacière) portative, sauf qu'elle n'a pas besoin de glace (de neige).

$$* *$$
$$*$$

7 — أَيْنَـمَا : «où que» ... Contraction de : أَيْنَ :

«où» et de : مَا : «que». A rapprocher de :

بَيْنَمَا : tandis que, pendant que

كَيْفَمَا : de n'importe quelle façon, de quelque façon que ...

رَيْثَمَا : tant que

طَالَمَا : depuis longtemps, aussi longtemps que ...

حَيْثُمَا : n'importe où, où que ce soit

عِنْدَمَا : quand, lorsque

حَالَمَا : dès que

Généralement suivis du passé en arabe.

8 — أَهْل a un sens très large. Il ne signifie pas seule-

ment «famille» mais aussi :

a) «**Les gens de**» : ex : Les gens du Livre : أَهْلُ الكِتَاب (c'est-à-dire ceux qui appartiennent à une religion du Livre, à une religion révélée).

b) «**les habitants de, ceux de**» : ex : Les gens de la ville, ceux de la ville : أَهْلُ المَدِينَة

c) «**Propriétaire de, possédant, ayant, doté de**» avec un sens analogue à celui de : أَصْحَاب ou ذَوُو

Ex : أَهْلُ الخِبْرَة - ذَوُو الخِبْرَة : ceux qui ont de l'expérience

أَهْلُ الحِكْمَة - أَصْحَاب الحِكْمَة : ceux qui ont de la sagesse (sages)

296

أهل العلم ـ أصحاب العلم : ceux qui ont de la science (savants)

9 — سقّاء : porteur d'eau. Nom de profession (cf leçon de révision 63) (racine : سَقَى : abreuver, verser à boire).

10 — يُباع : passif présent du verbe : بَاعَ : vendre.

11 — يُحتفَظ بـه : passif présent du verbe de la 8ème forme : اِحْتَفَظَ بـ : conserver (racine : حَفِظَ : conserver, garder)

12 — ثلّاجة : glacière. Nom d'instrument (cf leçon de révision 63) (racine : ثَلَج : neige, glace).

EXERCICES

١ ـ ما رأيك لو سلكنا هذا الطريق لنوفّر الوقت ؟

Que dirais-tu si nous prenions cette route pour gagner (pour que nous économisions) du temps ?

٢ ـ وصل النّاس من كلّ الجهات لزيارة المعرض الدّوليّ الّذي يستمرّ مدّة خمسة عشر يومًا

Les gens sont venus de toutes les directions pour visiter la foire internationale qui doit durer (qui durera) quinze jours.

٣ ـ أصبحت مدينتنا مدينةً سياحيّةً بعد أن كانت بلدةً صغيرةً لا يزورها أحد .

297

Notre ville est devenue, aujourd'hui, une ville touristique
après avoir été une petite cité que personne ne visitait (ne
la visite pas quelqu'un).

٤ـ إذا كنتم غير مستعجلين فيمكننا أن

نتوقّف هنا قليلاً حتّى نشاهد مُتحفَ

الفنون التّشكيليّة الجديد

Si vous n'êtes pas pressés, nous pouvons nous arrêter ici
un moment (un peu) pour voir le nouveau musée d'arts
plastiques.

٥ـ قل لي هل وضعت اللّحمَ و الخَضراواتِ

في التّلاّجةِ أم لا ؟

Dis-moi si tu as mis la viande et les légumes dans le réfri-
gérateur ou non ?

CONJUGAISON :

Verbes : MARCHER

Je vais, je marche	(asīr)	أَسير
Tu marches	(tasīr)	تَسير
Il marche	(yasīr)	يَسير
Nom d'action; fait de marcher, d'aller :		سَير
(Automobile) :		سيّارة
(cf noms d'instru- ments : leçon 63)		

298

جولةٌ في المدينة القديمة

(يدخلان شارعًا ضيّقًا)

١. انتبهْ مِنَ الدَّرّاجات ، فبسببِ الزِّحام
والضّجيج ، لا نكادُ نسمعُ⁵ صوتَها

٢. ولكن ، أين السّيّارات ؟ لا أرى إلّا
عابرين و درّاجات و درّاجات ناريّة

٣. يوجد منها ، ولكن قليلٌ ، لأنَّ شوارعَ
المدينة القديمة ضيّقة جدًّا فهي لا
تسمح بمرور السّيّارات ، وتوقّفُها يكادُ
يكونُ مستحيلًا

٤. في فرنسا ، كما تعلم ، و خاصّةً في المدن
الكبرى⁵ مثلَ باريس ، لا تستطيع أن
تتجوّلَ⁵ في الشّوارع دون أن تلقى سيّارات

(La leçon la neuvième et la soixante dix)

PROMENADE DANS LA VIEILLE VILLE

Ils entrent (dans) une rue étroite.

Ahmed 1 — Attention aux bicyclettes (fais attention des bicyclettes). Du fait de (à cause de) la cohue et du bruit, on peut à peine les entendre (nous ne sommes pas sur le point (que) nous entendions[1] leur voix).

Jacques 2 — Mais, où (sont) les voitures ? Je ne vois que des passants (et) des bicyclettes et des vélomoteurs (des bicyclettes à feu).

Ahmed 3 — Il y en a (il existe d'elles) mais peu (un peu) parce que les rues de la vieille ville sont très étroites, elles ne permettent pas la circulation des voitures et il leur est presqu'impossible de stationner (et leur stationnement est sur le point d'être impossible).

Jacques 4 — En France, comme tu sais, et en particulier dans les grandes villes[2] telles que (comme) Paris, on ne peut pas se promener (tu ne peux pas que tu te promènes)[3] dans les rues sans rencontrer de voitures (sans que tu rencontres des voitures) !

٥ـ أَدْ تَشُمُّ هذه الرّائِحَةَ؟ أَلَيست رائِحةَ الفَطيرة؟

٦ـ صَحيحٌ! لَكَ حاسّةَ شَمّ قوّيةٍ، يا أَخي! في أَكثر هذه الشّوارع نَجِد بائِعين[٤] يُقَدّمون حلويات متنوّعةٌ[٥] أو مشروبات أو لحومًا مطبوخةً أو سمكًا مقليًّا وحتّى وجباتٍ جاهزةٍ بثمن رخيص جدًّا

٧ـ ممتاز! في باريس، لا تَجِد مثلَ ذلكَ إلّا في بعضِ الأَحياء ولابُدّ مِنَ الأَكلِ في المطاعم في أوقات معيّنةٍ[٦]؛ وفضلًا عن ذلك، يجب عليكَ أحيانًا انتِظارُ[٧] طعامِك مدّةً طويلةً مهما اشتدّ[٨] جوعُك و عطشُك

٨ـ هنا، كما ترى، يُقَدّم لكَ الطّعام مباشرةً دون أن تنتظرَ طويلًا، وتستطيع بعده أن تأكلَ في الوقتِ الّذي تريد

301

Jacques	**5** — Ne sens-tu pas cette odeur ? N'est-ce pas une odeur de crêpes ?
Ahmed	**6** — C'est vrai. Tu as un bon odorat, mon cher (mon frère) (à toi un sens d'odorat fort) ! Dans la plupart de ces rues, on trouve (tu trouves) des vendeurs[(4)] (des marchands) (qui) présentent (exposent) des friandises variées[(5)] (ou) des boissons (ou) de la viande (des viandes) cuite (ou) du poisson frit et même des plats prêts (à emporter) pour une somme modique (à un prix très bon marché).
Jacques	**7** — Très bien ! A Paris, on ne trouve ce genre de choses (tu ne trouves pas comme cela) que dans certains quartiers; (et) on est obligé de manger (il n'y a pas d'échappatoire au fait de manger) dans les restaurants à heures fixes (à des moments déterminés)[(6)], et en plus de cela, il vous faut parfois attendre (il te faut parfois l'attente de)[(7)] votre nourriture longtemps, quelles que soient votre faim et votre soif (quoi qu'aient été intenses[(8)] ta faim et ta soif).
Ahmed	**8** — Ici, comme tu peux le voir (comme tu vois), on vous sert immédiatement (la nourriture t'est présentée immédiatement) sans avoir à attendre longtemps (sans que tu attendes longtemps) et ensuite (après lui) on peut manger (tu peux que tu manges) au moment où on le désire (au moment

302

وبحرّيّة كاملة دون أن تُضيعَ حتّى

دقيقة من جولتك ،

٩ـ فكثيرُ من السُّوَّاحِ الأجانب يفضّلونَ

هذه الطّريقة على تناولِ⑤ الأكل في

المطاعم لأسبابٍ مختلفةٍ .

***

NOTES :

١ لا نكاد أنْ : on aurait pu également dire : «...» لا نكاد نسمع

Le verbe : كاد ـ يكاد est dit : **«verbe d'imminence».** Il signifie :

être sur le point de, faillir.

Il exprime souvent la notion de : «presque». Parmi les autres verbes d'imminence, signalons :

أوْشَكَ على : être sur le point de

أشْرَفَ على : "

مالَبِثَ أنْ : ne pas tarder à ...

٢ـ المدن الكبرى : littéralement : «les plus grandes villes». En

fait, le superlatif est employé ici dans le sens de : «très grand» et
non pas de : «le plus grand».

On pourrait traduire par : «les très grandes villes, les grandes
villes».

Ainsi l'on dit :

الدّول الكبرى { Les grands Etats
{ Les Grandes Puissances

الحرب الكبرى : La Grande Guerre

303

lequel tu veux) et en toute liberté sans perdre une minute de sa promenade (sans que tu perdes même une minute de ta promenade).

Ahmed   9 — Beaucoup de touristes étrangers préfèrent ce système (cette méthode) au fait de manger au restaurant (au fait de prendre[9] le manger dans les restaurants) pour diverses raisons (pour des raisons diverses).

* *
*

العطلة الكبرى : Les grandes vacances.

3 — تَنَجْوَّل : du verbe de la 5ème forme : تَجَوَّلَ,
se promener, aller en tournée, faire un tour, être itinérant; (racine : جَوْلَة : tour, tournée, promenade).

Participe actif : مُتَجَوِّل : qui se promène, qui fait un tour, qui est en tournée, ambulant, itinérant.

Ex :   سفير مُتَجَوِّل : Ambassadeur itinérant.

بَيَّاع مُتَجَوِّل : Marchand ambulant.

Nom d'action :   تَجَوُّل : fait de se promener, de déambuler.

Ex : منع التجوُّل : couvre-feu (interdiction de se promener).

4 — بائعون pluriel de بائع vendeur. Au lieu de
بائعون on trouve également : باعة

Quant à بائع, il est souvent remplacé par بَيَّاع

304

avec le même sens. (cf noms de professions, leçon 63).

5 — مُتَنَوِّعَة : participe actif du verbe de la 5ème forme

تَنَوَّعَ : être varié (racine : نَوْع : genre, variété,

sorte).

Les «Variétés» se disent : أَلْمُتَنَوِّعَات

6 — مُعَيَّنَة : participe passif du verbe de la 2ème forme

عَيَّنَ : déterminer, fixer (nommer, désigner).

Nom d'action : تَعْيِين : détermination, fixation (nomination,

désignation).

يجب عليك الانتظار 7, on aurait pu avoir au lieu d'un nom

d'action : يجب عليك أَن تنتظر : il faut que **tu attendes.**

8 — مهما اشتدَّ : on aurait pu avoir : مهما كان شديدًا :

quelqu'ardent, quelqu'intense qu'il fût, aussi intense fût-il.

اِشتدَّ est un verbe de la 8ème forme qui signifie : être in-

tense (racine : شِدَّة : intensité).

Ex : الشِّدَّة الكهربائيَّة : l'intensité électrique.

9 — تَنَاوُل : nom d'action du verbe de la 6ème forme :

تَنَاوَلَ : prendre.

Ex : prendre le petit déjeuner : تناول الفطور

prendre le déjeuner : تناول الغداء

Ce verbe peut avoir également le sens de :
«aborder»

(ex : aborder une question) : تناول مسألة

Participe présent : مُتَنَاوِل : qui prend, qui aborde

Participe passif : متناوَل qui est pris, qui est à la portée de, qui est abordé.

Ex : «A la portée de» se dit : ... في متناوَل

EXERCICES

١ ـ الزّحامُ شديدٌ في الشّارعِ اليومَ حتّى لا تكادُ تتوقّفُ فيها السّيّاراتُ ولا الدّرّاجاتُ الناريّة.

La foule est si dense dans la rue aujourd'hui que les
• voitures ne peuvent presque pas y stationner non plus
que les vélomoteurs.
(la presse est intense dans la rue aujourd'hui si bien que
les voitures ne sont pas sur le point d'y stationner ni (et
pas) les vélomoteurs.

٢ ـ إسمحوا لنا بأن نقدّمَ لكم تحيّاتِنا الحارّة بمناسبةِ الاحتفالِ برأسِ السّنةِ الجديدة

Permettez-nous de vous présenter nos chaleureuses salutations à l'occasion de la célébration du Nouvel An (de la
tête de l'année nouvelle).

٣ ـ أصبحت رائحةُ الطّبخِ هذه تفتح شهيّتي، أو لا تشمّها ؟

Cette odeur de cuisine a commencé à m'ouvrir l'appétit;
ne la sens-tu pas ?

٤ ـ إذا أردتم أن لا تُضيعوا وقتَكم فعليكم أن تتفضّلوا معي لزيارةِ الأسواقِ القديمة التي ستجدونَ فيها كلَّ ما ترغبون .

Si vous ne voulez pas perdre (si vous voulez ne pas perdre) votre temps, vous devriez venir avec moi visiter les
vieux «souks» où vous trouverez (lesquels vous trouverez
dans eux) tout ce que vous désirez.

٥ ـ هل تدري لماذا يفضّلُ السّوّاحُ الأجانب هذه المنطقة على غيرها ؟

Est-ce que tu sais pourquoi les touristes étrangers préfèrent cette région à toute autre (à autre qu'elle) ?

٦ ـ أعتقد أنّها تعجبهم بسبب مناظرها الخلّابة وظرفِ أهلِها

Je crois qu'elle leur plaît en raison de ses paysages admi-
rables (attrayants) et de la gentillesse de ses habitants.

السّير على الأقدام
رياضة مفيدة للأجسام

CONJUGAISON :

Verbes : SENTIR — CUIRE — ETRE SUR LE POINT DE — PERDRE —

Je sens	(asoummou)	أَشُمّ
Tu sens	(tasoummou)	تَشُمّ
Il sent	(yasoummou)	يَشُمّ
Je cuis	(atbah)	أَطبخ
Tu cuis	(tatbah)	تَطبخ
Il cuit	(yatbah)	يَطبخ
Je suis sur le point de (je risque de)	(akādou)	أَكاد
Tu es sur le point de	(takādou)	تَكاد
Tu es sur le point de (fém.)	(takādīn)	تَكادِين
Il est sur le point de	(yakādou)	يَكاد
Je perds (ex : mon temps)	(oudī')	أَضيع
Tu perds	(toudī')	تَضيع
Il perd	(youdī')	يَضيع

308

جولةٌ في المدينةِ القديمةِ

(جاك وأحمد يشتريان فطيرةً ويأكلان)

١ـ أُنظرْ، يا جاك! أَلم أَقلْ لك بأنَّكَ سترى
هنا عدداً كبيراً منَ الأَبوابِ الجميلةِ؟

٢ـ أَكثرُ أَبوابِ بيوتِ هذا الشَّارعِ ضخمةٌ
ومصنوعةٌ منَ الحديدِ أوِ الخشبِ المنقوشِ.
ما رأيكَ في هذا البابِ، يا فنَّان؟⁵

٣ـ أُرى أنَّ صانعَهُ كان فنَّاناً حقًّا. ليتني
استطعتُ أنْ أَدفعَ هذا البابَ حتَّى أَزورَ
داخلَ البيتِ لأَنَّهُ إذا كان السِّتارُ جميلاً
فلا شكَّ أنَّ ما وراءَه أَجمل!

(La leçon la quatre vingtième)

PROMENADE DANS LA VIEILLE VILLE

Jacques et Ahmed achètent une crêpe et mangent.

Ahmed   **1** — Regarde, Jacques ! Ne t'avais-je
               pas dit que tu verrais ici un grand
               nombre de belles portes ?

Ahmed   **2** — La plupart des portes des maisons
               de cette rue sont énormes et en fer ou
               en bois gravé. Que penses-tu de cette
               porte (quel est ton avis sur cette por-
               te) ô artiste ?[1]

Jacques   **3** — Je pense que (je vois que = je
               considère que) celui qui l'a faite (son
               constructeur) était véritablement un
               artiste. Si je pouvais pousser cette porte
               pour visiter l'intérieur de la maison !
               Car (parce que lui) si le voile est beau,
               il est sûr que ce qui est derrière (lui)
               l'est encore plus (est) (plus beau) !

٤ـ لا تصدِّق ذلك! فلِأَجمل البيوت أبوابُ وحيطانُ بسيطة، وذلك غالبًا لعدم إثارةِ حسدِ النّاس وجذب اللّصوص عندنا مثل يقول: «لا تغرَّنُكَ المظاهِرُ!»

٥ـ ماذا لو دخلنا هذا الزُّقاقَ الضَّيِّقَ؟ ما رأيك؟

٦ـ كما تحبّ؛ لهذا الزُّقاقِ طابعٌ خاصّ، ولبيوتِهِ شبابيكُ خشبيّة قديمة جدًّا، لا يكادُ يوجد لها مثيلٌ في العالمِ اليوم. أمّا أشعّةُ الشّمس فلا تدخل إلى هذا الشّارع تقريبًا؛ ولهذا لا يزالُ باردًا حتّى في أشدِّ أوقاتِ الحرارة ـ إنّه يؤدّي إلى السُّور... هل تريد أن نذهبَ إلى هناك؟

٧ـ لا، شكرًا؛ تأخَّرنا كثيرًا

Ahmed	**4** — Ne crois pas cela ! (Car) les plus belles maisons ont des portes et des murs modestes (aux plus belles maisons des portes et des murs simples) et cela en général pour ne pas susciter[2] l'envie (des gens) ni (et) attirer les voleurs. Nous avons un proverbe qui dit : «Ne te fie[3] pas aux apparences[4]»(que les apparences ne t'illusionnent pas) !
Jacques	**5** — Si nous entrions (quoi si nous entrions) dans ce passage (ruelle) étroit? Qu'en dis-tu (quel est ton avis)?
Ahmed	**6** — Comme tu voudras; cette ruelle a un cachet (caractère) particulier; ses maisons ont des fenêtres[5] de bois grillagées très anciennes, dont il ne reste presque plus d'exemple dans le monde aujourd'hui (il n'existe presque pas d'elles un (modèle) semblable dans le monde aujourd'hui). Quant aux rayons[6] du soleil, ils ne pénètrent pratiquement pas jusqu'à cette rue (n'entrent à peu près pas); aussi (et pour ceci) elle reste fraîche (elle ne cesse pas (d'être) froide) même par les plus grosses chaleurs (même dans les plus intenses moments de chaleur) ... Elle (certes lui) conduit aux remparts... Veux-tu que nous y allions (jusque là-bas) ?
Jacques	**7** — Non, merci; nous avons beaucoup

وربَّما أتعبتكَ هذه الجولة . لا بدَّ أن نعودَ الآن

٨ ـ طيّب ! ولكن ، أريد أن أشربَ من هذه النَّافورة و أن أغسلَ وجهي ويديَّ (يشرب أحمد)

٩ ـ والآن ، سننزل من هذا الشَّارع إلى المدينة الحديثة . أرجو أن تكونَ مرتاحًا من زيارتِكَ اليوم ـ تفضَّل إلى البيت غدًا إذا أردت حتّى نستريحَ في جوٍّ عائليّ

١٠ ـ الواقع أنَّكَ محتاج إلى استراحة لأنَّني أتعبتك كثيرًا منذ وصولي فغيَّرت حياتَك العاديَّة

١١ ـ نعم ، غيَّرتها فعلًا حتّى أعدَّتُ إليَّ ⑦ الماضي !

NOTES :

1 — فَنَّان (racine فَنَّ : art) - (cf leçon 63 : noms de professions, d'activités).

2 — إثارة : nom d'action du verbe de la 4ème forme :

313

tardé et cette promenade a dû te fatiguer (peut-être t'as fatigué cette promenade). Il faut rentrer maintenant.

Ahmed   **8 —** Bon ! Mais je voudrais boire à
(de) cette fontaine et me laver le visage
et les mains (et que je lave mon visage
et mes deux mains).

Ahmed boit.

Ahmed   **9 —** Et maintenant, nous allons descendre par cette rue, vers la ville nouvelle. J'espère que tu es satisfait de ta
visite (j'espère que tu sois satisfait) aujourd'hui. Viens chez nous (viens à la
maison) demain si tu veux, pour que
nous nous reposions dans une atmosphère familiale.

Jacques   **10 —** (Le fait est que) tu as besoin de
te reposer (de repos) car je t'ai beau-
coup fatigué depuis mon arrivée (et)
j'ai bouleversé (j'ai changé) ta vie habituelle.

Ahmed   **11 —** Oui, tu l'as bouleversée (changée), en effet au point d'avoir ressusci-
té[7], pour moi, le passé (que tu as ra-
mené vers moi le passé).

أَنَارَ soulever, susciter, provoquer.

Participe actif : مُنِير : qui soulève, qui suscite

Participe passif : مُنَار : soulevé, suscité.

314

3 — لا تَغْرُرَنَّكَ المظاهِر «que ne t'illusionnent donc pas les apparences»; du verbe غَرَّ illusionner, tromper.

La forme du verbe dans cette phrase est dite «énergique»; elle se tire du subjonctif présent par adjonction de نَّ . «L'énergi-que» exprime une **notion d'exhortation, de menaces, de serments...** sur un **ton impératif.**

A propos de l'énergique, il existe une petite anecdote amusante. On raconte qu'un vieux grammairien aveugle marchait, guidé par un de ses plus jeunes disciples. Arrivé devant une flaque d'eau, le disciple dit à son maître «saute» ! (iqfaz : اِقْفِزْ!).

Le vieil aveugle sauta et tomba les deux pieds au milieu de la flaque. Devant le flot d'injures qui s'abattait sur lui, l'adolescent confus bredouilla : «Mais, Maître, je vous ai prévenu : je vous ai dit : «saute». «Imbécile, ignare», hurla l'aveugle, «si tu avais dit : «saute donc» (iqfazanna : اِقْفِزَنَّ) j'aurais pris mon élan pour sauter deux fois plus loin et avec plus d'énergie !»

4 — مظاهِر pluriel de مَظْهَر : apparence, manifes-tation extérieure, aspect (du verbe : ظَهَرَ : apparaître).

5 — شَبابيك pluriel de شُبَّاك : fenêtre grillagée (ra-cine : شَبَكَة grille, grillage).

(Dans la langue parlée, on trouve souvent ce mot dans le sens de نافِذة : fenêtre).

6 — أَشِعَّة pluriel de شُعاع : rayon.

7 — أَعَدْتُ verbe de la 4ème forme : أَعادَ faire revenir, ramener, rétablir, rendre, répéter (racine : عادَ revenir).

Nom d'action : إِعادة fait de faire revenir, de ramener.

EXERCICES

١- هذه المناقشة تُثيرُ مشاكلُ كثيرة

315

لا بُدَّ مِن حلّها في أقربِ وقتٍ ممكن

Cette discussion soulève de nombreux problèmes qu'il
faut absolument résoudre le plus tôt possible.

٢ ـ أعادت دولتُنا كافّة علاقاتِنا مع
بلدِكم في كلّ المجالات

Notre Etat a rétabli toutes nos relations avec votre pays
dans tous les domaines.

٣ ـ يفكّر جدّي في مغادرةِ المدينةِ القديمةِ
بعد قليل ليسكنَ في عمارةٍ ضخمةٍ قريبةٍ
من مستشفى ابن سينا

Mon grand père pense quitter la vieille ville d'ici peu pour
habiter dans un grand immeuble proche de l'hôpital Ibn
Sīnā.

٤ ـ لهذا المكان طابعٌ خاصٌ يثيرُ دهشةَ
جميعِ الزّوّار تقريبًا

Cet endroit a un cachet particulier qui suscite l'étonne-
ment de presque tous les visiteurs (de tous les visiteurs à
peu près).

٥ ـ نحن على وشكِ دخولِ البيتِ لزيارةِ
جميعِ أقسامه

Nous sommes sur le point d'entrer (dans) la maison pour
en visiter toutes les parties.

CONJUGAISON :
**Verbes : AVOIR RAMENE (AVOIR REPETE) — SUSCITER
(PROVOQUER) —**

J'ai ramené, j'ai répété	(aˁadtou)	أعدتُ
Tu as ramené	(aˁadta)	أعدتَ

316

| Il a ramené | (aᵘ-ada) | أَعادَ |
| Elle a ramené | (aᵘ-adat) | أَعادَت |

الدَّرْسُ الحادي والثَّمانون

في بيت أحمد

١. أَهْلاً، يا جاك! تَفَضَّلْ ... كيف الأَحْوال؟ ①

٢. أَحْسَنُ، منذ دخولي بَيْتَكُم ⑥ ولكنّي أُفَكِّرُ في
انتهاءِ إقامتي ②، وهذا شيءٌ يُحْزِنُني ④ كثيرًا

٣. لماذا هذا الحزن؟ أَلَسْتَ عائدًا ③ إلى أَهْلِكَ
وأصدقائِكَ ومدينَتِكَ الجميلة؟

٤. صحيحٌ، غيرَ أنَّني مُتَأَسِّفٌ لِعَدَمِ اِستطاعتي
تمديدِ ⑤ عُطْلَتي معكم.
عليَّ أن أذهبَ قريبًا إلى وكالةِ السَّفَر
لِحَجْزِ تذكرتي.

317

Je suscite, je provoque (ou_fīr)	أُثِير
Tu suscites (tou_fīr)	تُثِير
Il suscite (you_fīr)	يُثِير
Elle suscite (tou_fīr)	تُثِير

LEÇON 81

(La leçon la première et la quatre vingts)

CHEZ AHMED

Ahmed
1 — Bienvenue, Jacques ! Entre ... Comment va ?(1)

Jacques
2 — Mieux, depuis que j'ai mis les pieds chez vous (depuis mon fait d'entrer votre maison)(2) mais je pense à la fin(3) de mon séjour, et c'est une chose (qui) m'attriste(4) beaucoup.

Ahmed
3 — Pourquoi cette tristesse ? Ne vas-tu pas retourner vers les tiens, (et) tes amis et ta belle ville ?

Jacques
4 — C'est vrai, mais je suis désolé de ne pas pouvoir prolonger mes vacances avec vous (je suis désolé du fait de mon non pouvoir de prolongation(5) de mes vacances avec vous).

Je dois aller (sur moi que j'aille) prochainement à l'agence de voyages pour réserver mon billet (pour la réservation

318

٥ـ لا تفكّر في المستقبل بل تمتّع بالوقتِ ⑥
الحاضرِ فهكذا الدّنيا : لِكلِّ شيءٍ نهايةٌ إلّا
الصّداقة طبعًا

٦ـ طبعًا فإنّ صداقتَنا ستستمرُّ إلى الأبد ؛ ⑦
وحتّى منزلُكم سأحنُّ ⑧ إليه وهو يعجبني
أكثر من شقّتي ⑨ الصّغيرة في باريس .

٧ـ ليس المنزلُ وحدَهُ الّذي يعجبك في الواقع
بلِ الجوُّ ⑩ الّذي يسوده ⑪ فإنّه حقٌّ عائليٌّ
تحتاج إلى زوجةٍ وأطفالٍ، يا أخي ! لماذا
لا تتزوَّج ؟ ⑫

٨ـ أنا خطيب ⑬ ، وطبعًا فكّرت في الزَّواج ،
غير أنّني وجدت نفسي ⑭ صغيرًا لِتحمُّل ⑮
مسؤوليّاتِ الحياة العائليّة الآن ...
لا بدَّ أن أنتظرَ قليلًا

٩ـ أنت على حقٍّ ؛ لا تتعجّل فإنّ الزّواج ⑯

de mon billet).

Ahmed 5 — Ne pense pas à l'avenir, mais profite plutôt de l'instant présent (jouis[6] du moment présent) car ainsi va la vie (car ainsi la vie d'Ici-Bas) : tout a une fin (à toute chose une fin) sauf l'amitié naturellement (si ce n'est à l'amitié).

Jacques 6 — Naturellement, (car) notre amitié durera toujours (se poursuivra[7] jusqu'à l'éternité); même votre maison, je la regretterai (je soupirerai après elle, j'en aurai la nostalgie[8]); (et) elle (qui) me plaît plus que mon petit appartement[9] de (à) Paris.

Ahmed 7 — Ce n'est pas la maison seule qui te plaît, en fait, mais plutôt[10] l'atmosphère qui y règne (qui la domine[11]) (car) c'est une atmosphère familiale ... Tu as besoin d'une épouse et d'enfants, mon cher (mon frère); pourquoi ne te maries-tu pas ?[12]

Jacques 8 — Je suis fiancé[13] et bien sûr j'ai songé au mariage; mais (sauf que moi) je me trouve un peu jeune pour assumer les responsabilités de la vie familiale (j'ai trouvé mon âme[14] jeune pour le fait de supporter[15] les responsabilités de la vie familiale) maintenant ... Je dois attendre un peu.

Ahmed 9 — Tu as raison; ne te presse pas[16] car le mariage est une chose (une ques-

قضيّة مهمّة جدًّا ... أنا بنفسي⁽¹⁷⁾ لم أتزوّج إلّا بعد طول التّفكير و التّحليل⁽¹⁸⁾ وكما يقولُ العربُ :«العَجَلة منَ الشّيطان و التّأنّي منَ الرّحمنِ»

١٠ـ معلوم! ... اللّه! ما أَلْطَفَ الجوَّ⁽¹⁹⁾ في هذه الغرفة ، خصوصًا مع حرارةِ الجوّ في الخارج ... هل يوجد تكييف⁽²⁰⁾ في البيت ؟

١١ـ نعم ، عندي جهاز تكييف ولكنّه قديم ، لا يشتغل⁽²¹⁾ جيّدًا ويحتاج إلى تصليح⁽²²⁾

١٢ـ وباقي البيت مكيَّف أيضًا ؟

١٣ـ لا، ليس كلّه ... ولكنّك لم نشاهد كلَّ البيت حتّى الآن ؛ تفضّل معي لنزورَ جميع أقسامِه⁽²⁴⁾

* *
*

tion, une affaire) très importante. Moi-même[17], je ne me suis marié qu'après mûre réflexion (qu'après la longueur de la réflexion et de l'analyse)[18]; et comme disent les Arabes : «La précipitation vient de Satan (du Diable) et agir posément vient de Dieu (le fait d'agir posément vient du Clément»)!

Jacques   **10** — Bien sûr ... Dieu ! Qu'il fait bon (comme il a rendu agréable[19] l'atmosphère) dans cette chambre, surtout avec la chaleur qui règne dehors (la chaleur de l'atmosphère à l'extérieur)... Y a-t-il une climatisation[20] (conditionnement) dans la maison ?

Ahmed   **11** — Oui, j'ai un climatiseur (appareil à climatisation, à conditionnement), mais il est vieux, il ne fonctionne[21] pas bien (et) il a besoin d'être réparé (de réparation)[22].

Jacques   **12** — (Et) le reste de la maison est conditionné également ?

Ahmed   **13** — Non, pas entièrement (non, pas tout lui)[23]. Mais tu n'as pas encore vu toute la maison (tu n'as pas vu toute la maison jusqu'à maintenant); viens avec moi en faire le tour du propriétaire (que nous visitions toutes ses parties).[24]

✴   ✴

✴

NOTES :

1 — أَحْوَال : pluriel de : حَال : état.

2 — دُخُولِي بَيْتَكَ «mon fait d'être entré (dans) ta maison» (le verbe : دَخَلَ «entrer» est directement transitif) (cf leçon 59 note 9)..

3 — اِنْتِهَاء : fait de se terminer, de finir. Nom d'action du verbe de la 8ème forme : اِنْتَهَى : finir, s'achever, se terminer (racine : نِهَايَة : fin).

4 — يُحْزِنُنِي : présent du verbe de la 4ème forme : أَحْزَنَ : rendre triste, attrister, chagriner, peiner (racine : حُزْن tristesse).

Participe actif : مُحْزِن qui attriste, affligeant.

Triste se dit : حَزِين

5 — لِعَدَمِ اسْتِطَاعَتِي تَمْدِيد ... au lieu d'utiliser cette cascade de **noms d'action**, on aurait pu recourir **à des verbes** et dire :

لأَنَّنِي لا أَسْتَطِيع أَنْ أُمَدِّدَ عُطْلَتِي

«car je ne peux pas prolonger (que je prolonge) mes vacances».

6 — تَمَتَّع : verbe de la 5ème forme (racine : مَنْعَة jouissance)
(cf le verbe de la 4ème forme أَمْتَع : leçon 69 note 9).

7 — تَسْتَمِرّ : présent du verbe de la 10ème forme : اِسْتَمَرّ : se poursuivre, continuer; (racine : مَرّ : passer, s'écouler).

Participe actif : مُسْتَمِرّ : qui continue, continuel, perpétuel, continu.

Ex : courant continu : تيّار مستمرّ

Nom d'action : استمرار : continuité.

باستمرار : avec continuité : continuellement.

8 — أَحِنُّ إلى : présent du verbe : حنَّ إلى soupirer sur, avoir la nostalgie de ... (racine : حنين : nostalgie, soupir, soupir de nostalgie).

Participe actif : مُحِنٌّ إلى : qui a la nostalgie de ...

Ainsi ces beaux vers du poète arabe médiéval : Abou Tammām* :

نقّل فؤادَكَ حيثُ شئتَ منَ الهوى ۝

فما الحبُّ إلّا للحبيبِ الأوّلِ

«Promène ton cœur de passion en passion autant que tu voudras, mais il n'y a d'amour véritable que pour le premier amour.

كَمْ منزلٍ في الأرضِ يألَفُهُ الفتى ۝

وحنينُهُ أبدًا لأوّلِ منزلِ

A combien de demeures l'homme n'est-il pas habitué sur la terre et pourtant il a toujours (à jamais) la nostalgie de sa première maison».

Remarquez : le cas indirect après : كم qui **n'est suivi de l'accusatif que lorsqu'il introduit une interrogation.**

Ex : Combien d'enfants ? ... كم ولدًا ؟

(Au lieu de حنينٍ إلى on a ici حنينٍ لِ C'est une licence poétique). و

9 — شَقّة : pluriel : شُقَق

10 — بل : a pris le sens de : «mais». En fait, elle signifie : «bien plus, mais encore ...»

Ex : La maison n'est pas seulement belle, mais encore (elle est) spacieuse :

ليس البيت جميلًا فحسب بل إنّه واسع أيضًا

11 — يسود : présent du verbe : سادَ «dominer».

(racine : سيّد : seigneur, sieur

سيادة : souveraineté).

* Abou Tammām : cf notice biographique à la fin du tome 2.

324

Participe actif : سائِد : qui domine, dominant

Ex : L'idée dominante : الفِكرَة السَّائِدَة

12 — تَزَوَّج : du verbe de la 5ème forme : نتزوّج

se marier, épouser (racine : زَوَاج : mariage

زَوْج : couple, paire, époux)

directement transitif.

Ex : Il a épousé la fille de son voisin :

تَزَوَّجَ ابْنَةَ جَارِه

13 — خَطِيب : fiancé; à ne pas confondre avec خطيب

orateur.

14 — وجدتُ نفسي : je me suis trouvé (littéralement : j'ai

trouvé mon âme, c'est-à-dire : moi-même).

Tu t'es trouvé ... (tu as trouvé ton âme) : وجدتَ نفسَك

Remarque :

Pour rendre une **notion pronominale**, l'arabe a **souvent** recours
à cette tournure.

Ex : Je *me* lave : أَغْسِل نفسي : je lave mon âme =
je lave moi-même.

Je *me* permets : أَسمح لنفسي : je permets à mon âme =
je permets à moi-même.

15 — تحمّل : nom d'action du verbe de la 5ème forme :

نَحَمَّل : supporter, assumer (racine : حَمَل : porter).

16 — تتعجّل : présent du verbe de la 5ème forme : بَرَكَ
تعجّل

se presser, se hâter (racine : عَجَلَة : précipitation, hâte).

Même sens pratiquement que le verbe de la même racine à la
10ème forme : اِسْتَعْجَل : être pressé.

17 — أَنا بنفسي : littéralement : moi avec mon âme, c'est-à-

325

dire : moi-même.

Toi-même se dit : أنتَ بنفسك

Toi-même (fém.) : أنتِ بنفسك

Lui-même : هو بنفسه

Elle-même : هي بنفسها

Nous-mêmes : نحن بأنْفُسِنَا (nous avec nos âmes)

Vous-mêmes (plur.) : أنتم بأنفسكم

Eux-mêmes (plur.) : هم بأنفسهم

Remarque :

En langue littéraire, le ب ne s'emploie pas dans ce cas-ci.

On dit : أنا نفسي etc...

18 — تحليل : fait d'analyser, analyse. Nom d'action du verbe de la 2ème forme : حلّل : analyser, décomposer (racine : حَلّ : résoudre, défaire).

Participe actif : مُحَلّل : qui analyse, analyste.

19 — ما ألطف! : de لطيف : agréable, doux (cf leçon 44, note 2).

20 — تكييف : nom d'action du verbe de la 2ème forme : كَيّفَ : conditionner, climatiser.

Participe actif : مُكيّف : qui conditionne, climatiseur.

Participe passif : مُكيّف : qui est conditionné, climatisé.

21 — يشتغل : présent du verbe de la 8ème forme إشتغَل fonctionner (racine : شُغْل : travail, occupation).

Participe actif : مُشْتَغِل : qui travaille, qui fonctionne.

Nom d'action : اِشْتِغَال : fonctionnement.

22 — تَصْلِيح : nom d'action du verbe de la 2ème forme

صَلَحَ : mettre en bon état, réparer (racine : صَالِح : sain, en bon état).

Participe actif : مُصْلِح : qui répare, réparateur.

Participe passif : مُصْلَح : réparé, remis en bon état.

23 — لَيْسَ كُلُّه : «pas tout lui». Ici : لَيْسَ n'a pas le sens de :

«ne pas être», mais remplace tout simplement : مَا ou لَا : «pas».

Pour dire : «pas moi», on dit : لَيْسَ أَنَا

et non : لَا أَنَا ou : مَا أَنَا

«pas maintenant», on dit : لَيْسَ الآن

et non : مَا الآن ou لَا الآن

Donc, لَيْسَ : est ici **différent** de لَيْسَ, dans, par exemple :

«Il n'est pas grand» : لَيْسَ كَبِيرًا

et de : «Il n'y a pas d'hôtel» : لَيْسَ هُنَاكَ فُنْدُق

24 — أَقْسَام pluriel de : قِسْم : partie, portion, section, compartiment.

EXERCICES

١ـ لَقَدْ تَأَثَّرْتُ كَثِيرًا بِخَبَرِ وَفَاةِ عَمِّكُمْ، وَ يُحْزِنُنِي عَدَمُ وُجُودِي بِجَانِبِكُمْ فِي

هذه الظُّروفِ المُؤْسِفَةِ .

J'ai été très ému par la nouvelle du décès de votre (pluriel
de politesse) oncle (paternel) (et) je déplore de ne pas
être présent (et me chagrine ma non présence) à vos
côtés (à côté de vous) dans ces pénibles circonstances.

٢ـ يَسْتَطِيعُ الإِنْسانُ أَنْ يُفَكِّرَ في

المُسْتَقْبَل وهوَ يَتَمَتَّعُ كَذلكَ بالحاضِر

L'homme peut penser à l'avenir tout en jouissant (et lui
jouit de même) du présent.

٣ـ لا تَخافوا ، يَوَدُّ أَنْ يَسْتَقْبِلَكُم هوَ نَفْسُهُ

في مَكْتَبِهِ رغمَ المَسْؤُولِيّاتِ الكُبْرى التّي

يَتَحَمَّلُها مِنْ أَجْلِ البِلاد .

Ne craignez rien, il tient à vous accueillir lui-même dans
son bureau, malgré les très grandes responsabilités qu'il
assume pour le pays.

٤ـ لَقَدْ تَوَقَّفَ اليومَ هذا الجِهازُ بِسَبَبِ

نَقْصٍ في الدّائِرَةِ الكَهْرَبائِيَّةِ

Cet appareil est tombé en panne aujourd'hui en raison
d'une défectuosité du circuit électrique.

٥ـ لَيْسَ هوَ صاحِبَ تلكَ الفِكْرَةِ بَلْ إِنَّهُ قَدْ

وَجَدَها في كِتابِ أَحَدِ المُفَكِّرِينَ الكِبار .

Cette idée n'est pas de lui (ce n'est pas lui le propriétaire
de cette idée), mais il l'a trouvée dans le livre d'un grand
penseur (dans le livre d'un des penseurs les grands).

Verbes : JOUIR — DOMINER — SE MARIER — ANALYSER

Je jouis de	أَتَمَتَّع بِ
Tu jouis de	تَتَمَتَّع بِ
Il jouit de	يَتَمَتَّع بِ
Je domine	أَسُود
Tu domines	تَسُود
Il domine	يَسُود

الدَّرْسُ الثَّاني والثَّمانون

في بيت أحمد

١ ـ مِن أينَ تريد أن نبدأ الزِّيارة ؟ هل تودُّ أن
نصعدَ لِمشاهدةِ الغُرفِ الموجودة في
الطَّابقِ الأوَّلِ ؟ ... مع الأسف، ليس هنا
مِصعدٌ (١)، لا بدَّ أن نصعدَ في السُّلَّم (٢).
ألا تخاف أن تُتعِبَ نفسَك ؟ (٣)

329

Je me marie	أَتَزَوَّج
Tu te maries	تَتَزَوَّج
Il se marie	يَتَزَوَّج
J'analyse	أُحَلِّل
Tu analyses	تُحَلِّل
Il analyse	يُحَلِّل

LEÇON 82

(La leçon la deuxième et la quatre vingts)

CHEZ AHMED

Ahmed   1 — Par où veux-tu que nous commencions la visite ? Veux-tu que nous montions voir les chambres qui se trouvent au 1er étage ? ... Malheureusement, il n'y a pas d'ascenseur[1] (il n'est pas ici d'ascenseur), il faut prendre (il n'y a pas d'échappatoire à ce que nous montions dans) l'escalier.[2] Ne crains-tu pas de te fatiguer (que tu fatigues ton âme) ?[3]

٢- لا ، أبدًا ، أنا متعوّد على ذلك ؛ أُسكن في الطّابق الثّالث في باريس ، وكثيرًا ما يتوقّف المِصعد

(يصلان إلى أعلى السّلّم)

٣- هناك تجد غرف النّوم : إلى اليسار : غرفة محمّد ثمّ غرفة فاطمة ، وإلى اليمين : غرفتنا أنا وزوجتي[٤] وغرفةُ الطّفلين . وفي نهاية المرّ إلى اليمين ، يوجد[٥] دورة المياه والحمّام ، وإلى اليسار ، سلّم صغير يؤدّي إلى السّطح

٤- ممتاز ! ما أحسن هذه الهندسة[٦] ! إنّ المهندسَ المعماريّ الّذي خطّط هذا البيت قام بعمل رائع . هل أنت مالكُ[٧] البيت أم تدفع إيجارًا شهريًّا ؟

Jacques	**2** — Non, pas du tout, j'y suis habitué; j'habite au 3ème étage à Paris et souvent l'ascenseur est en panne (s'arrête).

Ils arrivent en haut de l'escalier.

Ahmed	**3** — Là se trouvent (tu trouves) les chambres à coucher : à gauche, celle (la chambre) de Mohammed, puis celle (la chambre) de Fatima (et) à droite notre chambre à ma femme et à moi-même (notre chambre (à) moi et mon épouse[4]) et celle (la chambre) des deux enfants. (Et) au bout du couloir, à droite, se trouvent[5] les toilettes, la salle de bains (le bain) et à gauche, un petit escalier (qui) conduit à la terrasse.

Jacques	**4** — Très bien ! Quelle belle architecture[6] (comme il a rendue belle, bonne, cette architecture). L'architecte qui a tracé les plans (a planifié) de cette maison a fait un travail splendide. Es-tu propriétaire[7] (de la maison) ou paies-tu un loyer mensuel ?

٥ ـ لا، إنّه مُلكٌ لي ؛ أمّا المهندسُ الّذي بنى
البيتَ فهو أحدُ أصدقائي وقد وضع التَّخطيطَ
حسب رغبتي ... تعالَ معي حتّى نزورَ غرفةَ
فاطمةَ فإنّها نموذجٌ للغرفِ الأُخرى ...
تفضّل ...

ⓐ

NOTES :

1 — مِصْعَد : du verbe صَعِدَ : monter. Nom d'instrument (cf leçon 63).

2 — سُلَّم : mot indifféremment masculin ou féminin en arabe. Désigne, en principe, une «échelle» mais a pris également le sens : «d'escalier» (cf leçon 67 note 8).

3 - أَنْ تَتْعَبَ نَفْسَكَ : que tu te fatigues = que tu fatigues ton âme = que tu fatigues toi-même (cf leçon 81 note 14).

4 — أَنَا و زوجتي : «moi et mon épouse». En arabe, contrairement au français, **on fait toujours passer «moi» d'abord** sans qu'il y ait là la moindre impolitesse.

5 — يوجد : en principe, le mot دورة étant du féminin, nous devrions avoir : توجد (ce qui serait d'ailleurs plus correct grammaticalement) ; mais dans la mesure où يوجد exprime ici **l'impersonnel** «il y a», on peut le laisser au masculin singulier.

La remarque est également valable pour **«il n'y a** ليس هناك :

pas». Ex :

ليست هناك سيّارات au lieu de : ليس هناك سيّارات

333

Ahmed

5 — Non, je suis propriétaire (c'est ma propriété); quant à l'architecte qui a construit la maison, c'est un de mes amis (et) il a dessiné les plans (la planification)(8) selon mon désir ... Viens avec moi visiter (afin que nous visitions) la chambre de Fatima (car) elle est le modèle (le prototype) des autres chambres ... Entre ... (passe).

* *
*

ou ليست هناك فنادق : au lieu de : ليس هناك فنادق

Par contre, l'**accord avec le féminin est obligatoire** dans des cas tels que :

ليست السّيّارة واسعة : la voiture n'est pas spacieuse.

6 — هندسة : signifie : géométrie. L'architecture se disant : الهندسة المعماريّة (la géométrie de la construction; de معماريّ maçon).

Participe actif : مهندس : celui qui fait de la géométrie : géomètre, ingénieur.

مهندس معماريّ : architecte.

7 — مالك : participe actif du verbe : ملك posséder, être propriétaire.

Participe passif : مملوك qui est possédé, qui est la propriété de (de là le mot : «mamluk» : esclave).

مِلْكيّة : fait de posséder, possession, propriété.

8 — نخطيط : fait de tracer des plans, de planifier, planification.

Nom d'action du verbe de la 2ème forme : خطّط : planifier, tracer des plans (racine : خَطَّ : trait; خُطَّة : plan).

Participe actif : مُخَطِّط : qui planifie.

Participe passif : مُخَطَّط : qui est planifié, plan.

وزير التَّخطيط : Ministre de la planification

تخطيط المُدُن : Urbanisme (planification des villes).

EXERCICES.

١ـ كم يدفعون للإيجار سنويًّا ؟

Combien payent-ils de loyer par an ?

٢ـ لا أدري بالضَّبط ، غير أنّي أعتقد أنّه مبلغ كبير

Je ne sais pas exactement, mais je pense qu'il s'agit (que lui) d'une somme élevée.

٣ـ هل أرسل إليكم صاحب البناية بيان مخالصة الإيجار في هذا الشَّهر ؟

Est-ce que le propriétaire de l'immeuble vous a adressé la quittance de loyer ce mois-ci ?

٤ـ وجدنا في صندوق البريد رسائلكم مع قائمة الغاز و الكهرباء

Nous avons trouvé dans la boîte aux lettres (la boîte du courrier) vos lettres avec la facture du gaz et de l'électricité.

٥ـ إنّنا نسكن بعيدًا عن المدرسة ، ولا بدّ ، من أجل الأطفال أن نفتِّش عن شقّةٍ جديدة

Nous habitons loin de l'école, et il faut, pour les enfants, que nous cherchions un nouvel appartement.

٦ـ طلبت الحكومة من هؤلاء المهندسين

أن يرسُموا التَّخطيط في بعضِ مناطقِ المدينة

Le gouvernement a demandé à ces ingénieurs de dessiner
les plans (la planification) de certaines parties (contrées,
zones) de la ville.

٧ - هل بَنَيْتم هذا المنزل بأنفسكم ؟

Avez-vous construit cette maison vous-mêmes (pluriel) ?

CONJUGAISON :

Verbes : HABITER — PAYER — DESSINER — S'ARRETER
AVOIR ACCOMPLI — AVOIR CONSTRUIT

J'habite	أَسكُن
Tu habites	تسكُن
Il habite	يسكُن
Je paie	أَدفع
Tu paies	تدفع
Il paie	يدفع
Je dessine	أَرْسُم
Tu dessines	تَرْسُم
Il dessine	يَرْسُم
Je m'arrête	أتوقَّف
Tu t'arrêtes	تتوقَّف
Il s'arrête	يتوقَّف
J'ai fait, j'ai accompli	قُمْتُ بـ
Tu as fait, tu as accompli	قُمْتَ بـ
Il a fait, il a accompli	قَامَ بـ
J'ai construit	بَنَيْتُ
Tu as construit	بَنَيْتَ
Il a construit	بَنَى

336

(Construction, édification (édifice) : بِنَاءٌ

Maçon : بَنَّاءٌ (cf noms de professions, leçon 63).

الدَّرْسُ الثَّالِثُ وَالثَّمَانُونَ

فِي بَيْتِ أَحْمَدَ

(جَاءَكَ يَدْخُلُ غُرْفَةَ فَاطِمَةَ)

١- رَائِعٌ ! هَذِهِ الْغُرْفَةُ كُلُّهَا تَدُلُّ عَلَى أَنَّ
فَاطِمَةَ فَتَاةٌ مُحِبَّةٌ لِلْجَمَالِ وَالنِّظَامِ ...
مَا أَجْمَلَ هَذَا الْأَثَاثَ ! وَاللَّهِ ، أَرَاهَا
مَفْرُوشَةً بِغَايَةِ الذَّوْقِ !

٢- وَمِنْ جِهَةٍ أُخْرَى ، يَدْخُلُهَا ضَوْءُ النَّهَارِ
بِاسْتِمْرَارٍ حَتَّى أَنَّهَا مُضِيئَةٌ جِدًّا ، وَ
عَيْبُهَا الْوَحِيدُ هُوَ أَنَّهَا مُطِلَّةٌ عَلَى الشَّارِعِ
وَشَارِعُنَا ، كَمَا تَعْرِفُ ، حَافِلٌ بِالضَّجِيجِ
دَوْمًا ... طَيِّبٌ ! مَاذَا لَوْ نَزَلْنَا الْآنَ لِزِيَارَةِ
الْغُرَفِ الْبَاقِيَةِ تَحْتُ ؟

LEÇON 83

(La leçon la troisième et la quatre vingts)

CHEZ AHMED

Jacques entre (dans) la chambre de Fatima

Jacques   **1** — Merveilleux! Cette chambre toute entière montre (prouve) que Fatima est une jeune fille qui aime (éprise de)[1] la beauté et l'ordre. Quel beau mobilier (comme il a rendu beaux ces meubles) ! Par Dieu, je la trouve (je la vois) meublée (garnie, tapissée) avec un goût extrême (avec l'extrême du goût).

Ahmed   **2** — (Et) d'un autre côté, la lumière du jour y entre continuellement, si bien qu'elle est très éclairée (lumineuse)[2]; (et) son seul[3] défaut c'est qu'elle donne (qu'elle est donnant)[4] sur la rue et notre rue, comme tu (le) sais est toujours[5] pleine de bruit.

Bien ... (quoi) si nous descendions maintenant visiter (pour la visite) les pièces (chambres) qui restent (restantes) en bas ?

338

٣ـ أنت المُرشِد... عليكَ تحمُّل [6] مسؤوليّةِ [7] الاِختيار

٤ـ إتبعني إذن ...سوف تشاهد غرفةَ الأكلِ الموجودة بجانب غرفةِ الاستقبالِ الّتي كنّا جالسَيْنِ بها منذ قليل

(ينزلان إلى غرفةِ الأكل)

٥ـ ما أُوْسَعَ [8] هذه القاعة! لولا هذه المائدة الوحيدة في الوسط لَتصوّرت أنّي في قاعة مطعم فاخر

٦ـ صحيح، وخاصّةً في أوقاتِ الأكلِ فزوجتي طبّاخة [9] ماهِرة تُحضِّر لنا وجبات لذيذة مِنَ الدَّرجةِ الأُولى ... هنا تنتهي زيارةُ البيت ... هل تريد أن نخرجَ إلى البستان؟

Jacques	**3** — (C'est) toi le guide.(6) A toi de choisir (sur toi le fait de supporter(7) la responsabilité du choix).
Ahmed	**4** — Suis-moi donc. Tu vas voir la salle à manger (la chambre du manger) qui se trouve à côté du salon (de la chambre de réception, d'accueil) dans laquelle nous étions assis tout à l'heure (laquelle nous étions (tous les 2) assis dans elle depuis peu).

Ils descendent à (vers) la salle à manger.

Jacques	**5** — Quelle immense salle (comme il a rendu vaste(8) cette salle)! Sans (s'il n'y avait pas) cette longue table unique au milieu, je me serais cru (j'aurais imaginé que moi) dans la salle d'un grand restaurant (d'un restaurant luxueux).
Ahmed	**6** — C'est vrai, (et) surtout au moment des repas (dans les moments du manger) (car) ma femme est une excellente (habile) cuisinière(9) (qui) nous prépare des plats délicieux de première qualité (du 1er degré)... Ici s'achève la visite de la maison ... Veux-tu que nous sortions dans le jardin?

٧ـ نعم، وإنّي أرغب في التَّحدُّثِ إليك ⑩ عنِ
الزِّيارة الّتي أُريد أن أقومَ بها في
أسواقِ المدينةِ القديمة.

٨ـ أنا مشغول حاليًا، ولكنّي مستعدّ ⑪
للذَّهابِ معك في الأسبوعِ القادم إنْ شاء اللَّه

٩ـ شكرًا جزيلً، يا أخي، ولكنّي أخشى أن
أزعجَك

١٠ـ كيف تقولُ ذلك ونحن أخَوَان !

* *

*

Jacques	**7** — Oui (et) je désirerais (certes moi je désire) discuter avec toi (le fait de converser vers toi)[10] de la visite que j'aimerais faire dans les «souks» (les marchés) de la vieille ville.
Ahmed	**8** — Je suis occupé actuellement, mais je suis prêt[11] à aller avec toi (au fait d'aller avec toi) la semaine prochaine, si Dieu veut.
Jacques	**9** — Merci beaucoup, mon cher (mon frère) mais je crains de te déranger.
Ahmed	**10** — Comment peux-tu dire cela (comment dis-tu cela) (alors que) nous sommes des frères (nous deux frères) !

✷ ✷

✷

NOTES :

1 — مُحِبَّةٌ لِـ : éprise de, qui aime. Participe actif du verbe de la 4ème forme : أَحَبَّ : aimer.

Ex : مُحِبٌّ لِلسَّلاَم : épris de paix.

2 — مُضِيئَةٌ : féminin de : مُضِيءٌ : lumineux, qui illumine, qui donne de la lumière. Participe actif du verbe de la 4ème forme : أَضَاءَ : rayonner, éclairer (racine : ضَوْءٌ : lumière, clarté).

3 — وَحِيدٌ : «unique». **A ne pas confondre avec :** «un», «un seul», «un seul et même» : وَاحِدٌ

Ex : هَذِهِ الْغُرْفَةُ الْوَحِيدَةُ : C'est la **seule** chambre

هُنَاكَ غُرْفَةٌ وَاحِدَةٌ : Il y a **une seule** chambre

يَسْكُنَانِ فِي غُرْفَةٍ وَاحِدَةٍ : Ils habitent (tous deux) dans une **seule et même** chambre.

4 — مُطِلَّةٌ عَلَى : féminin de : مُطِلٌّ عَلَى : qui donne sur, qui surplombe, qui domine. Participe actif du verbe de la 4ème forme : أَطَلَّ عَلَى : surplomber, donner sur ...

5 — دَوْمًا : synonyme de : دَائِمًا : en permanence, perpétuellement, toujours.

6 — مُرْشِدٌ : qui guide, guide. Participe actif du verbe de la 4ème forme : أَرْشَدَ : guider (au sens matériel et spirituel).

(racine : رُشْد : bon sens, raison). (Cf Ibn *Rousd*, le philosophe).

رَشِيد signifie : éveillé, sensé, raisonnable, éclairé.

(cf هَارُونُ الرَّشِيد : Haroūn er *Rachīd*, le calife abbasside*).

* Haroūn er Rachīd : cf notice biographique à la fin du tome 2.

343

Nom d'action : إِرْشَاد : fait de guider, d'orienter, de conduire, conduite, direction, orientation.

Ex : وِزَارَة الإِرْشَاد : Ministère de l'Orientation.

7 — عَلَيْكَ تَحَمُّل : «sur toi le fait de supporter» ... Utilisation d'un nom d'action au lieu d'un verbe. On aurait, en effet, pu dire : عَلَيْكَ أَنْ تَتَحَمَّل : à toi de supporter, que tu supportes ...

8 — مَا أَوْسَع ; de واسِع : vaste (cf leçon 44 note 2).

9 — طَبَّاخَة : féminin de : طَبَّاخ : cuisinier (racine : طَبَخَ : cuisiner, cuire). (cf formation des noms d'activité ou de professions - leçon 63).

10 — أَرْغَب فِي التَّحَدُّث إِلَى... : «je désirerais le fait de parler». Au lieu d'un nom d'action, on aurait pu dire : أَرْغَب أَنْ أَتَحَدَّث إِلَى... : je désirerais que je parle : parler. (pour le verbe : تَحَدَّثَ : parler, s'entretenir, raconter (cf leçon 68, note 12).

11 — مُسْتَعِدّ (cf leçon 64 note 2).

344

EXERCICES

١ـ لا تتصوّر أنّ الغرف مفروشة كلُّها

بنفسِ الذَّوقِ ، فلا مثيلَ لهذا

الأثاث في البلدِ كلِّها

Ne t'imagine pas que toutes les chambres sont meublées
avec le même goût; ce mobilier n'a pas son pareil dans
tout le pays.

٢ـ نحن نتمتّع بمنظرٍ جميلٍ فغرفتُنا مطلّة

على النَّهرِ ، و نرى الجبالَ في البعيد

Nous jouissons d'un beau panorama : notre chambre surplombe le fleuve et nous voyons les montagnes dans le
lointain.

٣ـ هل أنتِ مستعدّةٌ للخروجِ معي

لزيارةِ الأسواقِ في المدينةِ القديمة ؟

Es-tu prête à sortir avec moi pour visiter les «souks» dans
la vieille ville ?

٤ـ في مطعمِ الواحةِ يوجد طبّاخٌ ماهرٌ

يحضّر وجباتٍ لذيذة لم نأكلْ مثلَها

منذ زمنٍ طويل

Il y a un bon cuisinier au restaurant de l'«Oasis» qui
prépare des plats délicieux; nous n'en avons pas mangé

345

de semblables depuis longtemps.

(au restaurant de l'Oasis, un cuisinier habile (qui) prépare des plats, nous n'avons pas mangé comme eux depuis longtemps).

أنا مشغول حاليا

CONJUGAISON :

Verbes : ETRE DESCENDU — AVOIR IMAGINE — SORTIR CRAINDRE que —

Je suis descendu	نزلتُ
Tu es descendu	نزلتَ
Il est descendu	نزل
J'ai imaginé	تصوّرتُ
Tu as imaginé	تصوّرتَ
Il a imaginé	تصوّر
Je sors	أَخرُج
Tu sors	تَخرُج
Il sort	يَخرُج

346

Je crains que	أُخْشَى أَنْ
Tu crains que	تَخْشَى أَنْ
Il craint que	يَخْشَى أَنْ

الدَّرْسُ الرَّابِعُ والثَّمانونَ

مُراجَعَة

Avez-vous bien travaillé au cours de cette dernière semaine ?

Si vous avez tenu compte de tous nos **conseils** et de ceux concernant la **prononciation,** notamment, vous devez être en mesure maintenant de vous exprimer presque comme un arabe.

Certes, il vous manquera encore beaucoup de vocabulaire, mais vous êtes capables de tenir une petite conversation et, en tout cas, de briser définitivement le mur d'incompréhension linguistique qui vous empêchait, naguère, de communiquer dans leur langue avec des arabophones.

Quelles sont les difficultés grammaticales ou les particularités de la langue arabe qui vous restent encore inconnues ?

Eh bien, en fait, nous n'avons presque plus rien à vous inculquer de ce point de vue, sinon à insister sur le fait que l'étude des **formes dérivées** est un **élément fondamental** dont le mécanisme de formation doit vous devenir familier au point de se transformer en réflexe.

LEÇON 84

(La leçon la quatrième et la quatre vingts)

Révision

A ce propos, nous ne pouvons que vous inciter **à apprendre — par cœur —** une fois n'est pas coutume, le **tableau des formes dérivées** figurant dans la notice grammaticale, **à la fin de la méthode.**

Vous nous remercierez, plus tard, d'avoir tant insisté sur ce point.

Et puisque nous parlons des formes dérivées, rappelons que nous en avons déjà vu quelques unes et non des moins importantes : la IIème, la IIIème, la IVème, la Vème et la VIIIème.

Bien que nous ayons, par ailleurs, eu l'occasion de rencontrer des verbes de la **VIème forme,** il conviendrait peut-être d'en revoir le schéma et le mode de formation.

— Sa configuration est celle de la **IIIème forme avec préfixation d'un** تَ

— IIIème forme: ‿ ‿ ٔ‿ VIème forme: ‿ ٔ‿ ٔ‿ تَ

Prenons la **racine** : قَتَـل (tuer)

IIIème forme: فَاتَلَ VIème forme: تَفَاتَلَ

Cette VIème forme exprime, essentiellement, la «réciprocité»

— Ex : **Racine** عون (notion d'aide) تَعَاوَنَ :
s'entr'aider, collaborer, coopérer.

— فَتَلَ (tuer) تَفَاتَلَ : s'entretuer.

Elle évoque aussi la notion de : **«faire semblant de …»**

— Ex : جَهَلَ : ignorer تَجَاهَلَ : faire

semblant d'ignorer.

— نَوْم : sommeil تَنَاوَمَ : faire

semblant de dormir.
etc...

Voici, à présent, le schéma du **participe actif** de cette forme :

مُتَ ـ ـ ا ـ ـ

Ex : Racine : عون

مُتَعَاوِن : qui coopère, coopérant

Nom d'action : تَ ـ ا ـ ك

Racine : عون

تَعَاوُن : coopération

Racine : بدل : (notion de changement, d'échange)

تَبَادُل : réciprocité

349

etc...

A vous maintenant de **mettre quelques verbes à la VIème forme**, en constituant leur **participe actif** et leur **nom d'action**.

Prenez les **racines**: قــرب : (notion de proximité)

بعــد (notion d'éloignement)

VIème forme :

ــَـ ا ــَـ ـ تَـ : ....

Participe actif de la VIème forme مُتَــ ا ـ ـ : ....

Nom d'action ــَـ ا و ــَـ : ....

Pour clore cette petite leçon de révision, nous devrions peut-être remarquer avec vous que les **noms masculins singuliers arabes ne font pas toujours leurs pluriels de la même façon. Certains** se construisent selon une règle précise, c'est le cas des **pluriels des mots comme** : مطعم ، مسجد ، مكتب

par exemple, d'autres selon une autre règle; mais très souvent, c'est l'usage qui vous amènera à connaître les divers pluriels masculins, ce qui n'est pas le cas pour les **pluriels féminins** lorsque leur singulier se termine par un ـة ـة ـة notamment et qui **ont**

le plus souvent une terminaison en أَت .

(Par ailleurs, nous avons vu que **ces pluriels en** أَت

étaient utilisés fréquemment dans le cas de **mots non arabes** tels que :

شِيكَات : chèque ← شِيك

دُولَارَات : dollar ← دُولَار

كِيلُوغْرَامَات : kilogramme ← كِيلُوغْرَام

etc...)

A côté de toutes les formes de pluriels que nous avons pu rencontrer, il en est **une** qui a sûrement attiré votre attention : c'est celle dont **le schéma est le suivant** :

Singulier:		Pluriel:
(langue) : لِسَان		أَلْسِنَة
(rayon) : شُعَاع		أَشِعَّة
(tapis) : بِسَاط		أَبْسِطَة
(bagage) : مَتَاع		أَمْتِعَة

الدَّرْسُ الخَامِسُ وَالثَّمَانُونَ

زِيَارَةُ الأَسْوَاقِ

١ـ مَا رَأْيُكَ لَوْ أَوْقَفْنَا السَّيَّارَةَ فِي هَذَا المَكَانِ؟
أَصْبَحَتِ الشَّوَارِعُ ضَيِّقَةً جِدًّا

٢ـ عَلَى كُلِّ حَالٍ، خَيْرٌ لَنَا أَنْ نَمْشِيَ عَلَى الأَقْدَامِ؛
لَنْ تُفِيدَنَا السَّيَّارَةُ إِلَّا لِنَقْلِ

351

أَحْذِيَة	حِذَاء : (chaussure)
أَوْعِيَة	وِعَاء : (récipient) (vase)
أَسْوِرَة	سِوَار : (bracelet)
أَغْطِيَة	غِطَاء : (couverture)

etc...

هل تجد صعوبات ؟

LEÇON 85

(La leçon la cinquième et la quatre vingts)

VISITE DES «SOUKS»

Ahmed **1 —** Si nous arrêtions la voiture à cet endroit ? Les rues sont maintenant (les rues sont devenues) très étroites.

Jacques **2 —** De toutes façons, il vaut mieux aller à pied (mieux pour nous que nous marchions sur les pieds); la voiture ne nous sera utile que pour transporter les

352

البضائعِ[^1] الّتي قد تشتريها[^2]

٣ ـ هل تفكّر في شراءِ أشياء كثيرة ؟ لأنّ[^3]
الدّكاكين[^4] عديدة في هذه المنطقة و
البضائع مختلفة ، تستطيع أن تجدَ
كلَّ شيء بكلِّ الأسعار

٤ ـ عليّ أن أشتريَ أشياء كثيرة ، و إذ[^5]
عرف أصدقائي بأنّني كنت في بلدٍ عربيّ،
طلبوا منّي أن أعودَ إليهم ببعضِ الهدايا[^6]...
كما يجب أن أشتريَ شيئًا لعائلتي و
خطيبتي ، ولكن لا أدري ماذا أختار[^8] لَهُم

٥ ـ هل تريد أن نبدأ بحيّ النّحّاسين[^9] ؟ و
بعد ذلك، يمكن أن نذهبَ إلى حيّ الصّاغة[^10]،
فأصحابُ[^11] الحرفة الواحدة منجمّعون في
حيٍّ واحد[^12]

353

marchandises[1] que tu pourrais acheter (lesquelles peut-être[2] tu les achètes).

Ahmed   **3 —** Songes-tu à acheter (est-ce que tu
penses à l'achat[3]) beaucoup de choses
(de choses nombreuses) ? (parce que)
il y a de nombreuses boutiques[4] par
ici (parce que les boutiques (sont) nombreuses dans cette région) et les marchandises sont diverses. On peut tout y
trouver à tous les prix (tu peux que tu
trouves toute chose à tous les prix).

Jacques   **4 —** J'ai beaucoup de choses à acheter
(sur moi que j'achète des choses nombreuses). Mes amis ayant su (étant
donné[5] qu'ils ont su) que j'étais dans
un pays arabe, m'ont demandé de leur
rapporter quelques cadeaux (que je revienne vers eux avec[6] quelques cadeaux)[7] ... Je dois aussi acheter (de
même qu'il faut que j'achète) quelque
chose pour ma famille et ma fiancée;
mais je ne sais quoi leur choisir (je ne
sais pas quoi je choisis[8] pour eux).

Ahmed   **5 —** Veux-tu que nous commencions
par le quartier des dinandiers (marchands de cuivre)[9] ? Après quoi (et
après cela) nous pourrions aller (il est
possible que nous allions) au quartier
des bijoutiers (orfèvres)[10]: les gens[11]
d'une même profession (les posses-
seurs de la même et unique profession)
(sont) groupés dans un seul et même

354

ولهذا، استلقى في هذه الأسواق كلَّ ما
ترغب .

*

NOTES :

1 — بضائع : pluriel de بضاعة

2 — قد تشتريها (cf : sens de قد : suivi
du présent. Leçon 20, note 2).

3 — شِراء : achat. Nom d'action du verbe : شرى
acheter. Le verbe إِشْتَرَى à la 8ème forme : شرى a le
même sens.

Participe actif : مُشْتَر : qui achète : acheteur.

Participe passif : مُشْتَرَى : acheté, ce qui est acheté : «achat»

(pluriel : مُشْتَرَيَات : achats).

Nom d'action moins usité que شِراء : إِشْتِراء

4 — دكّان : singulier de : دكاكين (mot indifféremment masculin ou féminin).

5 — إِذْ : «étant donné que», «du fait que» (suivi d'un
verbe au passé).

6 — أَنْ أَعُودَ بِ : «que je revienne **avec**»; mis pour : «que
je leur apporte». Cette tournure est très fréquente avec d'autres
verbes tels que :

آتِي : je viens.

آتِي بِ : je viens avec = j'apporte.

355

quartier(12); aussi (et pour ceci), tu trouveras (tu rencontreras) dans ces «souks» (ces marchés) tout ce que tu désires.

**
*

أَذْهَب : je pars, je vais.

أَذْهَب بِ : je pars avec = j'emporte.

7 — هَدَايَا pluriel de : هَدِيَّة (cf leçon 73 note 14),

8 — أَخْتَار : présent du verbe de la 8ème forme: اِخْتَارَ

choisir (racine : خَيْر : bien).

Participe passif : مُخْتَار : qui est choisi, élu.

Nom d'action : اِخْتِيَار : choix.

9 — نَحَّاسِين : cas indirect de : نَحَّاسُون . Pluriel de : نَحَّاس : travailleur du cuivre, marchand de cuivre : dinandier (racine : نُحَاس : cuivre) (cf leçon 63 : noms de professions).

10 — صَاغَة : pluriel de صَائِغ . On aurait pu avoir également : صَائِغُون , بَائِعُون بَاعَة . Même cas que : et pluriels de بَائِع (cf leçon 79, note 4).

11 — أَصْحَاب الحِرْفَة (pluriel de : صَاحِب : propriétaire de, maître de), signifie ici : «les gens de, ceux de», synonyme de : أَهْل (cf leçon 78, note 8).

12 — فِي حَيٍّ وَاحِد (cf leçon 83 note 3, exemple 3).

356

EXERCICES

١ـ أَصْبَحَتْ حَرَكَةُ المُرُورِ شَدِيدَةً حَتَّى أَنَّنِي أَوْقَفْتُ السَّيَّارَةَ لِلذَّهَابِ مَشْيًا إِلَى حَيِّ الصَّاغَةِ حَيْثُ يَجِدُ النَّاسُ كُلَّ مَا يَرْغَبُونَ .

La circulation est devenue si dense que j'ai arrêté la voiture pour aller à pied au quartier des orfèvres où l'on trouve (où les gens trouvent) tout ce que l'on désire.

٢ـ إِنَّ المَصَارِفَ مُغْلَقَةٌ غَدًا بِمُنَاسَبَةِ العِيدِ فَأَنْصَحُكُمْ بِسَحْبِ نُقُودِكُمُ الآنَ إِذَا كُنْتُمْ فِي حَاجَةٍ إِلَيْهَا خِلَالَ الأُسْبُوعِ

Les banques sont fermées demain à l'occasion de la fête; je vous conseille de retirer votre argent maintenant si vous en avez besoin au cours de la semaine.

٣ـ البَضَائِعُ كَثِيرَةٌ فِي الحَانُوتِ فَتَسْتَطِيعُ أَنْ تَخْتَارَ كُلَّ مَا تُحِبُّ .

Il y a un grand choix (il y a beaucoup de marchandises) dans la boutique. Tu peux choisir tout ce que tu veux.

٤ـ ارْتَفَعَتِ الأَسْعَارُ هَذَا العَامَ بِدَرَجَةِ أَنَّ بَعْضَ البَضَائِعِ لَمْ تَعُدْ فِي مُتَنَاوَلِ الكَثِيرِ مِنَ النَّاسِ

Les prix ont augmenté cette année au point que certaines denrées ne sont plus abordables pour bien des gens.

٥ ـ إذا دفعتم نقداً يمكنكم أن تتمتَّعوا
بتخفيضٍ بنسبة عشرة في المائة (١٠٪)،
غير أنّكم قد تفضّلون الدّفعَ بالتَّقسيط ؟

Si vous payez comptant, vous pourrez bénéficier d'une
réduction de 10 %, mais peut-être préférez-vous payer
à tempérament ?

CONJUGAISON :

Verbes : AVOIR ARRETE — CHOISIR — ETRE DEVENU —
ETRE UTILE à

J'ai arrêté	أوقفت
Tu as arrêté	أوقفت
Il a arrêté	أوقف
Je choisis	أختار
Tu choisis	تختار
Il choisit	يختار
Je suis devenu	أصبحت
Tu es devenu	أصبحت
Il est devenu	أصبح
Je suis utile à	أفيد
Tu es utile à	تفيد
Il est utile à	يفيد

358

الدَّرْسُ السَّادِسُ و الثَّمانون

زِيارةُ الأَسواق

(يَصلان إلى حيِّ النَّحّاسين)

١ـ ماذا تَنْصَحُني بِشِرائِهِ ؟

٢ـ السُّوّاح يَشترُونَ كثيراً مِنَ البرّادات و
الأباريق و الأنية و المباخِرَ[0] ولكنّي ، لو
كنتُ في مكانِك لَاخترتُ إحدى هذه الصّينيّاتِ
المنقوشةِ باليد ، فصناعةُ النَّحاس مزدهرةٌ هنا ،
ثمَّ أعتقدُ أنَّ هذه الدُّكّانَ فيها أحسنُ المنتجاتِ
النَّحاسيّةِ في البلد كلِّهِ

٣ـ ما رأيُك في هذه الصّينيّة ، بجانبِ هذا
الشَّمعدانِ الطَّويلِ ! إنَّها كبيرةٌ ولكنّي[0]
أفضّلُها على سائرِها .

LEÇON 86

(La leçon la sixième et la quatre vingts)

VISITE DES «SOUKS»

Ils arrivent au quartier des dinandiers (marchands de cuivre).

Jacques 1 — Que me conseilles-tu d'acheter (quoi tu me conseilles (de) son achat)?

Ahmed 2 — Les touristes achètent beaucoup de théières (et) d'aiguières (et) de vases[1] (et) d'encensoirs...[2] Mais (moi), si j'étais à ta place (si j'avais été), je choisirais (j'aurais choisi) un de ces plateaux gravés à la main. L'industrie du cuivre est florissante ici; (et) puis je crois que cette boutique a les meilleurs articles en cuivre de tout le pays (je crois que cette boutique dans elle les meilleurs produits de cuivre dans tout le pays).

Jacques 3 — Que dis-tu de ce plateau (quoi ton avis sur ce plateau) à côté de ce long chandelier ? Il est grand (certes elle grande)[3] mais je le préfère à tous les autres.

٤ـ لَكَ ذوقٌ مُرهَف : هذه أجملُ الصَّينيّاتِ
الموجودة هنا ... إنّها فريدةٌ من نوعِها فقد
تطلّبتْ شُغلاً كثيراً و رسومُها في غايةِ الدّقّة
ـ لا أتصوّر أنّكَ تستطيع أن تجدَ مثلَها في
البلد كلِّه ؛ سعرُها مرتفع فعلاً ولكن يمكن
أنْ أخفّضَهُ لكَ ... هل تأخذُها ؟

٥ـ طيِّب ، آخذُها ... ما رأيُك ، يا أحمد ؟ ...
... أعطِني أيضاً هذا الإبريقَ الصّغيرَ من النّحاسِ
الأحمر و هذا البرّادَ المفضّضَ الكبير

٦ـ أعتقد أنّكَ لن تندَمَ لِشراءِ هذه الصّينيّةِ
فما رأيت أجملَ منها قطُّ .
أنا مسرورٌ لِحصولِك عليها

٧ـ أنا أيضاً مرتاحٌ جِدًّا ؛ والآن ، ماذا لو
تفرّجنا على المجوهَرات ؟

361

Le vendeur	4 — Vous avez bon goût (à toi un goût aiguisé, fin). C'est le plus beau (celle-ci la plus belle) des plateaux qui se trouvent ici. Il est unique[4] en son genre; il a demandé[5] (exigé) beaucoup de travail (et) ses dessins[6] sont d'une extrême finesse (dans l'extrême de la finesse). Je ne crois pas (je n'imagine pas) que vous puissiez (que toi tu puisses) en trouver de semblable (que tu trouves comme elle) dans tout le pays. Son prix est élevé, certes (effectivement, c'est un fait), mais je peux vous faire un prix (il est possible que je l'abaisse[7] pour toi). Est-ce que vous le prenez ?
Jacques	5 — Bon, je le prends... Qu'en penses-tu Ahmed ?
Jacques se tournant vers le vendeur	Donnez-moi aussi cette petite aiguière de cuivre rouge et cette grande théière argentée[8] (cette théière l'argentée la grande).
Ahmed	6 — Je crois que tu ne regretteras pas (tu ne te repentiras pas) d'avoir acheté (de l'achat de) ce plateau (et) je n'en ai jamais vu de plus beau (je n'ai pas vu plus beau qu'elle jamais). Je suis content que tu l'aies acquis (moi content de ton obtention[9] d'elle).
Jacques	7 — Moi aussi, je suis très satisfait; et maintenant, si nous allions voir (quoi nous contemplions[10]) les bijoux (les joyaux)[11] ?

362

NOTES :

1 — آنِيَة : pluriel de إِنَاء (leçon 84 : les pluriels tels que أَلْسِنَة ـ أَشِعَّة ـ أَبْسِطَة etc...).

2 — بَخُور : pluriel de مِبْخَرَة (racine : مَبَاخِر) (encens) (cf leçon 63 : les noms d'instruments).

3 — Le mot «plateau» est du féminin en arabe.

4 — فَرِيدَة : unique, seule, solitaire - synonyme de : وَحِيدَة.

5 — تَطَلَّبَت : du verbe de la 5ème forme : تَطَلَّبَ réclamer, exiger, demander avec insistance (racine : طَلَبَ demander).

Participe actif : مُتَطَلِّب : qui réclame, qui exige, qui requiert.

Nom d'action : تَطَلُّب : exigence (utilisé très souvent au pluriel : تَطَلُّبَات).

6 — رُسُوم : pluriel de رَسْم : dessin. Verbe : رَسَمَ : dessiner.

Dessinateur : رَسَّام (cf leçon 63 : les noms de profession ou d'activité).

7 — أُخْفِضَ : présent du verbe de la 2ème forme : خَفَّضَ abaisser, rendre bas, diminuer.

Participe actif : مُخَفِّض : qui abaisse, qui diminue.

Participe passif : مُخَفَّض : abaissé, diminué.

Ex : prix réduits أَسْعَار مُخَفَّضَة

Nom d'action : تَخْفِيض : fait de diminuer, diminution, fait de rabaisser, rabais.

8 — مُفَضَّض : argenté.

Participe passif du verbe de la 2ème forme : فَضَّضَ

argenter, mettre de l'argent sur (racine : فِضَّة : argent

(mâtière).

9 — حُصُولُكَ : on a utilisé ici le nom d'action du verbe :

حَصَلَ على.. : obtenir, acquérir. Au lieu de ce nom d'action, on

aurait pu avoir la tournure suivante :
Parce que **tu** l'as **acquise** : لِأَنَّكَ حَصَلْتَ عَلَيْهَا

10 — نَتَفَرَّجُنا على.. : du verbe de la 5ème forme : تَفَرَّجَ على
contempler, admirer, voir, assister à ...
Participe actif : مُتَفَرِّج : qui contemple, qui assiste à, qui

regarde : spectateur.
Nom d'action : تَفَرُّج على : fait de contempler, d'admirer, de

regarder.

11 · (مَجُوهَرات : مُجَوْهَر) : participe passif (pluriel de

bijoux, joyaux.
(racine : جَوْهَرة : bijou, perle, pierre précieuse. Pluriel :

(جَوَاهِر.

Le mot جَوَاهِر a donné le français : **joyau.**

Joaillier se dit : جَوَاهِرِيّ : et ne suit pas la règle de forma-

tion des noms de profession.

EXERCICES

١ـ إِنَّ المُنْتَجاتِ الصِّناعِيَّةَ الَّتِي يُمْكِنُ أَنْ

تَحْصَلَ عَلَيْها فِي بَلَدِنا لَيْسَتْ فَرِيدَة

364

من نوعِها فإنَّكَ تجِدُها في كلِّ الدُّولِ
الصِّناعيَّةِ .

Les produits industriels que l'on peut (que tu peux)
acquérir dans notre pays ne sont pas uniques en leur
genre; on les trouve (car tu les trouves) dans tous les
Etats industrialisés.

٢ـ هل يتطلَّبُ النَّقشُ في النُّحاسِ شغلًا
أكثرَ من النَّقشِ في الخشبِ ؟

Est-ce que la ciselure du cuivre exige plus de travail que
la gravure sur bois ?

٣ـ لا أستطيعُ مع الأسفِ أن أخفِّضَ لك
سعرَ الموادِّ المعروضةِ في الدُّكانِ ولكنَّ
من الممكنِ أن تحصلَ عليها بشروطٍ
خاصَّةٍ في طريقةِ الدَّفعِ

Je ne peux pas, malheureusement, vous faire de rabais
sur les articles (les matières) exposés dans la boutique,
mais vous pouvez les acquérir avec des conditions spécia-
les de paiement (dans la méthode de paiement).

٤ـ كلُّهم ينصحونني باختيارِ هذه
المجوهراتِ ولكنِّي أجِدُها غاليةً
جدًّا مع أنَّها تعجبُني كثيرًا .

Tous me conseillent de choisir ces bijoux mais je les
trouve très chers, bien qu'ils me plaisent beaucoup.

CONJUGAISON :

Verbes : AVOIR ACQUIS — CONSEILLER DE — ABAISSER AVOIR CHOISI

J'ai acquis, j'ai obtenu	حصلت على
Tu as acquis, tu as obtenu	حصلت على
Il a acquis, il a obtenu	حصل على
Je te conseille de	أنصحك ب
Tu lui conseilles de	تنصحه ب
Il lui conseille de	ينصحه ب
Je te donne un conseil	أعطيك نصيحة
J'abaisse	أخفّض
Tu abaisses	تخفّض
Il abaisse	يخفّض
J'ai choisi	إخترت
Tu as choisi	إخترت
Il a choisi	إختار

زيارةُ الأسواق

(عند الصّائغ)

١ـ إذا أرَدت أن نذهبَ إلى حيّ الصَّاغة و
العطّارين [٥] فلا بدّ أن نمرَّ بشارعِ الدّبّاغين [٥]
ثمّ بشارعِ الصّبّاغين [٣]

٢ـ هيّا بنا ! أنا مشتاق [٤] إلى زيارةِ هذا الحيّ
فالصّياغةُ العربيّةُ مشهورة جدًّا وقد
سمعت عنها كثيرًا ، ولكنّها المرّة الأولى
التّي يجب أن أختارَ فيها مجوهَرات

٣ـ أنا متأكِّد من أنّكَ ستُحسِنُ الاختيار ،
ولكن ، إذا أرَدت ، يمكنُني أن أنصحَك

(La leçon la septième et la quatre vingts)

VISITE DES «SOUKS»

(Chez le bijoutier (l'orfèvre))

Ahmed   **1 —** Si tu veux que nous allions dans le quartier des orfèvres et des parfumeurs[1], il faut que nous passions par la rue des tanneurs[2] puis par celle (la rue) des teinturiers[3].

Jacques   **2 —** Allons-y ! J'ai envie (je suis désireux[4] ardemment) de visiter ce quartier (car) l'orfèvrerie arabe est très renommée (très célèbre) et j'en ai beaucoup entendu parler (et j'ai entendu à son sujet beaucoup); mais c'est la première fois que je dois choisir des bijoux (mais elle la 1ère fois laquelle il faut que je choisisse dans elle des bijoux).

Ahmed   **3 —** Je suis certain que tu sauras le faire très bien (moi certain de ce que toi tu choisiras très bien) mais, si tu veux, je peux te conseiller (il m'est possible que je te conseille) (car) ce n'est

368

فليست هي المرّة الأولى الّتي أُحضر فيها إلى
هذا الحيّ ! ستعرفُ ذلك عندما تتزوّج ⑤

٤ ـ أودُّ شِراءَ مجوهَر جميل بمناسبة
خطوبتي القديـمة
(يدخلان دكّانُ الصّائغ)

٥ ـ صباحَ الخير؛ هل يمكنُك أن تقدّمَ لي
مجموعة منَ المجوهرات من فضلك

٦ ـ معلوم ، يا سيّدي ، سوف أقدّمُ لكم كلَّ ⑤
ما لديَّ ، فضلًا عن المجوهراتِ المعروضة
في الواجهة ، فيمكنكمُ الاختيار حسبَ
رغبتِكم .

* *
*

pas la 1ère fois que je viens dans ce quartier (car elle n'est pas elle la première fois laquelle je viens dans elle vers ce quartier) ! Tu verras quand tu seras marié (tu connaîtras cela quand tu te maries.[5])

Jacques　　**4 —** J'aimerais acheter (j'aimerais l'achat d') un beau bijou à l'occasion de mes prochaines fiançailles (ma fiançaille la proche).

Ils entrent (dans) la bijouterie (la boutique du bijoutier).

Jacques au bijoutier　　**5 —** «Bonjour; pouvez-vous me montrer (est-ce qu'il t'est possible que tu me présentes) un lot (un ensemble) de bijoux, s'il vous plaît» ?

Le bijoutier　　**6 —** Bien sûr, Monsieur; je vais vous montrer (je vais vous présenter)[6] tout ce que j'ai (tout ce que (est) chez moi) en plus des bijoux exposés en devanture (dans la devanture) (et) vous pourrez choisir ((et) il vous sera possible le choix) comme vous l'entendez (selon votre désir).

✳　✳

✳

NOTES :

1 — عَطَّارِين : pluriel de : عَطَّار : parfumeur (racine : عِطْر : parfum) (cf leçon 63 sur les noms de professions).

Le verbe de la 2ème forme : عَطَّرَ signifie : mettre du parfum, parfumer.

Participe passif : مُعَطَّر : parfumé.

2 — دَبَّاغِين : pluriel de : دَبَّاغ : tanneur, corroyeur.

Du verbe : دَبَغَ : tanner.

tannerie : مَدْبَغَة (lieu où l'on tanne) (cf : les noms de lieu - leçon 49).

3 — صَبَّاغِين : pluriel de : صَبَّاغ : teinturier (racine صِبْغَة teinture).

teinturerie : مَصْبَغَة (cf leçon 49 : noms de lieu).

4 — مُشْتَاق : participe actif du verbe de la 8ème forme اِشْتَاقَ إلى : désirer ardemment (racine : شَوْق : désir ardent).

Nom d'action : اِشْتِيَاق

Remarque :

L'expression : مُشْتَاقُون très souvent utilisée signifie :

«Tu nous as manqué, tu nous manques, tu t'es fait désirer».

5 — تَتَزَوَّج : la particule س du futur, rappelons-le n'est pas toujours exprimée (cf : leçon 16, note 1).

6 — أُقَدِّم لكم : le bijoutier use du pluriel pour s'adresser à Jacques qui est l'acheteur, par déférence, et aussi un peu par ob-

371

séquiosité.

Nous avons déjà signalé au début de la méthode que le **pluriel de politesse n'existait pas en arabe** mais que, dans **certains cas**, il était **introduit** et **construit** comme **un pluriel normal**.

EXERCICES

١ ـ مَرْحَبًا ! نَحْنُ مُشْتَاقُونَ ! كَيْفَ قَضَيْتَ

عُطْلَتَكَ فِي الخَارِجِ ؟ ... وَلَكِنْ ، يَا أَخِي ، مَا

وَصَلَنَا أَيُّ خَبَرٍ عَنْكَ مُنْذُ أَيَّامٍ فَأَثَارَ

صَمْتُكَ هَذَا قَلَقَنَا الشَّدِيدَ ...

لِمَاذَا لَمْ تَكْتُبْ وَلَوْ بِطَاقَةً بَرِيدِيَّةً

فَقَطْ ؟

Bienvenue ! Tu nous manquais ! Comment as-tu passé tes vacances à l'étranger ? Mais, mon cher, nous n'avons reçu aucune nouvelle de toi depuis des jours; ton silence (celui-ci) nous a beaucoup inquiétés. Pourquoi n'as-tu pas écrit ne fût-ce qu'une seule carte postale (seulement) ?

٢ ـ سَمِعْنَا عَنْ وُجُودِ مَصْبَغَةٍ جَيِّدَةٍ ، قَرِيبًا

مِنْ حَيِّ العَطَّارِينَ ، فِي المَدِينَةِ القَدِيمَةِ .

هَلْ تَدْرِي أَيْنَ تَقَعُ بِالضَّبْطِ ؟

Nous avons entendu parler de l'existence d'une très bonne teinturerie près du quartier des parfumeurs dans la vieille ville. Sais-tu où elle se trouve exactement ?

٣ ـ لا ، مع الأسف ، لا بُدَّ لكم من أنْ تسألوا

النّاس عنها عند وصولِكم إلى حيّ العطّارين

فأنا متأكّد من أنّكم ستعجبونَ جميعَ النّاس

بفصاحةٍ لغتِكم،

فقد أحرزتم تقدُّمًا هائلًا في اللّغة

العربيّة منذ بداية إقامتِكم هنا .

Non, malheureusement, il vous faudra interroger les gens
(à son sujet) au moment où vous arriverez (au moment de
votre arrivée) au quartier des parfumeurs; je suis sûr que
vous étonnerez tout le monde (tous les gens) par l'élégan-
ce (l'éloquence) de votre langage, car vous avez fait des
progrès considérables en arabe (dans la langue arabe)
depuis le début de votre séjour ici.

٤ ـ لا ينوي الحضور إلى البيت الآن

فعنده موعد عاجل وقال لي بأنّه

سيتّصل بك عن طريق الهاتف

حتّى يتّفقَ معكَ على برنامجِ الزّيارات
التّي قد تقومانِ بها معًا خلالَ
الأسبوعِ القادم

Il n'a pas l'intention de venir à la maison maintenant; il a
un rendez-vous urgent. Il m'a dit qu'il te contacterait par
téléphone (par la voie du téléphone) pour convenir avec
toi du programme des visites que vous comptez (que
peut-être vous ferez) faire ensemble la semaine prochaine.

CONJUGAISON :

Verbes : DESIRER (ardemment) — AVOIR l'INTENTION de —

Je désire	أشتاقُ إلى
Tu désires	تشتاقُ ″
Il désire	يشتاقُ ″

J'ai l'intention de	أنوي
Tu as l'intention de	تنوي
Il a l'intention de	ينوي

الدَّرسُ الثَّامِن و الثَّمانون

زيارةُ الأسواق

(عند الصَّائغ)

١ـ إسمحوا لي بأن أعرِضَ عليكم سؤالًا :
هل هذه المجوهرات لِفتاة أم لِامرأة
متزوِّجة أم لسيِّدةٍ عجوزٍ [1]؟

٢ـ إنَّها لِخطيبتي ، غير أنَّني لن أشتريَ
اليوم خاتمًا للخطوبة ولا للزَّواج

٣ـ طيِّب ! إذن يمكن أن أقترحَ عليكم
هذا السِّوارَ [2] الجميل مِن الذَّهبِ الخالصِ ،
الَّذي يشكِّل هديَّة ثمينة لها قيمةٌ

375

LEÇON 88

(La leçon la huitième et la quatre vingts)

VISITE DES «SOUKS»

(Chez le bijoutier)

Le bijoutier à Jacques	**1 —** Permettez-moi de vous poser une question : est-ce que ces bijoux (sont) pour une jeune fille (ou) pour une femme mariée ou pour une vieille(1) dame?
Jacques	**2 —** (C'est) (certes eux) pour ma fiancée; mais (sauf que moi) je n'achèterai aujourd'hui ni bague de fiançailles ni d'alliance (je n'achèterai pas aujourd'hui une bague pour la fiançaille et pas pour le mariage).
Le bijoutier	**3 —** Bon! Eh bien... Je peux vous proposer ce joli bracelet(2) d'or pur qui constitue un cadeau de prix (précieux) et de grande valeur(3) (à lui une valeur

376

كبرى③، وكذلك هذه السّاعة المستديرة أو تلك المربَّعة④؛ ولكنّكم قد تفضّلونَ شيئًا منَ الفضّة !

٤ـ هذا كلّه يعجبُني كثيرًا ؛ ومع الأسف بالنّسبة لك، ولحسن الحظّ بالنّسبة لي، لن أقدرَ أن أشتريَ الكلّ. هل يمكنُك أن تقدّمَ لي شيئًا آخر عدا ذلك ؟

٥ـ معلوم ! تفضّلوا ! ما رأيُكم في هذه المجموعة منَ القلائد ؟ بعضُها منَ اللّؤلؤ وبعضُها منَ الذّهب وبعضُها منَ الفضّة... أمّا هذه فهي مرصّعة⑤ بحجارةٍ كريمة منَ الزّمرّد⑥ والياقوت⑦ والماس⑧

grande), de même que (et de même) cette montre ronde ou cette (montre) carrée[4]; mais peut-être préférez-vous un objet en argent (mais vous peut-être vous préférez quelque chose d'argent)?

Jacques   4 — Tout ceci me plaît beaucoup; (mais) malheureusement pour vous (en ce qui te concerne) et heureusement pour moi, je ne pourrai pas tout acheter (je ne pourrai pas que j'achète le tout). Pouvez-vous me montrer autre chose (est-ce qu'il t'est possible que tu présentes à moi quelque chose autre) à part cela ?

Le bijoutier   5 — Bien sûr ! Je vous en prie (tenez) ! Que pensez-vous de ce lot de colliers : certains (sont) en perles (et) certains en or (et) certains en argent ... Quant à celui-ci, il est serti[5] de pierres précieuses[6] (de pierres nobles) (faites) d'émeraudes[7] (et) de rubis[8] et de diamants.

٦ـ ليتني كنت لصًّا فأسرِقَها [9] ، ولكنِّي نزيه فلهذا لا بدَّ أن أكتفيَ بشراءِ هذه القِلادةِ الفِضِّيَّة وهذه الأقراط والسِّوارِ الذّهبيِّ الّذي قدَّمتَهُ لي أوّلَّ

٧ـ طيِّب ، يا سيِّدي ، سأضعُ المجوهراتِ كلَّها على حِدة في العلبةِ [10] المناسبة لها .

Jacques   **6** — Ah ! Si j'étais un voleur pour pouvoir les voler (fasse le ciel que j'aie été un voleur afin que[9] je les vole); mais je suis honnête, aussi devrai-je me contenter (et pour ceci il faut que je me contente) d'acheter (de l'achat de) ce collier d'argent (et de) ces boucles d'oreilles et (de) ce bracelet en or que vous m'avez montré (en premier) (et le bracelet d'or lequel tu as présenté lui à moi premièrement).

Le bijoutier   **7** — Bien, Monsieur; je vais mettre chaque bijou dans un écrin spécial (je vais mettre les bijoux chacun séparément dans la boîte[10] appropriée à elles).

NOTES :

1 — عجوز : mot de configuration masculine qui se rapporte à un homme ou une femme. C'est le cas des mots :

صبور : très patient (racine : صبر patience, endurance).

حلوب : qui donne du lait (racine : حليب : lait), etc...

Formes qui ont le sens de participes actifs.

Remarque :

Certains participes actifs bien que d'aspect masculin, sont employés sans modification avec des noms féminins. C'est le cas des adjectifs spécifiques à la femme ou à la femelle.

Ex : اِمْرَأَةٌ حَامِلٌ : une femme **enceinte**

اِمْرَأَةٌ مُرْضِعٌ : une femme **qui allaite**

اِمْرَأَةٌ مُطْفِلٌ : une femme **qui a un enfant**, etc...

2 — سِوَارٌ : pluriel : أَسْوِرَةٌ (cf leçon 84).

3 — كُبْرَى : cf : قِيمَةٌ كُبْرَى : pluriel : قِيَمٌ كُبْرَى (pour :

leçon 79 note 2 .)

4 — مُرَبَّعَةٌ : participe passif du verbe de la 2ème forme:

رَبَّعَ : rendre carré, mettre au carré (mathématiques) (racine : أَرْبَعَةٌ) الْمُرَبَّعُ : le carré (subst.).

Nom d'action : تَرْبِيعٌ : fait de rendre carré, de mettre au carré : mise au carré (math.)

5 — مُرَصَّعَةٌ : participe passif du verbe de la 2ème forme : رَصَّعَ : incruster, sertir.

Nom d'action : تَرْصِيعٌ : fait d'incruster, incrustation, sertissage.

6 — حِجَارَةٌ كَرِيمَةٌ : pierres nobles (= précieuses)

singulier de pierres : حَجَرٌ

autre pluriel : أَحْجَارٌ

7 — زُمُرُّد (collectif) - a donné le mot français : «émeraude».

381

8 — ياقوت (collectif) - a donné le mot français :
«hyacinthe».

9 — La particule فَ a ici un sens voisin de : حتَّى

10 — عُلْبة pluriel : عُلَب

EXERCICES

١ـ أَسمحُ لنفسي بأَن أَقترحَ عليكَ إِيجارَ

هذه الشَّقَّة المفروشة لقضاء مدَّةِ

إِقامتك في البلد

Je me permets de vous (te) proposer de louer (la location
de) cet appartement meublé pour la durée de votre (ton)
séjour dans le pays.

٢ـ ليس لدينا أَكثر من ذلك فلا بدَّ أَن

تكتفيَ بما قدَّمناهُ لكَ سابقًا

C'est tout ce que nous avons (nous n'avons pas plus que
cela); il faut vous contenter (que tu te contentes) de ce
que nous vous avons présenté précédemment.

٣ـ هل تفضَّل زوجتُكَ المعادن أَم الحجارة

الكريمة؟ على أَيِّ حالٍ فإِنَّا نستطيع

382

أَنْ نَقْتَرِحَ عَلَيْكَ مُجَوْهَراتٍ عَديدَة

مُتَنَوِّعَة فَيُمْكِنُكَ أَنْ تَخْتارَ بِحُرِّيَّة مُطْلَقَة

Est-ce que votre (ta) femme préfère les métaux ou les pierres précieuses ? De toutes façons, nous pouvons vous (te) proposer des bijoux nombreux et variés et vous pourrez (tu pourras) choisir en toute liberté (avec une liberté absolue).

٤ ـ هٰذا البائعُ أعرفُهُ مُنذُ طُفولَتي ، إِنَّهُ

رجلٌ نزيهٌ مُخْلِصٌ : ما رأيتُهُ قطُّ

يَسْرِقُ واحِدًا مِنْ زبائِنِهِ

Ce vendeur, je le connais depuis mon enfance. C'est un homme intègre et loyal : je ne l'ai jamais vu voler un de ses clients.

٥ ـ أُطْلُبْ مِنَ الجَواهِريِّ أَنْ يَضَعَ

كُلَّ القَلائِدِ في عُلَبِها الخاصَّة

Demande au bijoutier de mettre tous les colliers dans leurs écrins (dans leurs boîtes appropriées).

٣٨٣

CONJUGAISON :

**Verbes : METTRE (POSER) — AVOIR PRESENTE —
PROPOSER — SE CONTENTER de —**

Je mets, je pose	أَضَع
Tu mets	تَضَع
Il met	يَضَع
J'ai présenté	قدَّمت
Tu as présenté	قدَّمت
Il a présenté	قدَّم
Je propose	أَقترح
Tu proposes	تقترح
Il propose	يقترح
Je me contente de	أكتفي بـ
Tu te contentes de	تكتفي بـ
Il se contente de	يكتفي بـ

زيارةُ الأسواق

١ ـ ماذا عليكَ أن تشتريَ بعد ؟

٢ ـ بعضَ المنتجات الجلديَّة و بعضَ العطور
الشَّرقيَّة كالمسك و العنبر و الصَّندل وكذلكَ
قليلٌ من البَخور

٣ ـ يمكنُنا أن نفترقَ حتَّى أشتريَ أنا العطور
بينما تقومُ أنت باختيار تلك المواد

٤ ـ فكرة طيِّبة! ستوفِّر لنا وقتًا ، وبعد
عشرين دقيقة أقترح عليكَ أن نلتقيَ
أمام هذا الدَّرج
(يلتقيان في المكان المحدَّد)

(La leçon la neuvième et la quatre vingts)

VISITE DES «SOUKS»

Ahmed **1** — Que te reste-t-il à acheter ? (quoi sur toi que tu achètes encore)?

Jacques **2** — Quelques articles de cuir (quelques produits de cuir) et quelques parfums orientaux tels que (comme) : le musc (et) l'ambre (et) le santal, ainsi qu'un peu d'encens.

Ahmed **3** — Nous pourrions nous séparer[1] (possible que nous nous séparions); j'irai acheter, moi, les parfums (de sorte que j'achète, moi, les parfums) tandis que tu choisiras (tandis que toi tu accomplis le choix de) ces articles (matières)[2].

Jacques **4** — Bonne idée ! Elle va nous faire gagner[3] du temps (elle va épargner à nous du temps) et dans 20 (vingt) minutes (après 20 minutes), je te propose que nous nous rencontrions devant cet escalier.

Ils se rencontrent (tous deux) à l'endroit prévu (fixé).

٥ـ ها هي العطور... إسمح لي بأن أُهديَها(٤)
إليك ... وأنت، هل ظفرت(٥) بمطلوبك ؟

٦ـ نعم، اشتريت بعض «البلاني»(٦) وخاصّةً
«بلاني» مطرّزة(٧) بخطوط(٨) ذهبية لوالدتي(٩)،
ثمّ أخذت شنطة جلدية وخمسة غلافات(١٠)
مختلفة الألوان، لتغليف(١١) الكتب

٧ـ لا نحتاج إلى سيّارة فقط بل إلى سيّارة(١٢)
نقل لحمل الأشياء الّتي اشتريناها اليوم،
ولا تزال هنالك بعض المشتريات(١٣) الأخرى ...

٨ـ أيَّ نوع من القماش تريد ؟ في هذه الدكّان
يبيعون ديباجًا مطرّزًا باليد وكذلك

Ahmed	5 — Voici les parfums ! Permets-moi de te les offrir (que je les offre[4] à toi) ... Et toi, as-tu trouvé[5] ce que tu cherchais (est-ce que tu as trouvé ta chose demandée (recherchée) ?
Jacques	6 — Oui, j'ai acheté quelques babouches[6] et notamment des babouches brodées[7] d'or (avec des fils[8] d'or) pour ma mère[9]; ensuite j'ai pris un sac en cuir et cinq couvertures[10] de livres de différentes couleurs (et 5 couvertures de diverses couleurs pour couvrir[11] les livres).
Ahmed	7 — Ce n'est pas seulement d'une voiture que nous avons besoin (nous n'avons pas besoin d'une voiture seulement), mais[12] d'un camion (d'une voiture de transport) pour transporter (pour le fait de porter) les objets (les choses) que nous avons achetés aujourd'hui et il y a encore quelques autres achats[13] (et ils ne cessent pas (d'être) là quelques achats autres).
Ahmed	8 — Quel genre de tissu veux-tu ? (quel genre en fait de tissu tu veux) ? Dans cette boutique, on vend (ils vendent) du brocart brodé à la main ainsi

أنواعًا مختلفة منَ المُخْمَل

٩ـ مع الأسف ، لم يبقَ معي فلسٌ واحد

١٠ـ هذا بسيط ! أستطيع أن أُسلّفَكَ بعضَ (١٤)
النّقود

١١ـ أشكرُكَ ، يا أخي ، ولكن ، ربّما لن نقدرَ أن
نحملَ هذه البضائع كلّها ؛
وقد تأخّرنا ، كما أنّ الجولة أتْعَبَتْنا كثيرًا

* *

*

(et de même) que toutes sortes de ve‐
lours.

Jacques   **9 —** Malheureusement, il ne me reste
plus un sou (il n'est pas resté avec moi
un seul sou).

Ahmed   **10 —** Ce n'est pas compliqué (ceci est
simple); je peux te prêter[14] un peu
(quelque) d'argent.

Jacques   **11 —** Je te remercie, mon cher (mon
frère), mais nous risquons de ne pas
pouvoir porter toutes ces marchandises
(mais peut-être que nous ne pourrons
pas (nous n'aurons pas la capacité) que
nous portions ces marchandises toutes
elles); nous sommes en retard (nous
avons tardé) et puis (de même que)
la promenade nous a beaucoup fati‐
gués.

مع الأسف،
لم يبق معي
فلس واحد

NOTES :

1 — أَنْ نَفْتَرِقَ : présent du verbe de la 8ème forme :

اِفْتَرَقَ : se séparer (racine : فَرْق : différence

فَرَّقَ : verbe de la 2ème forme : séparer

فَارَقَ : verbe de la 3ème forme : quitter (directement transitif).

Nom d'action de : اِفْتَرَقَ : اِفْتِرَاق : fait de se séparer, séparation.

2 — مَوَادّ : pluriel de : مَادَّة : matière.

3 — تُوَفِّرُ : présent du verbe de la 2ème forme : وَفَّرَ économiser, épargner.

Participe actif : مُوَفِّر : économe, qui fait des économies

Participe passif : مُوَفَّر : économisé, épargné.

Nom d'action : تَوْفِير : fait d'économiser, économie, épargne.

Ex : صُنْدُوق التَّوْفِير : Caisse d'épargne.

4 — أَنْ أُهْدِيَهَا إِلَيْكَ : «que je te les offre» (du verbe de la 4ème forme : أَهْدَى : faire présent de, offrir (racine : هَدِيَّة : présent, cadeau).

Nom d'action : fait d'offrir, offrande : إِهْدَاء

5 — ظَفِرْتُ بِ : verbe qui signifie : «trouver quelque chose que l'on cherche» (plus fort, dans le cas présent que : وَجَدْتُ ou لَقِيتُ). D'ailleurs le sens est **confirmé par** le mot sui-

391

vant : مَطْلُوبُكَ «ce que tu recherches» (littéralement : ton (objet) recherché); (participe passif du verbe : طلب : rechercher).

6 — بلاغِ pluriel de : بُلْغَة : mot **dialectal** utilisé notamment en Afrique du Nord .

7 — مُطَرَّزة : participe passif du verbe de la 2ème forme طَرَّزَ : broder.

Participe actif : مُطَرِّز celui qui brode.

(plus souvent : طَرَّاز qui a coutume de broder : brodeur - cf leçon 63 : les noms de professions).

Nom d'action : تَطْرِيز : fait de broder : broderie.

8 — خُيُوط pluriel de : خَيْط : fil (racine du mot خَيَّاط : tailleur, couturier).

«couture» se dit : خِيَاطَة

«coudre» (2ème forme) : خَيَّطَ

Participe passif : مُخَيَّط cousu.

9 — وَالِدَتِي : celle qui m'a enfanté; du verbe : وَلَدَ enfanter.

وَالِد : participe actif : père.

وَالِدَة : mère.

أَلْوَالِدَان : les parents (les père et mère).

10 — On rencontre aussi le pluriel : أَغْلِفَة (cf leçon 84).

11 — تَغْلِيف Nom d'action du verbe de la 2ème forme : غَلَّفَ envelopper, mettre une enveloppe, couvrir.

Participe actif : مُغَلِّف (qui enveloppe)

Participe passif : مُغَلَّف (enveloppé)

12 — A propos de : بِل (cf : leçon 81 note 10).

13 — مُشْتَرَيات : pluriel de : مُشْتَرَى (achat, qui est acheté)

Participe passif du verbe : اِشْتَرَى 8ème forme : acheter

Participe actif : مُشْتَرٍ qui achète, acheteur.

14 — أُسَلِّف : je prête.

Verbe de la 2ème forme (racine : سُلْفَة prêt, avance)

Nom d'action : تَسْليف fait de prêter.

EXERCICES

١ـ لم يبقَ لي الوقتُ الكافي للذّهاب إلى مكتب صندوقِ التّوفيرِ لِسحبِ النّقودِ الّتي كنتُ محتاجًا إليها . هل تستطيع أن تُسلِّفني بعضَ المالِ حتّى منتصفِ الأسبوعِ القادمِ ؟

Je n'ai plus le temps (suffisant) d'aller au bureau de la Caisse d'Epargne pour retirer l'argent dont j'avais besoin. Pourrais-tu me prêter un peu d'argent (quelque argent) jusqu'au milieu de la semaine prochaine ?

٢ـ لا يمكن إطلاقًا أن نفترقَ الآنَ وأنت

تعرف جيّداً أنّني لا أستطيع أن أقومَ وحدي

بالمشتريات ، فلم أزل ضعيفاً في اللّغة العربيّة

Nous ne pouvons absolument pas nous séparer maintenant : (alors que) tu sais bien que je ne suis pas capable
de (que je ne peux pas) faire moi-même les achats : je
suis encore (je n'ai pas cessé d'être) faible en arabe (dans
la langue arabe).

٣ ـ إنّني أحبّ أن أُهدي إلى والدتكَ الصّينيّة

الجميلة الّتي رأيناها معاً ، وذلك بمناسبة

عيد ميلادها .

هل تعتقد أنّها ستعجبها ؟

J'aimerais offrir à ta mère le beau plateau que nous avons
vu ensemble (et cela) à l'occasion de son anniversaire.
Crois-tu qu'il lui plaira ?

٤ ـ أَنصحُكَ بعدم شراءِ الأقمشة من هذه

الدّكّان فأكثرُ المنسوجاتِ الموجودة هنا

ليس لها قيمة إلّا الدّيباج والمُخمَل

فإنّهما منَ الدّرجةِ الأُولى

Je te déconseille d'acheter (je te conseille le non achat)
les tissus dans cette boutique, car la plupart des textiles
qui se trouvent ici ne valent rien (n'ont aucune valeur), si
ce n'est le brocart et le velours qui sont (eux deux) de
très bonne qualité (de premier ordre, de premier degré).

Verbes : ECONOMISER — OFFRIR — PRETER — AVOIR ACHETE —

J'économise	أُوَفِّر
Tu économises	تُوَفِّر
Il économise	يُوَفِّر
J'offre	أُهْدِي
Tu offres	تُهْدِي
Il offre	يُهْدِي

الدَّرْسُ التَّسْعُونَ

في الكاراج

(يَطْرُقُ أَحْمَدُ بَابَ غُرْفَةِ جَاك)

١ ـ صَبَاحَ الْخَيْرِ، يَا جَاك! أَلَا أُزْعِجُكَ؟ هَلْ
أَنْتَ مَشْغُولٌ الْيَوْمَ؟

٢ ـ تَفَضَّلْ يَا أَخِي ... لَا تُزْعِجُنِي إِطْلَاقًا ؛
كُنْتُ أَقْرَأُ ... وَلَكِنْ، لِمَاذَا سَأَلْتَنِي عَمَّا إِذَا [٥]
كُنْتَ مَشْغُولًا الْيَوْمَ أَمْ لَا ! كَأَنَّكَ

395

Je prête	أُسلِّف
Tu prêtes	تسلِّف
Il prête	يسلِّف
Prêt, avance	سُلفة
J'ai acheté	اِشتريت
Tu as acheté	اِشتريت
Il a acheté	اِشترى

LEÇON 90

(La leçon la quatre vingt dixième)

AU GARAGE

Ahmed frappe à la porte de la chambre de Jacques.

Ahmed **1** — Bonjour, Jacques ! (Est-ce que) je ne te dérange pas ? Est-ce que tu es occupé aujourd'hui ?

Jacques **2** — Entre, mon cher (mon frère) ... Tu ne me déranges absolument pas : je lisais ... Mais pourquoi m'as-tu demandé si(1) j'étais occupé aujourd'hui ou non (pourquoi m'as-tu interrogé au sujet de ce que si j'étais occupé aujourd'hui ou non) ? J'ai l'impression (com-

396

هيَّأت لي مفاجأةً جديدة

٣- جئتُكَ لأمرٍ بسيط : يجب أن أتركَ
سيّارتي في الكاراج لمراجعةٍ شاملة .

٤- و أعتقد أنَّ هذه فرصة طيّبة بالنّسبة
لك لتحصلَ على بعض المصطلحاتِ الفنّية
العربيّة (يصلانِ إلى الكاراج)

٥- كما اتّفقنا عليه سابقاً، أتركُ لك
سيّارتي لمراجعةٍ عامّة . متى تعتقد
أنّها ستكون جاهزة ؟ أرجو أن لا تتطلّبَ
تصليحاً

٦- إفتح لي غطاءَ المحرّكِ من فضلك حتّى
أتحقّقَ من حالةِ مستوى الماء و

٣٩٧

me si toi) que tu m'as réservé (tu as préparé pour moi) une nouvelle surprise.

Ahmed   **3** — Je suis venu te voir (je suis venu (à) toi[2]) pour une chose (bien) simple : je dois laisser ma voiture au garage pour une révision[3] complète.

Ahmed   **4** — Et je pense que[4] (ce serait) une bonne occasion pour toi d'acquérir (que tu obtiennes) quelques termes techniques[5] arabes.

Ils arrivent au garage.

Ahmed au mécanicien   **5** — Comme nous en sommes convenus[6] précédemment, je vous laisse (je te laisse) ma voiture pour une révision générale. Quand croyez-vous qu'elle sera prête ? J'espère qu'elle n'exigera pas de réparation.

Le mécanicien   **6** — Ouvrez-moi le capot (le couvercle du moteur[7]), s'il vous plaît pour que je vérifie[8] l'état du niveau d'eau (et)

المُحرِّك و البطّارِيّة و الشَّمعات و المفِّخِّم [٩]

إلى آخرِه ... على كلِّ حالٍ ، أتصوّر أنَّ

السَّيّارة تحتاج إلى تفريغٍ [١٠] كما أنَّني

سأقوم بتشحيمها [١١]

٧ـ إنّها سيّارة قويّة، غير أنّها قديمة.

الآن ... سأطلب منكَ أن تتحقَّقَ من حالةِ

الإشعال [١٢] و الدّائرة الكهربائيّة [١٣] و الفرامل

و الإطارات [١٤]

٨ ـ أظنُّ أنّها ستكون جاهزة بعد يومَيْن ،

إلّا إذا فاجأتني [١٥] بعضُ التّصليحات

الضّروريّة [١٦] التّي قد تستلزم [١٧] قطع [١٨] غِيار

هامّة مثل المخفّفات [١٩]

du moteur (et) de la batterie (et) des bougies (et) du carburateur[9] etc. ... De toutes façons, je crois (j'imagine) que la voiture a besoin d'une vidange[10], en outre je vais lui faire un graissage[11] (de même que moi je vais accomplir pour elle un graissage).

| Ahmed | 7 — C'est (certes elle) une voiture puissante (forte) mais elle est déjà ancienne (sauf qu'elle ancienne maintenant) ... Je vous demanderai (je demanderai de toi) de vérifier (que tu t'assures de) l'état de l'allumage[12] (et) du circuit électrique (et) des freins[13] et des pneus[14] ... |

| Le mécanicien | 8 — Je crois (je soupçonne que) qu'elle sera prête dans deux jours (après 2 jours), à moins que je n'aie à faire certaines réparations imprévues (sauf si me surprennent[15] certaines réparations) indispensables qui risquent[16] de nécessiter[17] des pièces[18] de rechange importantes telles que les amortisseurs.[19] |

٩ـ أعرف أنّكَ ستبذل أقصى الجهود^{٥٩} في هذا الشَّأن ؛ و إذا فاجأتكَ أيّةٌ مشكلة، تستطيع أن تخابرني في البيت ... فلدَيْكَ رقم هاتفي

١٠ـ طيّب ! يا سيّدى ! إعتمد^{٦١} علىَّ، سأقوم بهذا العمل على أحسن وجه^{٦٢}

* *
*

| Ahmed | **9** — Je sais que vous y mettrez le plus grand soin (je sais que toi tu dépenseras le maximum d'efforts[20] dans cette affaire); si un quelconque problème imprévu se pose à vous (si te surprend n'importe quel problème), vous pouvez me téléphoner à la maison ... vous avez mon numéro de téléphone. |
| Le mécanicien | **10** — Bien, Monsieur ! Comptez sur moi (appuie-toi[21] sur moi), je ferai ce travail de la meilleure façon[22] qui soit. |

NOTES :

1 — عَمَّا mis pour : عَن مَا : سَأَلْتَنِي عَمَّا إِذَا... : «tu m'as interrogé au sujet de ce que si»... (= tu m'as demandé si...)

Tournure qui a tendance à être utilisée de plus en plus dans la langue arabe moderne, إِذَا : «si» affirmatif, remplaçant : هل «si» interrogatif, dans des phrases interrogatives indirectes introduites par des verbes tels que : «interroger», «demander si», «se demander si», «savoir si»...

Ex : Je me demande si tu es venu hier :

أَتَسَاءَل عَمَّا إِذَا جِئْتَ أَمْسِ

mis pour : أَتَسَاءَل هل جِئْتَ أَمْسِ : je me demande si (est-ce que) tu es venu hier.

Je ne sais pas s'il est venu :

لَا أُدْرِي مَا إِذَا جَاءَ

mis pour : لَا أُدْرِي هل جَاءَ : je ne sais pas s'il (est-ce qu'il) est venu.

2 — جِئْتُكَ : verbe **directement transitif** = «je suis venu toi».

Comme le verbe «entrer» par exemple (cf. : leçon 59 note 9).

3 — مُرَاجَعَة : «révision». Nom d'action du verbe de la 3ème forme : رَاجَعَ : revenir en arrière, réviser, revoir (racine : رَجَعَ revenir).

4 — أَعْتَقِد أَنَّ : «je crois que» (je pense que). Présent du verbe de la 8ème forme : اِعْتَقَدَ : croire (racine : عَقِيدَة : croyance, conviction).

Participe actif : مُعْتَقِد : qui est convaincu, qui croit.

Nom d'action : اِعْتِقَاد : croyance, fait de croire, d'être convaincu, conviction.

5 - مُصْطَلَحَات : pluriel de : مُصْطَلَح : participe passif du

403

verbe de la 8ème forme : اِضْطَلَعَ : se mettre d'accord sur, convenir de... (même sens que : اِتَّفَقَ على : voir plus bas).

مُصْطَلَح : ce qui est convenu, conventionnel (d'où : terme conventionnel, terme technique).

6 — اِتَّفَقْنا على : «nous nous sommes mis d'accord sur«, «nous sommes convenus que» — Passé du verbe de la 8ème forme : اِتَّفَقَ على convenir de, être d'accord sur...

Participe actif : مُتَّفِق على : qui convient de, qui est d'accord pour, d'accord sur...

Participe passif : مُتَّفَق عليه : ce sur quoi on est tombé d'accord, ce qui est convenu.

Nom d'action : اِتِّفاق : convention, fait d'être d'accord, accord.

7 — المُحَرِّك : le moteur. Participe actif du verbe de la 2ème forme : حَرَّكَ : mettre en mouvement, mouvoir (racine : حَرَكَة : mouvement).

Participe actif : مُحَرِّك : qui meut, qui met en mouvement : moteur.

Participe passif : مُحَرَّك : qui est mû, qui est mis en mouvement, en marche.

Nom d'action : تَحْريك : fait de mouvoir, de mettre en mouvement, en marche : mise en marche, mise en fonctionnement.

8 — أَتَحَقَّق مِن : présent du verbe de la 5ème forme : تَحَقَّقَ مِن vérifier, s'assurer de (racine : تَحَقُّق : vérification, enquête).

Participe actif : مُتَحَقِّق مِن : qui est certain de, assuré de.

9 — مُفْحِم : (terme technique moderne qui désigne le :

404

carburateur (du mot : فَحْم : charbon, carbone).

Participe actif du verbe de la 2ème forme : مُفَحِّم : «carburer».

Nom d'action : تَفْحيم : fait de carburer, carburation.

10 — تَفْريغ : nom d'action du verbe de la 2ème forme :
فَرَّغَ : vider, décharger, vidanger (racine : فارِغ vide).

Le nom d'action : تَفْريغ : peut signifier :

— le fait de vidanger (vidange)
— le fait de décharger (ex : un navire).
— une décharge (ex : une décharge électrique : تَفْريغ كَهْرَبائي).

11 — تَشْحيم : nom d'action du verbe de la 2ème forme :
شَحَّمَ : graisser, enduire de graisse (racine : شَحْم :
graisse).

Participe actif : مُشَحِّم : qui graisse, graisseur.

12 — إِشْعال : nom d'action du verbe de la 4ème forme :
أَشْعَلَ : allumer (racine : شُعْلَة : flamme, flambeau).

13 — فَرامِل : pluriel de فَرْمَلَة (terme dérivé du mot
français : frein).

14 — إِطارات : pluriel de : إِطار : «cadre», par extension : «pneu».

15 — فاجَأَتْني : «elle m'a surpris» ... (verbe de la 3ème
forme : فاجَأَ directement transitif (comme beaucoup de verbes de cette forme).

Participe actif : مُفاجِئ : qui surprend, soudain, inattendu.

405

Nom d'action : مُفَاجَأَة : fait de surprendre à l'improviste : surprise.

16 — Rappelons que قَد suivi d'un verbe au présent introduit un sens d'éventualité = رُبَّمَا : peut-être (cf leçon 20 note 2).

17 — تَسْتَلْزِم : présent du verbe de la 10ème forme : إِسْتَلْزَمَ : nécessiter, requérir.

18 — قِطَع : pluriel de قِطْعَة : pièce, morceau.

19 — مُخَفِّفَات : pluriel de : مُخَفِّف : participe actif du verbe de la 2ème forme : خَفَّفَ : rendre léger, alléger, amortir, atténuer (racine : خَفِيف : léger).

Participe actif : مُخَفِّف : qui allège, qui amortit : amortisseur.

Participe passif : مُخَفَّف : allégé, amorti.

Nom d'action : تَخْفِيف { fait d'alléger : allègement

{ fait d'amortir : amortissement

20 — أَقْصَى الجُهُود : le maximum d'efforts. On aurait pu avoir الجُهُود القُصْوَى : les plus extrêmes efforts.

— Le «maximum» se dit : الحَدّ الأَقْصَى : la limite extrême, la plus éloignée, la plus élevée.

— Le «minimum» se dit : الحَدّ الأَدْنَى : la limite la plus basse, inférieure.

21 — إِعْتَمَدَ عَلَى : du verbe de la 8ème forme : اعتمد على : s'appuyer sur, compter sur (racine : عَمُود : pilier, colonne).

Participe actif : مُعْتَمِد على : qui s'appuie sur, qui compte sur ...

Nom d'action : اِعْتِمَاد عَلَى : fait de s'appuyer sur, de compter sur ...

22 — وَجْه : signifie : visage, face, mais aussi : façon, manière, aspect.

(avec meilleure façon = de la meilleure façon), aurait pu être remplacé par : عَلَى الْوَجْهِ الْأَحْسَنِ (avec la façon la meilleure = de la meilleure façon).

EXERCICES

١ ـ أُحِبُّ أَنْ تَمْلَأَ الْخَزَّانَ بِالْبَنْزِين

J'aimerais que vous me fassiez le plein d'essence (que tu remplisses le réservoir avec de l'essence).

٢ ـ بِالْبَنْزِينِ الْعَادِيِّ أَمِ الْمُمْتَازِ ؟

Avec de l'essence ordinaire ou du super (ou de l'excellent) ?

٣ ـ هَلِ اشْتَرَيْتُمْ هَذِهِ السَّيَّارَةَ جَدِيدَةً

أَمْ مُسْتَعْمَلَةً ؟

Avez-vous acheté (pluriel) cette voiture neuve ou d'occasion (utilisée) ?

٤ ـ لَا ، مُسْتَعْمَلَةً ؛ وَكَانَ عَدَّادُهَا يُسَجِّلُ ،

عِنْدَمَا اشْتَرَيْنَاهَا تِسْعَةَ أَلَافِ كِيلُومِتْر

Non, d'occasion; son compteur marquait (enregistrait) lorsque nous l'avons achetée, neuf mille kilomètres.

٥ ـ لَا تَنْطَلِقُ السَّيَّارَةُ بِسُهُولَةٍ فِي الصَّبَاحِ

فعليَّ أَن أضغط على دَوَّاسةِ المعجال

أربعَ أو خمسَ مرَّات متتالية حتَّى ينطلقَ

المحرِّك

La voiture ne démarre pas (ne part pas) facilement le matin; je dois appuyer sur la pédale d'accélérateur quatre ou cinq fois de suite (consécutives) avant que (jusqu'à ce que) le moteur ne parte.

٦ـ أعتقد أنَّ عتلة تغيير السُّرعات

تحتاج إلى تصليح ، أمَّا التَّصليحات الأُخرى

فلا أُدري هل تتطلَّب وقتًا طويلًا أم لا .

Je crois que le levier· de changement de vitesses a besoin d'être réparé; quant aux autres réparations, je ne sais pas si (est-ce que) elles demanderont beaucoup de temps ou non.

CONJUGAISON :

Verbes : PENSER QUE — S'APPUYER SUR — ETRE CONVENU DE —

Je pense que	أعتقد أنَّ
Tu penses que	تعتقد أنَّ
Il pense que	يعتقد أنَّ
Je m'appuie sur	أعتمد على
Tu t'appuies sur	تعتمد على
Il s'appuie sur	يعتمد على

Je suis convenu de	اتَّفقت على
Tu es convenu de	اتَّفقت على
Il est convenu de	اتَّفق على

الدَّرسُ الحادي و التِّسعون

مراجعة

Déjà 90 leçons en votre compagnie. Comme le temps passe ! Bientôt nous serons obligés de vous quitter. En attendant, rien n'aura été ménagé pour vous permettre de comprendre le plus simplement possible et de la façon la plus vivante qui soit, les particularités de la langue arabe.

Au point où vous êtes arrivés aujourd'hui, vous êtes, sans aucun doute, capables de mettre aisément en pratique toutes les notions vues ensemble dans la méthode.

Aujourd'hui, ne soyez pas étonnés si, encore et toujours, nous vous parlons des **formes dérivées**.

1 — Bien que nous n'ayons pas eu l'occasion de rencontrer beaucoup de verbes de la **VIIème forme** (انْصَرَفَ ـ انْطَلَقَ) par exemple, cela ne signifie nullement qu'elle ne soit pas usitée, loin de là.

Elle se forme **à partir de la 1ère forme** dite forme simple; avec **préfixation de** انْ .

LEÇON 91

(La leçon la première et la quatre vingt-dix)

Révision

Ex : إِنْ ـ ـ ـ ـ طَلَقَ ـ ـ ـ ـ

إِنْطَلَقَ

إِنْ ـ ـ ـ ـ صَرَفَ ـ ـ ـ ـ

إِنْصَرَفَ

Elle **exprime souvent** la **notion** de : «se laisser aller à»

Ex : كَشَفَ : découvrir

إِنْكَشَفَ : se révéler, se laisser découvrir

أَدْمَجَ : (IVème forme) incorporer,

intégrer, insérer dans;

410

اِنْدَمَجَ : se laisser intégrer, s'incorporer dans.

Voyons maintenant les schémas de reconstitution des **participes actifs** et des **noms d'action** des verbes de la **VIIème** forme :

a) **Participe actif :** مُنْـــَـــُـ _ _ _ _

Ex : مُنْطَلِق

b) **Nom d'action :** اِنْــِـاـ

اِنْطِلَاق

اِنْصِرَاف

2 — La Xème forme, dont nous avons également rencontré quelques exemples tels que (اِسْتَقْبِل ـ

اِسْتَخْرَج ـ اِسْتَعْمَل ...) se forme par **préfixation** à la 1ère radicale de : اِسْتَـ , et **évoque**

souvent la notion de : «chercher à, faire effort pour..»

Ainsi :

عَمِل : travailler

اِسْتَعْمَل : employer, utiliser

خَرَج : sortir

اِسْتَخْرَج : chercher à faire sortir, extraire, tirer de ...

411

قَبِلَ : recevoir, accepter

اِسْتَقْبَلَ : accueillir, faire effort pour recevoir

أَعْلَمَ : informer

اِسْتَعْلَمَ : chercher à savoir, se renseigner

Parfois, elle exprime l'idée de «**trouver ... considérer comme ...**»

Ex : ثَقِيل : lourd

اِسْتَثْقَلَ : trouver lourd

حَسُن : beau, bien

اِسْتَحْسَن : trouver beau, trouver bien, apprécier.

a) **Le participe actif** se forme selon le schéma suivant:

مُسْتَ ـ ـ ـ

Ex : خَرَجَ : sortir

مُسْتَخْرِج : qui extrait

b) **Le nom d'action :**

اِسْتِ ـ ـ ا ـ

Ex : قَبِلَ : accepter, recevoir

اِسْتِقْبَال : fait de recevoir, d'accueillir, réception, accueil ...

412

Et voilà, nous en avons fini avec ces fameuses **for-mes dérivées** qui nous auront décidément hantés tout au long de notre parcours. Mais **leur importance** justifie grandement, à nos yeux, l'insistance que nous avons mise à vous en détailler le mécanisme qui, somme toute, n'est pas si compliqué.

Au stade actuel de vos connaissances en arabe, vous ne pouvez peut-être pas encore vous rendre compte combien nous avons eu raison d'insister, dès le début de notre méthode, sur cet élément capital de l'arabe, au point qu'il a été considéré **comme la clef de voûte de cette langue** et en quelque sorte **comme son âme.**

3 — Mais, au fait, nous n'en avons pas encore vraiment fini; dans notre élan, nous étions en train d'oublier **la IXème forme.** Remarquez que nous aurions été excusables, celle-ci étant **très peu usitée** et exprimant surtout l'idée de : «**devenir de telle ou telle couleur, de telle ou telle forme ...**»

Elle est, d'ailleurs, **constituée à partir de noms** du type : أَحْمَر - أَصْفَر - أَخْضَر qui

désignent des **couleurs.**

Elle se forme en redoublant la dernière radicale de ce mot :

Ex : أَحْمَر : rouge اِ ْ َ ـّـ

اِحْمَرَّ : devenir rouge, rougeoyer

أَخْضَر : vert

اِخْضَرَّ : devenir vert, verdoyer

a) **Participe** (unique) : ُ ْ َ ـّـ

413

Ex : أَحْمَر : rouge

مُحْمَرّ : qui rougit, rougissant

أَصْفَر : jaune

مُصْفَرّ : qui jaunit, qui pâlit, jaunissant, pâlissant

b) **Nom d'action :** ــَ ١ ــْ ــِ ١ ــَ

Ex : اِحْمَرّ : rougeoyer

اِحْمِرَار : fait de rougeoyer

A présent, il ne nous reste plus quà vous souhaiter de continuer à assimiler le mieux possible les quelques notions que nous nous sommes efforcés de vous rendre familières.

Courage, nous ne vous importunerons plus bien longtemps; encore 10 leçons et vous pourrez commencer à voler de vos propres ailes.

En tout cas, rendez-vous à la prochaine et dernière leçon de révision. Au revoir.

في وكالةِ السّفر

١- صباحَ الخير، يا سيّدي ؛ ماذا ترغب ؟

٢- أتيتُ لحجزِ مقعد[٥]

٣- حسنًا . هل عندك تذكرة ؟

٤- نعم ... تفضّلي ... لديّ[٢] تذكرة ذهاب و إياب[٣]

٥- متى تحبّ أن تسافرَ ؟

٦- يومَ السّبتِ القادم إذا أمْكَنَ[٤] فالعمل
يَنتظرُني في باريس، ولا بدَّ أن أعودَ
قبل نهايةِ الأسبوع

٧- قبل نهايةِ الأسبوع ! لا أتصوَّرُ أنَّه
ممكن وكثير من السّوّاحِ العائدين منَ
العطلة قد[٥] حجزوا مقاعدَهم منذ

415

(La leçon la deuxième et la quatre vingt dix)

À L'AGENCE DE VOYAGES

L'hôtesse   **1 —** Bonjour Monsieur. Que désirez-vous ?

Jacques   **2 —** Je suis venu réserver une place (pour la réservation[1] d'un siège).

L'hôtesse   **3 —** Bien. Avez-vous un billet ?

Jacques   **4 —** Oui ... Tenez (je t'en prie) ... J'ai[2] un billet aller-retour[3].

L'hôtesse   **5 —** Quand aimeriez-vous partir ? (quand tu aimes que tu voyages).

Jacques   **6 —** Samedi prochain, si possible (si il a été possible[4]) (car) le travail m'attend à Paris (et) je dois absolument rentrer avant la fin de la semaine.

L'hôtesse   **7 —** Avant la fin de la semaine ! Je ne pense pas que ce soit possible (je n'imagine pas que lui possible) étant donné que (alors que, et) beaucoup de touristes qui rentrent de vacances ont (déjà)[5] réservé leurs places depuis

أيّام ... ولكنّي ، مع ذلك ، سوف أحاول [5]
حلّ هذه المشكلة ... دقيقة من فضلك [7]

(وبعد قليل ، تعود المضيفة)
٨ ـ مع الأسف ، يتبيّن أنّ الطّائرات ممتلئة [8]
إلى منتصف الأسبوع القادم بالنّسبة [9]
للرّحلات النّهاريّة ، أمّا إذا اخترتَ
الرّحلة اللّيليّة وهي مباشرة ، فيمكن أن
أسجّلَ اسمَك للرّحلة رقم:١٢٣ (مائة و
ثلاثة و عشرون) ، على الطّائرة التّي تُقلِع
مساء السّبت [10] في التّاسعة وخمس و عشرين
دقيقة.
٩ـ حسنًا . آخُذُها فهكذا

plusieurs jours (depuis des jours) ...
Mais malgré cela, je vais essayer de
résoudre ce problème (je vais tenter[6]
le fait de résoudre[7] ce problème) ...
(Une) minute s'il vous plaît (s'il te
plaît).

Peu après, l'hôtesse revient.

L'hôtesse   **8** — Hélas, il s'avère que les avions
sont bondés (pleins)[8] jusqu'au mi-
lieu[9] de la semaine prochaine pour ce
qui est (en ce qui concerne) des vols
(les trajets) de jour, mais si vous prenez
le vol de nuit qui est direct (quant à si
tu as choisi le vol de nuit et lui direct),
je peux vous inscrire pour le vol N° 123
(alors il est possible que j'enregistre ton
nom pour le vol N° 123 (cent vingt
trois) sur l'avion qui décolle samedi
soir[10] à 21 heures 25 (à la 9ème et 5
et 20 minutes).

Jacques   **9** — Bien. Je le prends (et) ainsi je

سأستطيع أن أتمتَّعَ بإقامتي هنا حتَّى النِّهايةِ

١٠ـ هل تفضّل أن تسافرَ بالدَّرجةِ الأُولى أم بالدَّرجةِ السِّياحيَّةِ ؟

١١ـ بالدَّرجةِ السِّياحيَّةِ

١٢ـ على أيِّ حالٍ فطائرات شركتِنا كلُّها مريحةٌ جِدًّا ؛ لدشكَّ أنَّكَ ستقوم بسفرٍ طيبٍ

١٣ـ إن شاء اللَّه ! في أيَّةٍ ساعةٍ يجب أن أحضرَ إلى المطار ؟

١٤ـ تُقلِعُ الطَّائرةُ في تمام التَّاسعةِ وخمسٍ وعشرين دقيقةً كما قلتُ لكَ ، وعليكَ أن تكونَ في المطار إبتداءً مِنَ الثَّامنةِ والنِّصف [١] للإجراءات وتسجيل الحقائب ...ها هي تذكرتُك يا سيّدي ...تفضّل !

١٥ـ متشكِّرٌ ! لولا العملُ الّذي ينطلَّب رجوعي إلى باريس ،لحاولتُ تمديد إقامتي في بلدِكمُ الجميلِ

* * *

419

pourrai jouir de mon séjour ici jusqu'à la fin.

L'hôtesse   10 — Préférez-vous voyager en première classe (dans le degré le 1er) ou en classe touriste (dans le degré touristique) ?

Jacques   11 — En classe touriste.

L'hôtesse   12 — De toutes façons, tous les avions de notre Compagnie (tous eux) (sont) très confortables; vous ferez certainement un agréable voyage (il n'y a pas doute que toi tu accompliras un voyage bon).

Jacques   13 — Si Dieu veut ! A quelle heure dois-je être (présent) à l'aéroport ?

L'hôtesse   14 — L'avion décolle à 21 h 25 précises (à exactement la 9ème et 25 minutes) comme je vous l'ai dit; (et) vous devez être (sur toi que tu sois) à l'aéroport à partir de(11) 20 heures 30 pour les formalités (pour les mesures) et l'enregistrement des valises ... Voici votre billet, Monsieur ... Tenez (je t'en prie) !

Jacques   15 — Merci (reconnaissant); sans (si pas) le travail qui exige (réclame) mon retour à Paris, j'aurais essayé de prolonger mon séjour (j'aurais tenté la prolongation de mon séjour) dans votre beau pays.

NOTES :

1 — لِلْأَعْجَزِ : on aurait pu avoir un verbe : أَتَيْتُ لِلْعَجْزِ

2 — عِنْدِي = لَدَيَّ (cf : leçon 59 note 2).

3 — ذَهَابٌ و إِيَابٌ : aller et retour

ذَهَابٌ : fait d'aller (nom d'action du verbe : ذَهَبَ : aller)

إِيَابٌ : fait de retourner (presque toujours joint à ذَهَابٌ).

Synonyme de : عَوْدَةٌ (de : عَادَ : rentrer)et de رُجُوعٌ

(de : رَجَعَ : revenir).

(On dit également par exemple : Au retour : عِنْدَ الإِيَابِ

(au moment du retour).)

4 — إِذَا أَمْكَنَ : si c'est possible (si cela a été possible). Verbe de la 4ème forme : أَمْكَنَ : «être possible».

Présent : il est possible que : يُمْكِنُ أَنْ

Participe actif : مُمْكِنٌ : possible.

Nom d'action : إِمْكَانٌ : possibilité. Pluriel : إِمْكَانِيَّاتٌ : possibilités, potentiel.

Au lieu de :« إِذَا أَمْكَنَ », on aurait pu trouver les deux manières suivantes d'exprimer la même idée :

a) إِذَا كَانَ مُمْكِنًا : si cela était possible

b) عِنْدَ الإِمْكَانِ : en cas de possibilité (au cas où cela serait possible).

(revoir leçon 45 note 5).

5 — قَدْ + verbe au passé (cf : leçon 6 note 5 et leçon 37 note 2).

6 — أُحَاوِلُ : présent du verbe de la 3ème forme: حَاوَلَ

tenter, essayer.

Participe actif : محاول : qui tente, qui essaie.

Nom d'action : مُحاوَلة : tentative, essai, fait de tenter.

7 — حَلّ : fait de résoudre, de solutionner.

Nom d'action du verbe : حَلّ : résoudre, (pris substantivement

signifie : «solution»).

8 — مُمتلِئة : féminin de مُمتلِئ.

Participe actif du verbe de la 8ème forme : اِمتَلَأَ : être

plein, se remplir (racine : مَلَأَ : remplir).

9 — مُنتَصَف : «milieu de» (racine : نصف : moitié).

— au milieu de la route (à mi-chemin) : في مُنتَصَفِ الطَّريق

— à minuit (au milieu de la nuit) : في مُنتَصَفِ اللَّيل

— à midi (au milieu du jour) : في مُنتَصَفِ النَّهار

10 — مَساءَ السَّبت : «au soir du samedi» (le mot : يوم

est souvent sous-entendu dans le cas des jours de la semaine,
(cf : leçon 20 note 3).

11 — اِبتداءً من : «à partir de» (du verbe de la

8ème forme اِبتَدَأَ : commencer - racine : بَدَأَ).

Utilisé dans le même sens que : اِعتبارًا من

(à compter de).

422

EXERCICES

١- هل تريد أن أحجزَ لكم ثلاثةَ مقاعد في المسرح البلديّ لمشاهدةِ المسرحيّة التي تحدّثتَـنا عنها أوّلَ أمسٍ ؟

Veux-tu que je vous réserve trois places au théâtre municipal pour voir la pièce dont nous avons parlé avant-hier ?

٢- إنّ قاعاتِ السّينما مُكيّفة كلّها و سيكونون مرتاحين جدًّا من سهرتِهم

Les salles de cinéma sont toutes climatisées et ils seront très contents de leur soirée.

٣- التّدخين ممنوع في الطّائرات عند إقلاعها و هبوطها لضمان أمن الرّكّاب

Il est interdit de fumer dans les avions au moment de leur décollage et de leur atterrissage, pour garantir la sécurité des passagers.

٤- هل حجزت غرفًا للمُهندسين الأربعة الّذين يصلون غدًا

لِلتَّشاوُر مع المسؤولين المحليِّـــن؟

As-tu réservé des chambres pour les quatre ingénieurs qui
arrivent demain pour consulter (pour la consultation avec)
les responsables locaux ?

٥ ـ كانت الفنادق ممتلئة كلُّها إلّا
فندق «السّلام» الّذي حجزتُ فيه
أربع غرف واسعة ومريحة ،
لا شكَّ أنَّهم سيجدونها
مناسبة لهم .

Les hôtels étaient tous pleins, sauf l'hôtel de «la Paix» où
(lequel dans lui) j'ai retenu quatre grandes (vastes) et
confortables chambres; ils les trouveront certainement à
leur convenance (et il n'y a pas de doute qu'ils les trouveront convenables pour eux).

لا أُدري ماذا أُختار !

424

CONJUGAISON :

Verbes : ESSAYER — AVOIR ESSAYE — AVOIR DIT — JOUIR DE — AVOIR RESERVE —

J'essaye	أحاول
Tu essayes	تحاول
Il essaye	يحاول
J'ai essayé	حاولت
Tu as essayé	حاولت
Il a essayé	حاول
J'ai dit	قُلْت
Tu as dit	قلت
Il a dit	قَالَ
Je jouis de	أتمتّع ب
Tu jouis de	تتمتّع ب
Il jouit de	يتمتّع ب

J'ai réservé	حَجَزْت
Tu as réservé	حَجَزْت
Il a réservé	حَجَزَ

مَن عندك تذكرة؟

الدَّرسُ الثَّالثُ والتِّسعون

إلى السُّوق

١- ألو، جاك ؟... كيف حالُك ؟

٢- بخير، الحمدُ لِلَّه ! ... غيرُ أنَّني ذهبتُ إلى وكالةِ السَّفرِ لِحجزِ مقعدي ... أُسافرُ (٥) مساءَ السَّبتِ القادم

٣- هذا قريبٌ جدًّا ... تفضَّلْ لِتتعشّى معنا مساءَ اليوم ، وبعد الأكل ، سنشاهدُ التِّلفزيون إذا أردت فبرنامجُ اليوم ممتاز .

٤- يسرُّني أن أقضيَ السَّهرة معكم ولكن ...

٥- ماذا تعملُ الآن ؟... تفضَّلْ إلى البيت إذا أردت ؛ وعلى أيِّ حال

427

LEÇON 93

(La leçon la troisième et la quatre vingt dix)

VERS LE MARCHE

Ahmed   **1 —** Allo! Jacques? Comment vas-tu?

Jacques   **2 —** Bien, grâce à Dieu ...! Sauf que je suis allé à l'agence de voyages pour réserver ma place ... Je m'en vais[1] samedi prochain au soir (au soir du samedi prochain).

Ahmed   **3 —** C'est très proche ... Viens dîner avec nous ce soir (et) après le repas nous regarderons la télévision si tu veux : le programme d'aujourd'hui est excellent.

Jacques   **4 —** Je serais heureux de passer la soirée avec vous ... Mais ...

Ahmed   **5 —** Que fais-tu maintenant ? Viens à la maison si tu veux. De toutes façons

فبيتُنا مفتوح لَك دائماً

(جاك يضعُ السّمَّاعةَ ويخرجُ ثمّ يذهبُ إلى
بيت أحمد. يُفتَحُ البابُ)

٦- جاك!... يا ماما !... ها هو جاك... تعال معنا إلى
السّوق يا جاك !

٧- صباحَ الخيرِ يا جاك ! زوجي لم يصل بعد، و
لحسنِ الحظّ ، جئتَ في الوقتِ المناسبِ ، فقد
كنت مستعدّةً للخروج مع مهدي للذّهاب
إلى السّوق... هل تريد أن ترافقَنا ؟[*]

٨- بكلّ سرورٍ، وخصوصاً[**] إذ أنّني لا أعرفُ
السّوقَ بعد ... إذا كنتِ في حاجةٍ إلى حمّالٍ ...

429

notre porte t'est toujours ouverte (notre maison est ouverte pour toi toujours).

Jacques pose l'écouteur, sort, puis va chez Ahmed. La porte s'ouvre :

Mehdi   **6 —** Jacques ... ! Maman ! ... Voilà Jacques. Viens avec nous au marché, Jacques.

Layla   **7 —** Bonjour, Jacques; mon mari n'est pas encore arrivé; heureusement (que) vous êtes venu au bon moment : je m'apprêtais à sortir (heureusement tu es venu au moment opportun alors que j'étais prête à la sortie) avec Mehdi pour aller au marché. Voulez-vous nous accompagner[2] ?

Jacques   **8 —** Avec grand plaisir ! D'autant plus que (surtout que[3]) je ne connais pas encore le marché ... Si vous avez (si tu as) besoin d'un porteur ...

٩ـ طيّب! وفي هذه الحالة، ماذا تفضّل: أن تكونَ
الحمّال في الذّهاب أم في الإياب؟
١٠ـ سوف أفكّرُ في الموضوع وأعطيكِ الجواب
وقتَ الرّجوعِ من السّوقِ⁽⁴⁾

✻ ✻
✻

NOTES :

1 — أُسافِرُ : je voyage (présent du verbe de la 3ème

forme : سافَرَ : voyager (racine : سفر : voyage).

Participe actif : مُسافِر : qui voyage : voyageur.

(Le nom d'action théorique : مُسافَرة (fait de voyager) est

inusité).

2 — أَن ترافِقَنا : «que tu nous accompagnes». Présent du

verbe de la 3ème forme : رافَقَ : accompagner (synonyme

de : صَحِبَ (

(racine : رِفقة : compagnie

رَفيق : compagnon, camarade).

Participe actif : مُرافِق : qui accompagne, accompagnateur.

3. خصوصًا إذ أنّ : «surtout que»... Racine : خاصّ : spé-

cial, particulier.

Pour dire «surtout», on utilise également :

خاصّة : spécialement, notamment

بصورةٍ خاصّة : d'une manière spéciale, en particulier.

431

Layla	9 — Bien ! Dans ce cas, que préférez-vous : faire (être) le porteur à l'aller ou au retour ?
Jacques (en riant)	10 — Je vais réfléchir à la question (au sujet) et je vous donnerai ma réponse quand nous rentrerons du marché (au moment du(4) retour du marché) !

* *
*

بِشَكْلٍ خَاصٍّ

بِصِفَةٍ خَاصَّةٍ

etc...

4 — وَقْتَ : «au moment de»...

Notez la terminaison «a» du cas direct voulue par la notion de circonstanciel de temps exprimée ici.

EXERCICES

١ـ نَنْتَظِرُ مِنْكَ جَوَابًا سَرِيعًا ... هَلْ
تَسْتَطِيعُ أَنْ تُعْطِيَنَا إِيَّاهُ قَبْلَ
مُغَادَرَتِنَا فِي نِهَايَةِ الأُسْبُوعِ
الجَارِي ؟

Nous attendons de toi une réponse rapide ... Peux-tu nous la donner avant notre départ à la fin de la semaine en cours ? (courante)

٢ ـ كان يسرُّني قضاءُ السَّهرة معكم لو
لم يكن لديَّ عملٌ عاجلٌ يتطلَّب منِّي أن
أبقى في المكتب حتى ساعةٍ متأخِّرة مِنَ اللَّيل

J'aurais été heureux de passer la soirée avec vous si je
n'avais pas eu un travail urgent qui m'oblige à rester (qui
exige de moi que je reste) au bureau jusqu'à une heure
tardive de la nuit.

٣ ـ أُترك الحقائب فلن تستطيعَ أن
تحملَها أنت وحدَك ؛ لماذا لا تدعو
حمَّالًا لكي يساعدَك ؟

Laisse les valises, tu ne pourras pas les porter tout seul;
pourquoi n'appelles-tu pas un porteur pour t'aider ?

٤ ـ السُّوقُ الماليَّة راكِدة حاليًّا ، ولكنِّي
أعتقد أنَّها ستتحرَّك بصورةٍ واضحة
في الأيَّام القادمة

Le marché financier est inerte actuellement, mais je crois
qu'il va nettement (d'une manière claire, nette) s'animer
dans les jours qui viennent.

CONJUGAISON :

Verbes : VOYAGER — ACCOMPAGNER

Je voyage	أسافر
Tu voyages	تسافر
Il voyage	يسافر
J'accompagne	أرافق
Tu accompagnes	ترافق
Il accompagne	يرافق

تفضل فبابنا
مفتوح لك
دائماً

السَّورَ

الدَّرسُ الرَّابِعُ والتِّسعونَ

في السّوق

١- الزِّحامُ شديدٌ أليومَ في السّوقِ فالنّاسُ يَشتَرُونَ لِمُدَّةٍ أسبوعٍ كاملٍ ، أنا أيضًا لديَّ مشترياتٌ كثيرةٌ تتطَلَّبُ وقتًا طويلًا .

٢- مِن أينَ تُريدينَ أن نبدأَ ؟ ماذا لو افترقنا حتّى نوفّرَ الوقتَ ، وكذلك سأنتهزُ هذه الفرصةَ لِلتَّحدُّثِ مع الباعةِ ... قولي لي ماذا تفضّلينَ أن أشتريَ لَكِ ؟

٣- هل يمكنُكِ أن تقومَ أنتَ بشراءِ الفواكهِ والخضارِ، بينما أمرُّ بالجزّارِ و السَّمّاكِ . ها هي القائمةُ :

٤٣٥

(La leçon la quatrième et la quatre vingt dix)

AU MARCHE

Layla **1 —** Il y a foule aujourd'hui au marché : les gens achètent pour une semaine entière (pour la durée d'une semaine entière). Moi aussi, j'ai beaucoup
d'achats (à faire) qui demanderont du
temps (un temps long).

Jacques **2 —** Par où voulez-vous que nous commencions ? Que diriez-vous si (quoi si)
nous nous séparions pour gagner du
temps et puis (et de même) je saisirai
cette occasion pour converser avec les
marchands (les vendeurs) ...
Dites-moi ce que vous voulez (ce que
tu préfères) que je vous achète (que
j'achète pour toi) ?

Layla **3 —** Pourriez-vous vous charger (que
tu accomplisses toi) de l'achat des
fruits et des légumes[1] tandis que j'irai
(je passerai par) chez le boucher[2] et
le poissonnier. Voici la liste :

(جاك يقرأُ القائمة)

٤ـ أربعة كيلو مِنَ البطاطس

ثلاثة كيلو مِنَ الكوسى

كيلو واحد مِنَ الحِمَّص

كيلو ونصف مِنَ الفاصوليا

ثلاثة أرطال مِنَ الطَّماطم

كيلو مِنَ الجَزَر

خيارتان

أربعة كيلو مِنَ البصل

و خمسة رؤوس مِنَ الثُّوم

٥ـ ثمَّ، إثنان كيلو مِنَ التُّفَّاح

أربعة كيلو مِنَ البرتقال

إثنان كيلو مِنَ الموز

وكيلو ونصف مِنَ العنب

٦ـ حسنًا...هل يمكن أن يرافقَني مهدي؟ ثمَّ أين نلتقي فيما بعد؟

٧ـ هنا بالذَّات، بعد ثلاثة أرباع السَّاعة تقريبًا

Jacques lit la liste :	**4 –**

4 –
– 4 kilos(3) de pommes de terre

– 3 kilos de courgettes

– 1 kilo de pois chiches

– 1 kilo et demi de haricots

– 3 livres(4) de tomates

– 1 kilo de carottes

– 2 concombres

– 4 kilos d'oignons

– et 5 têtes d'ail.

Ensuite

5 –
– 2 kilos de pommes

– 4 kilos d'oranges

– 2 kilos de bananes

– 1 kilo et demi de raisins.

Jacques **6 –** Bien... Est-ce que Mehdi peut m'accompagner ? Où nous retrouverons-nous après ?(5)

Layla **7 –** Ici même(6) dans (après) 3 quarts(7) d'heure environ.

438

NOTES :

1 — خضار : légumes, légumes verts. On trouve également, dans le même sens : خضراوات (racine : أخضر :
vert); marchand de légumes : خضّار

2 — جزّار : boucher (racine : جَزْر : fait d'égorger,
égorgement, boucherie).

3 — كيلو : kilo (laissé au singulier) pour être conforme à
l'usage courant.
Mais normalement, et en application de la règle des nombres
(cf : leçons 15, 17, 18 et 21), nous devrions avoir un pluriel ;
c'est-à-dire : كيلوات (cf : leçon 37 note 3).

4 — أرطال : pluriel de : رَطْل : «une livre».

5 — فيما بعد : «après, par la suite» (de : فيما : «dans
ce qui»... et de : بعد : «après»).

6 — هنا بالذّات : «ici même». ذات : est ici synonyme
de : نفس

7 — أرباع : pluriel de : رُبْع : quart.

Remarque :

Les mots désignant des fruits ou des légumes sont toujours des
collectifs (cf : leçon 31 note 2).

Ainsi par exemple : تفّاح ـ ثوم ـ بَصَل ـ جَزَر ـ عِنَب

Le nom d'unité est formé par l'adjonction d'un : ة ـ

Ainsi pour :

— 1 concombre, on a : خِيارة

— 2 concombres : خِيارتان

— 3 concombres : ثلاث خِيارات

EXERCICES

١ـ إذا أردت سمكًا طازجًا فخيرٌ لك أن
تشتريه من المرفأ مباشرةً فإنَّ
الصّيّادين يبيعونه فور رجوع
سفنهم من الصّيد في كلِّ مساء

Si tu veux du poisson frais, il vaut mieux que tu l'achètes
directement au port car les pêcheurs le vendent dès le
retour de leur bateau (de la pêche) chaque soir.

٢ـ إنَّ بعض الخضار و الفواكه
الموجودة هنا يأتي بها الفلّاحون
مرّتين في الأسبوع من الرّيف لبيعها
في هذه السّوق

Certains des légumes et des fruits qui se trouvent ici sont
apportés par les paysans (les paysans les apportent) deux
fois par semaine de la campagne pour les vendre dans ce
marché.

٣ـ هذه السّلّة صغيرة جدًّا . أعطني
سلّةً أكبر حتّى أضعَ فيها كلَّ
البطاطس .

Ce panier est très petit. Donne-moi un panier plus grand
pour que j'y mette toutes les pommes de terre.

٤ـ يمكنُكَ أن تختارَ الفواكهَ كما تحبُّ،
وعلى أيِّ حالٍ فإنَّها منَ الدَّرجةِ الأُولى كلُّها

Tu peux choisir les fruits comme tu l'entends (comme tu aimes). De toute façon, ils sont tous de première qualité.

٥ـ لا شكَّ أنَّ الإنتاجَ الزَّراعيَّ سيزدادُ
خلالَ هذه السَّنةِ نظرًا للظُّروفِ
الجَوِّيَّةِ المناسِبةِ جدًّا

Il est certain que la production agricole s'accroîtra cette année vu les conditions météorologiques très favorables.

اليوم في السوق   الزحام شديد

٦ـ لقد لاحظتُ خلالَ الجولةِ التّي
قمتُ بها في المِنطَقة أنّ الأرضَ
هناك خِصبة جِدّاً و أنّ المزروعات
كثيرة و متنوّعـــة .

J'ai remarqué au cours de la promenade que j'ai effectuée
dans la région, que la terre là-bas était très fertile et que
les cultures étaient nombreuses et variées.

في السّوق

١ ـ هل لقيتَ كلَّ شيء ! نسيتُ أن أُسجّلَ
على الورقة الباذنجان و العدس و
الشّمندر. ولكن، لا يهمّ

٢ ـ نعم، لقيتُ كلَّ شيء، وأنتِ ؟

٣ ـ أنا اشتريت قليلًا من لحمِ البقرِ(١) و الغنمِ
من عندِ الجزّارِ، كما أنّني اشتريتُ بعضَ
السّمكِ. ماذا تفضّل أن تأكلَ في العشاء
مساءَ اليوم ؟ هل تريد سمكًا أم لحمًا ؟

٤ ـ على رأيكم أنتم، أمّا أنا فسوف آكل
ما تأكلون

٥ ـ طيّب! إذن، أُحضِّرُ لك لحمًا مشويًّا(٣) و
سمكًا مقليًّا(٤) ... انتهيتُ الآن منَ المشترياتِ
الرّئيسيّة،

(La leçon la cinquième et la quatre vingt dix)

AU MARCHE

Layla

1 — Avez-vous tout trouvé (as-tu tout rencontré) ? J'ai oublié d'inscrire sur la liste (sur la feuille) les aubergines (et) les lentilles et les betteraves.
Mais, peu importe (cela n'importe pas).

Jacques

2 — Oui, j'ai tout trouvé et vous ?

Layla

3 — Moi, j'ai acheté un peu de viande de bœuf[1] (de bovins) et de mouton[2] (d'ovins) chez (de chez) le boucher. J'ai pris aussi (de même que moi j'ai acheté) un peu de poisson. Qu'aimeriez-vous manger (qu'est-ce que tu préfères que tu manges) au dîner de ce soir ? Voulez-vous du poisson ou de la viande?

Jacques

4 — C'est comme vous voudrez (d'après votre avis à vous); pour ma part (quant à moi) je mangerai ce que vous mangerez.

Layla

5 — Bon ... Alors je vous ferai (je vous préparerai) de la viande grillée[3] et du poisson frit[4] ... J'en ai fini maintenant avec les achats principaux, il ne

لم يبقَ لنا غير الخبز والحليب .

٦ ـ يبدو أنَّكِ اشتريتِ لمدّة أسبوعَيْن و ليس^⑥ لأسبوع واحد فقط .

٧ ـ لا تعتقد ذلك فنحن ستّة أشخاص في البيت ، ولا تنسَ أنَّ الأولاد محتاجون إلى كثير من الطَّعام ، لقد استغلَلْتُ^⑦ حضورك^⑧ لزيادة المشتريات ... ولكن، ربّما وجدت القفّتَيْن^⑩ ثقيلتَيْن جدًّا^⑪ ؟ !

٨ ـ لا ، وعلى أيّ حال ، ينبغي أن أتعوَّدَ من الآن على حمل^⑫ السَّلّات^⑭ الثَّقيلة^⑬ قبل الزَّواج !

(يخرجون من السّوق ويدخلون دكّانَ بائع الحليب)

445

nous reste plus (il n'est pas resté[5] à nous) que le pain et le lait.

Jacques   **6 —** J'ai l'impression (il semble) que vous avez acheté pour deux semaines, pas[6] seulement pour une.

Layla   **7 —** Ne croyez pas cela : nous sommes six personnes à la maison et n'oubliez pas que les enfants ont besoin de beaucoup manger (ont besoin de beaucoup de nourriture); j'ai profité de votre présence (j'ai exploité[7] ta présence)[8] pour acheter davantage (pour l'augmentation[9] des achats).
                Mais peut-être trouvez-vous les paniers (les deux couffins)[10] trop lourds ?[11]

Jacques   **8 —** Non; de toute façon, je dois (il
(en riant)   convient que) m'habituer dès maintenant à porter[12] les paniers[13] chargés (lourds) avant de me marier (avant le mariage) !

Ils sortent du marché et entrent (dans) la laiterie (la boutique du vendeur de lait).

446

٩ ـ صباحَ الخيرِ! زِن لي رطلًا منَ الزُّبدة من
فضلِك ، وأعطني إثنتَيْ عشرةَ بيضة⁽¹⁴⁾
مع ثلاثةِ لتراتٍ⁽¹⁵⁾ منَ الحليب وجبنًا ... هذا
كافٍ ... ما ثمنُها ؟
(تدفع ليلى ثمّ تخرج)

١٠ ـ أعتقد⁽¹⁶⁾أنّكِ تحبّ الجبن ؟

١١ ـ جدًّا⁽¹⁷⁾! في باريس آكل منه باستمرار ...
شكرًا على مبادرتِكِ⁽¹⁸⁾الحسنة

١٢ ـ تعلّمتُ الطّبخَ الفرنسيّ وإنّني أعرفُ أنّ
مأدُبة غداءٍ أو عشاء، مهما كانت ، لا تُعتبَر⁽¹⁹⁾
جيّدة دونَ أن يُقدَّمَ⁽²⁰⁾ فيها الجبن

447

Layla au laitier	**9** — Bonjour ! Pesez-moi une livre de beurre s'il vous plaît et donnez-moi 12 œufs[14] (et) (avec) 3 litres[15] de lait et du fromage. C'est suffisant ... Combien vous dois-je ?

Layla paye puis sort.

Layla à Jacques	**10** — J'espère (je pense)[16] que vous aimez le fromage ?
Jacques	**11** — Beaucoup[17]! A Paris, j'en mange régulièrement (continuellement). Merci pour votre heureuse initiative (pour ta bonne initiative).[18]
Layla	**12** — J'ai appris à préparer la cuisine française (le fait de cuisiner) et je sais qu'un déjeuner ou un dîner quel qu'il soit ne saurait être considéré (n'est pas considéré)[19] comme vraiment bon (comme très bon) sans fromage (sans que l'on y serve[20] le fromage).

١٣- وكذلك ، لا بدّ منَ الحلوى ... إسمحي لي
بأن أشتريَ بعضَ الحلويات فإنّني متأكّد[٨]
من أنّ الطّفلَين لن يرفضاها . أليس كذلك،
يا مهدي ؟

١٤- إذا سألتَ مهدي فلن يرفضَ طبعًا لأنّه
أكول[٩]،لا يشبع من أكلِ الحلوى أبدًا

١٥- طيّب ! ماذا لو رجعنا إلى البيت لوضع
السّلّات هناك قبل أن يرافقَني مهدي إلى
دكّانِ الحلوانيّ ؟

✻ ✻

✻

449

Jacques	**13 —** Et puis (et de même) il faut aussi des gâteaux ... Permettez-moi d'acheter quelques pâtisseries (car) je suis certain[21] que les enfants ne les repousseront pas (ne les refuseront pas). N'est-ce pas Mehdi ?
Layla	**14 —** Si vous le demandez à Mehdi, il ne refusera pas naturellement : (parce que) c'est un gourmand[22] (un gros mangeur) qui n'est jamais rassasié (qui ne se rassasie jamais du fait de manger) de pâtisseries.
Jacques	**15 —** Bien ... (quoi) Si nous rentrions à la maison déposer les paniers (pour le fait de mettre les paniers là-bas) avant que Mehdi m'accompagne à la pâtisserie (à la boutique du pâtissier) ?

NOTES :

1 — بقر : bovins (collectif).

2 — غنم : ovins (collectif).

3 — مشويّ : «grillé, rôti» — Participe passif du verbe : شَوَى : griller, rôtir.

لحم مشويّ : signifie : «grillade»
(a donné, en français : méchoui).

4 — مقليّ : «frit». Participe passif du verbe : قَلَى : «frire».

5 — لم يبق لنا : «il ne nous est pas resté» (dans le sens de : il ne nous reste pas). Au lieu de : لم يبقَ لنا on aurait pu avoir : ما بقيَ لنا

6 — وليس لـ : «et pas pour...» (cf. leçon 81 note 23).

7 — استغللت : «j'ai exploité» du verbe de la 10ème forme : إسْتَغَلَّ : exploiter.

Participe actif : مُستغلّ qui exploite : exploitant.

Nom d'action : إِسْتِغْلال : fait d'exploiter : exploitation.

8 — حضور : nom d'action du verbe : حَضَرَ : être présent, assister...
Participe actif : حاضِر : qui est présent, présent (adj. et subst.).

9 — زيادة : fait d'accroître, d'augmenter : augmentation; nom d'action du verbe : زَادَ : augmenter.

10 — القفّتين duel de : قُفَّة : qui a donné en français : «couffin».

451

11 — جِدًّا : dans le sens de «trop» (cf : leçon 19 note 2).

12 — حَمْل : «fait de porter»; nom d'action de حَمَلَ : porter.

13 — سَلَّات : pluriel de : سَلَّة : panier.

14 — بَيْضَة : pluriel : بِيض : œufs. (Voici une excellente occasion de revoir les règles de la numération en arabe (cf : leçons 15, 17, 18, 21).

15 — لِترَات : pluriel de : لِتر : litre. (Voir la remarque à propos de كيلو : leçon précédente, note 3).

16 — أَعتَقِد : est ici synonyme de : أَتَمَنَّى : je souhaite, j'espère.

17 — جِدًّا : (très) est ici synonyme de : كَثِيرًا beaucoup.

18 — مُبَادَرَة : initiative. Nom d'action du verbe de la 3ème forme : بَادَرَ إِلى : s'empresser de, se hâter de, prendre l'initiative de...

19 — تُعتَبَر : passif présent du verbe de la 8ème forme : اِعتَبَرَ : considérer.

Participe passif : مُعتَبَر : considéré, remarquable, respectable.

Nom d'action : اِعتِبَار : considération, égard.

«Eu égard à, en considération de» : اِعتِبَارًا لِ ...

«A compter de» : اِعتِبَارًا مِن ...

20 — يُقَدَّم الجُبن : «on sert le fromage». Passif.

(Pour rendre l'impersonnel «on» – cf : leçon 78 note 6) – cf : leçon 23 note 6 – cf : leçon 78 note 6).

452

21 — مُتَأَكِّد : «sûr», «certain». Participe actif du verbe de la

5ème forme : تَأَكَّدَ مِنْ : s'assurer de, avoir la certitude, être

sûr de, certain de...

(Racine : verbe de la 2ème forme : أَكَّدَ : affirmer, assurer).

(Nom d'action de : أَكَّدَ : تَأْكِيد : assurance, affirmation,

confirmation).

Participe actif : مُؤَكِّد : qui affirme.

Participe passif : مُؤَكَّد : qui est affirmé, qui est sûr, certain.

Pour dire : (C'est) sûr et certain, (sûrement), on peut dire, soit :

أَكِيد : soit : (مُؤَكَّد).

22 — أَكُول : gros mangeur (gourmand) de : أَكْل fait

de manger.

Ex : حَسُود : très envieux (de : حَسَد : envie).

Formes qui expriment une **notion d'intensité.**

EXERCICES

١ ـ لا تنسَ قائمةَ المشترياتِ و كذلك

خذ سلّةً أخرى لعلّكَ تحتاج إليها

N'oublie pas la liste des achats, prends aussi (avec toi) un
autre panier, tu pourrais en avoir besoin (peut-être que toi
tu auras besoin de lui).

٢ ـ لماذا لا ترافقني إلى السّوق !

إنّها ليست كالأسواق في فرنسا

فقد تجد فيها ما لا تجده هناك .

Pourquoi ne m'accompagnes-tu pas au marché ? Il n'est pas comme les marchés de France, on y trouve (tu y trouves) ce que l'on ne trouve pas là-bas.

٣ ـ أعطني أحسن ما لديك من اللّحوم فإنّ شخصيّاتٍ بارزة تتناول العَشاء في بيتِنا مساءَ اليوم

Donnez-moi ce que vous avez de meilleur comme viande (en fait de viandes) : d'éminentes personnalités dînent (prennent le dîner) chez nous ce soir.

٤ ـ هل هذا كلُّ ما يوجد عندكم منَ الخضار ؟

C'est tout ce que vous avez comme légumes ? (est-ce que c'est tout ce qu'il y a chez vous en fait de légumes) ?

٥ ـ هل تفضّلُ اللّحمَ البقريَّ أم الضّأنيَّ ؟

Est-ce que tu préfères la viande de bœuf ou de mouton ?

٦ ـ لا، سوف آكل منَ السّمكِ الطّازَج الّذي اشتريتُهُ اليوم منَ الصّيّادين على رصيفِ الميناء

Non, je mangerai le poisson frais que j'ai acheté aujourd'hui aux pêcheurs sur le quai du port.

Verbes : AVOIR RENCONTRE — REFUSER — CONSIDERER
QUE — PREPARER — ETRE RASSASIE —

J'ai rencontré	لَقِيتُ
Tu as rencontré	لَقِيتَ
Il a rencontré	لَقِيَ
Je refuse	أَرْفُضُ
Tu refuses	تَرْفُضُ
Il refuse	يَرْفُضُ

الدَّرْسُ السَّادِسُ والتِّسْعُونَ

مُحَادَثَةٌ

(بعد العشاءِ، يتحدَّثُ جاك إلى أحمدَ وابنهِ
الأكبرِ)

١ ـ لِمَ أسألُكَ بعدُ عنِ المحاضرةِ الّتي استمعتَ
إليها اليومَ في الجامعةِ؛ كيف وجدتَها؟
أتصوَّرُ أنَّها كانت مهمَّةً بالنِّسبةِ لكَ .

455

Je considère que	أَعتَبِرُ أَنَّ
Tu considères que	تَعتَبِرُ أَنَّ
Il considère que	يَعتَبِرُ أَنَّ
Je prépare	أُحضِّرُ
Tu prépares	تُحضِّرُ
Il prépare	يُحضِّرُ
Je suis rassasié	أَشبَعُ
Tu es rassasié	تَشبَعُ
Il est rassasié	يَشبَعُ

LEÇON 96

La leçon la sixième et la quatre vingt dix)

CONVERSATION

Après le dîner, Jacques converse avec Ahmed et son fils aîné.

Ahmed à Mohammed	**1 —** Je ne t'ai pas encore questionné à propos de la conférence que tu as écoutée aujourd'hui à l'Université; comment l'as-tu trouvée ? J'imagine qu'elle était intéressante pour toi.

٢ـ جِدًّا ، وقد تكلّم أُستاذُنا بفصاحةٍ[1] وغزارةٍ[2]
عن الأدبِ العربيِّ المعاصرِ فكانت القاعةُ
غاصّةً[3] بالجماهيرِ

٣ـ أَنت طالبٌ في الآدابِ ، أَليس كذلك؟
ماذا ترغب أن تعملَ في المستقبلِ؟

٤ـ لا أَدري لحدِّ الآنِ فإنّني أَتردّدُ[4] بين التّعليمِ
و البحثِ في مجالِ العلومِ الانسانيّةِ . على
أَيِّ حالٍ ، ما زالت لي بعضُ السّنواتِ مِنَ
الدّراسةِ و الامتحاناتِ[5]

٥ـ العفوُ إِذا قاطعتُك يا محمّدُ ، ولكن ، إِذا
أَردنا أَن نشاهدَ الفيلمَ على القناةِ الأولى
فلا بدّ من فتحِ التّلفزيونِ

Mohammed	2 — Très; notre professeur a parlé avec éloquence[1] et abondance[2] de la littérature arabe contemporaine. La salle était bondée[3] (pleine de gens, de public).
Jacques	3 — Vous êtes étudiant en lettres, n'est-ce pas ? Qu'aimeriez-vous (que désirez-vous) faire plus tard (dans l'avenir) ?
Mohammed	4 — Je ne sais pas encore (jusqu'ici, maintenant) : j'hésite[4] entre l'enseignement et la recherche dans le domaine des sciences humaines. De toutes façons, j'ai encore quelques années d'étude[5] et d'examens.[6]
Ahmed	5 — Pardon de t'interrompre (pardon si je te coupe) Mohammed, mais, si nous voulons voir le film sur la première chaîne, il faut ouvrir la télévision.

٦- هذا فيلم مغامرات⑦ قديم شاهدته في الماضي ولا شكّ أنّه سيعجبك كثيرًا ، فهناك مناظر خلّابة كما أن الممثّلين يلعبون فيه بشكل عجيب

٧- المُخرج⑧ مشهور ، وقد قرأت في قائمة البرامج أنّ بعضَ الصّور التُقِطت⑨ في مناطق جبليّة

٨- صحيح ؛ وبمجرّد النّظر إليها تشتاق إلى العيش⑩ في الطّبيعة ... لو استطعت لغادرتُ المدينة منذ زمن طويل للعيش في الرّيف⑪ ... ولكنّ هذا مستحيل⑫ مع الأسف بسبب شغلي و دراسةِ الأولاد

Ahmed à Jacques	**6** — C'est un vieux film d'aventures[(7)], (que) j'ai vu jadis. Il vous plaira sûrement beaucoup. Il y a des vues splendides et (de même que) les acteurs y jouent d'une façon admirable.
Mohammed	**7** — Le metteur en scène[(8)] est célèbre, et j'ai lu sur la liste des programmes que certaines images ont été prises[(9)] dans des régions montagneuses.
Ahmed	**8** — C'est vrai, et leur simple vue vous donne envie de (et par le simple fait de les regarder tu as envie de) vivre[(10)] dans la nature. Si j'avais pu, j'aurais quitté la ville depuis longtemps pour vivre à la campagne[(11)]. Mais c'est impossible[(12)], malheureusement, à cause de mon travail et des études (de l'étude) des enfants.

٩ـ ألواقع أنَّ الحياة مضطربة⑬ في المدن و أنَّ الجوَّ فيها ملوَّث⑭. أودُّ أن أشتريَ بعد بضع سنين بيتًا صغيرًا في الرّيف على بُعد مائة كيلومتر عن العاصمة تقريبًا.

١٠ـ إذا⑮ كنّا نحبُّ الرّيف جميعًا فلماذا لا نقومُ بجولة في ضواحي المدينة قبل سفرِك وقد تكونُ هذه فرصة طيّبة لِشمِّ الهواء النّقيِّ؟ ما رأيك يا جاك؟

١١ـ إذا كنتم متّفقين، يسرّني أن أقومَ بهذه الجولة معكم؛ ولكن، في أيِّ يوم بالضَّبط؟ ثمَّ لا تنسَ أنّني أسافرُ يومَ السَّبت

١٢ـ أليوم هو الأربعاء، وغدًا أشتغل طوالَ النَّهار، أمّا اِبني محمّد

461

Jacques	**9 —** Le fait est que la vie est agitée[(13)] dans les villes et que l'atmosphère y est polluée[(14)]. J'aimerais acheter dans quelques années une petite maison de campagne, à une centaine de kilomètres de la capitale (à un éloignement, à une distance de cent kilomètres de la capitale à peu près).
Ahmed	**10 —** Puisque[(15)] nous aimons tous la campagne, pourquoi ne ferions-nous pas une promenade dans les environs de la ville avant ton départ (avant ton voyage); ce serait là une excellente occasion (et serait celle-ci une bonne occasion de) de respirer l'air pur. Qu'en penses-tu, Jacques ?
Jacques	**11 —** Si vous êtes d'accord, cela me ferait plaisir de faire cette promenade avec vous; mais quel jour exactement ? Et puis n'oublie pas que je pars (que je voyage) samedi.
Ahmed	**12 —** Aujourd'hui c'est mercredi (et) demain je travaille toute la journée, quant à mon fils Mohammed, il a un

فيتقدّم لِلامتحانِ في نفسِ اليومِ فخيرٌ لنا أن ⑰
نؤجّلَ ذلكَ إلى الجُمعةِ

١٣- موافق! ⑰ أعتقد أنّه سيُرضي الجميعَ . أمّا
الأمتعةُ فأعِدُّها ⑱ صباحَ السّبتِ

١٤- والآنَ ، علينا أن نسكتَ لنُصغيَ إلى أبطالِ ⑲
الفيلمِ !

**
*

NOTES :

1 — فَصاحة : éloquence — éloquent : فَصيح

— Le plus éloquent : الأَفصَح

— La plus éloquente : الفُصحَى

D'où : La langue arabe littéraire (la langue arabe la plus
éloquente) se dit : اللّغة العربيّة الفصحى

2 — غَزارة : abondance — abondant : غزير

Ex : Pluies abondantes : أمطار غزيرة

3 — غَصّ بـ : du verbe : غاصّة : être bondé.

(synonyme de : حافلة pleine, remplie)

4 — أنرَدّد : présent du verbe de la 5ème forme : نَرَدَّد

«hésiter».
Participe actif : مُترَدِّد : «hésitant», «qui hésite».

463

examen (il se présente(16) à un examen) le même jour; il vaut mieux (et il est préférable pour nous) que nous remettions cela à vendredi.

Jacques   13 — D'accord !(17) Je pense que cela conviendra à (agréera) tous. Quant aux bagages, je les préparerai(18) samedi matin.

Ahmed   14 — Et maintenant, il faut nous taire pour écouter les héros(19) du film !

*
*

5 — دِرَاسَة : du verbe : دَرَّسَ : étudier.

6 — اِمْتِحانات : pluriel de : اِمْتِحان : examen, épreuve, expérience.

Nom d'action du verbe de la 8ème forme : اِمْتَحَنَ : éprouver, essayer, examiner (racine : مِحْنَة : grande épreuve) — A l'époque du calife abbasside El Mamoun*, la Miḥna était une sorte d'Inquisition.

Participe actif : مُمْتَحِن : qui éprouve : examinateur.

Participe passif : مُمْتَحَن : qui est éprouvé, examiné : le candidat à l'examen.

7 — مُغامَرات : pluriel de : مُغامَرَة : aventure.

Nom d'action du verbe de la 3ème forme : غامَرَ : risquer, hasarder.

Participe actif : مُغامِر : aventurier.

8 — أَلْمُخْرِج : le metteur en scène.

* El Mamoun : cf notice biographique à la fin du tome 2.

464

Participe actif du verbe de la 4ème forme : أَخْرَجَ : faire

sortir; (ici) : «mettre en scène».

9 — اُلتُقِطَت : passif passé du verbe de la 8ème forme :

اِلتَقَطَ : recueillir, ramasser, capter, glaner.

10 — عيش : «fait de vivre». Du verbe : عَاشَ : vivre.

11 — الرِّيف : la campagne. (pluriel : أَرْياف)

(a donné son nom, par exemple, à la contrée marocaine du «Rif»).

12 — مستحيل : «impossible». On rencontre aussi : مُحال :

dans le même sens.

13 — مضطربة : participe actif du verbe de la 8ème forme :

اِضطَرَبَ : s'agiter, être agité. (racine : ضَرَبَ frapper).

Normalement, nous devrions avoir : اِضترَبَ : mais le : ت

est emphatisé du fait que la 1ère radicale est elle-même une

emphatique : ض

(cf : leçon 73 note 8).

14 — ملوَّث : «pollué». Participe passif du verbe de la 2ème

forme : لَوَّثَ : polluer, salir.

Participe actif : مُلوِّث : qui pollue, polluant, salissant.

Nom d'action : تلويث : fait de polluer, pollution.

15 — إِذا : a, ici, le sens de : «étant donné que», «puis-

que» (synonyme de : بما أَنَّ - حيث إِنَّ ...)

16 — يتقدَّم لِ : «il se présente à»...

Présent du verbe de la 5ème forme تَقَدَّمَ لِ : «se présenter

465

à» (racine : قَدَّمَ : présenter).

Participe actif : مُتَقَدِّم لِ : «qui se présente à...»

Nom d'action : تَقَدُّم لِ : «fait de se présenter à...»

(le verbe : تَقَدَّمَ : a aussi le sens de : «progresser», «aller

devant», «précéder»).

Le progrès se dit : التَّقَدُّم

17 — مُوافِق : «d'accord» (sous - entendu : (je suis)

d'accord).

Participe actif du verbe de la 3ème forme : وَافَقَ عَلى : «être

d'accord pour», «approuver».

Nom d'action : مُوافَقَة : accord, approbation, acceptation.

18 — أَعَدَّها : présent du verbe de la 4ème forme : أَعَدَّ

préparer, élaborer (synonyme de : حَضَّرَ) (racine : عُدَّة :

préparation, disposition).

Participe actif : مُعِدّ : qui prépare, qui élabore : préparateur.

Participe passif : مُعَدّ : prêt, préparé, qui est élaboré.

Nom d'action : إعْداد : fait de préparer; élaboration : pré-

paration.

(Ne pas confondre avec le verbe de la même racine, mais à la

10ème forme : اِسْتَعَدَّ لِ : se préparer à, être disposé à)

(cf : leçon 64 note 2).

19 — أبطال : pluriel de : بَطَل : héros, champion.

Ex : Champion de boxe : بطل المُلاكَمة

(Etymologiquement, le بطل : était, à l'époque pré-islamique,

le preux, le vaillant guerrier champion de sa tribu ou de son clan).

— Héroïsme se dit : بُطولة

— Héroïque : بطولي

EXERCICES

١ـ إِنَّ الهواءَ مُلوَّثٌ اليومَ في كثيرٍ من المدن
والنَّاسُ يغادرونها كلَّما اَستطاعوا
لِشمِّ هواءٍ نقيّ

L'air est pollué aujourd'hui dans beaucoup de villes et les
gens les quittent dès qu'ils le peuvent (chaque fois qu'ils
ont pu) pour respirer un air pur.

٢ـ لم أسألكم بعدُ عن الجولةِ التي قمتم
بها في الأسبوع الماضي عبرَ الجبلِ فإنَّني
متأكِّدٌ من أنَّكم قد وجدتمُ المناظرَ
عجيبة

Je ne vous ai pas encore questionné à propos de la promenade que vous avez effectuée la semaine dernière à
travers la montagne. Je suis certain que vous avez trouvé
les paysages merveilleux.

٣ـ صحيحٌ . أعجبتنا هذه المناطقُ حتَّى
كنَّا نتردَّدُ في مغادرتها ، والواقعُ أنَّنا
كنَّا نفضِّلُ العيشَ هناك بدلاً من الرجوع
إلى اضطرابِ المدن و ضجيجِها الدائم

C'est vrai. Ces régions nous ont plu au point que nous
hésitions à les quitter (nous hésitions dans le fait de les
quitter). Le fait est que nous aurions préféré (nous préfé-
rions) vivre là-bas plutôt que de retrouver (plutôt que le
retour à) l'agitation des villes et leur bruit perpétuel.

٤ـ لقد التقطنا صوراً مُلوَّنةً فاخرة
ستذكِّرُنا الأيَّامَ الخالدةَ التي

467

قضيناها معكم في الرّيف

Nous avons pris des photos en couleur magnifiques qui
nous rappelleront les jours mémorables (immortels) que
nous avons passés avec vous (pluriel) à la campagne.

٥ـ لا أعرف أسماء جميع الممثّلين اللّاعبين
في هذا الفيلم ولكنّي أعرف أسماء أبطال
القصّة التّي أُستخرج منها الفيلم

Je ne connais pas les noms de tous les acteurs qui jouent
dans ce film, mais je connais ceux (les noms) des héros
du roman d'où a été tiré le film.

CONJUGAISON :

**Verbes : AGREER (SATISFAIRE) — SE TAIRE — PRE-
PARER —**

J'agrée, je satisfais	أُرضِي
Tu agrées	تُرضِي
Il agrée	يُرضِي
Je me tais	أسكت
Tu te tais	تسكت
Il se tait	يسكت
Tais-toi !	أُسكُت !
Je prépare	أُعِدّ
Tu prépares	تُعِدّ
Il prépare	يُعِدّ

جولةٌ في ضواحي المدينة

(جاك يصل يومَ الجمعة إلى بيت أحمد)

١ ـ إذا شِئتُم[1] يمكنُنا الذَّهابُ حالاً فأنا تحت
تصرُّفكم

٢ ـ لقد جِئتَ قبل الموعدِ المحدَّد يا جاك!... ولكن،
رغمَ أنَّنا خمسةُ أشخاص فنحن مستعدّون
للذَّهاب

٣ ـ أخمسةٌ أنتم؟ هل فيكم مريض؟ لقد كنتم
جميعًا في حالة جيّدة عندما تناولت العشاءَ
معكم يومَ الأربعاء

٤ ـ كن مطمئنًّا[2] فجميعُنا بخير ولكن، للأسف،
تلقّى محمّد في آخر لحظة برقيّة مفاجِئَة

(La leçon la septième et la quatre vingt dix)

PROMENADE DANS LES ENVIRONS
DE LA VILLE

(Jacques arrive vendredi, chez Ahmed).

Jacques   **1 —** Si vous voulez[1], nous pouvons partir tout de suite : je suis à votre disposition.

Ahmed   **2 —** Tu es venu en avance (avant le moment fixé) Jacques ... Mais, bien que nous soyons cinq (personnes) nous sommes prêts à partir !

Jacques   **3 —** Vous êtes cinq ? (est-ce que cinq vous)? Quelqu'un de vous est-il malade? (est-ce que dans, parmi vous, un malade)? Vous étiez tous très bien (dans un bon état) lorsque j'ai dîné avec vous mercredi.

Ahmed   **4 —** Rassure-toi[2] (sois rassuré); nous allons tous bien, mais, malheureusement, Mohammed a reçu à la dernière minute (au dernier instant) un télégramme inattendu (soudain) d'un ca-

470

من رفيق له يقضي بضعة أيّام هنا قبل
سفره إلى أوروبا وقد طلب من محمّد أن
ينتظرَه في محطّةِ القطار

٥ ـ ولكن، أين الطِّفلان، يا فاطمة ..؟... رأيتهما
منذ قليل يلعبان في البستان

٦ ـ دعيهما، سوف يحضران عند سماع صوتِ
المحرّك

(أحمد يُطلق المحرّك وجاك يفتحُ البابَ الخلفيّ)

٧ ـ ها هما الولدان! لقد كانا في السَّيّارة ...
فنحن إذن المتأخّرون

(يضحك الولدان)

٨ ـ إجلس إلى جانبي، يا جاك! أمّا ليلى و
فاطمة والطِّفلان فيجلسون على المقعدِ
الخلفيّ

471

marade à lui qui va passer quelques jours ici avant de partir pour l'Europe (avant son voyage vers l'Europe). Il a demandé à Mohammed de l'attendre à la gare (à la station du train).

Layla   **5 —** Mais où sont les (2) enfants, Fatima ? ... Je les ai vus il n'y a pas longtemps (depuis peu) qui jouaient (ils jouent) dans le jardin.

Ahmed   **6 —** Laisse[3]-les, ils viendront lorsqu'ils entendront (au moment du fait d'entendre) le bruit (le son) du moteur.

Ahmed met le moteur en marche (fait démarrer[4] le moteur) et Jacques ouvre la portière arrière.

Jacques   **7 —** Voilà les enfants ! Ils étaient dans la voiture ... C'est donc nous qui sommes en retard (nous donc les retardataires).

Les (deux) enfants rient.

Ahmed   **8 —** Assieds-toi à côté de moi, Jacques ... (Quant à) Layla, Fatima et les enfants (ils) s'assieront sur la banquette arrière.

(وبعد لحظات)

٩ـ هَيَّا نَنطَلِق⁽⁵⁾! هَل أَنتُم مُرتَاحُون؟ أَرجُوأَلَّا⁽⁶⁾

تَكُونُوا مُتَضَايِقِين⁽⁷⁾

١٠ـ إلى أَيِّ نَتَوَجَّه؟ إِنَّهُ يَومٌ مُنَاسِبٌ لِلنُّزهَة.

فِي الرِّيف. مَا أَروَعَ هذَا الجَوّ!⁽⁵⁾

١١ـ يُمكِنُنَا أَن نَسلُكَ الطَّرِيقَ المُؤَدِّي إلى

البُحَيرَة فَلا شَكَّ أَنَّ المِنطَقَة سَتُعجِب

جَاك.

NOTES :

1 — إذا شِئتُم «si vous voulez» (= si vous avez voulu).
du verbe : شَاءَ : vouloir.

Ex : Si Dieu veut (= Si Dieu a voulu) : إن شَاءَ اللَّه

2 — اِطمَأَنَّ : participe actif du verbe : مُطمَئِنًّا :
être rassuré, se tranquilliser, avoir confiance; (racine : طَمأَنَ :
rassurer, tranquilliser).

3 — دَعِيهِمَا : laisse (féminin) — les (eux-deux) !

473

Quelques instants plus tard (après des instants).

Ahmed
9 — Allons-y! (partons!)(5). Etes-vous à votre aise ? J'espère que vous n'êtes pas(6) (je souhaite que vous ne soyez pas) à l'étroit(7).

Jacques
10 — Où allons-nous ? (vers où nous nous orientons)? C'est un jour propice à une excursion (à l'excursion) à la campagne. Quel temps magnifique!(8)

Ahmed à
Layla
11 — Nous pourrions prendre (suivre) la route qui va (qui conduit) au lac. La région plaira sûrement à Jacques.

ماذا ترغب ان تعمل في المستقبل

Masculin : laisse-le : دَعْهُ : synonyme de : أُتْرُكْهُ

4 — يطلق : présent du verbe de la 4ème forme : أَطْلَقَ faire partir, faire démarrer, libérer.

Ex : Tirer (des coups de feu), faire feu : أطلق النّار

Participe actif : مُطلِق : qui libère, qui fait partir, qui fait démarrer — démarreur.

Participe passif : مُطلَق : libéré. A aussi le sens de : «absolu».

474

Nom d'action : إِطْلَاق : fait de faire partir, de faire démarrer

(démarrage). Lancement.

Ex :   Lancement des fusées : إِطْلَاق الصَّوَارِيخ

Cessez-le-feu (arrêt du fait de faire feu) : وقف إطلاق النَّار

5 — تَنْطَلِق : présent du verbe de la 7ème forme :

اِنْطَلَقَ : partir, démarrer.

Participe actif : مُنْطَلِق : qui part, qui démarre.

Nom d'action : اِنْطِلَاق : fait de partir, départ, démarrage,

essor.

Ex :   Point de départ : نقطة الإنطلاق

6 — أَنْ لا : «que... ne pas». Contraction de : أَلَّا

(on rencontre d'ailleurs très fréquemment cette deuxième tournure).

7 — مُتَضَايِقِين : participe actif du verbe de la 6ème forme:

تَضَايَقَ : être gêné, se sentir à l'étroit, être ennuyé; (racine :

gêne, étroitesse : ضِيق).

Nom d'action : تَضَايُق : fait d'être gêné, gêne, d'être ennuyé,

à l'étroit.

8 — ... مَا أَرْوَعَ : أَرْوَعَ vient de : رَائِع :

admirable, magnifique.

EXERCICES

١ـ لا تَتَرَدَّد فِي مُخَابَرَتِي فِي البيت فَإِنَّكَ
تَعْرِف أَنَّنِي تَحْت تَصَرُّفِكَ المطلَق وَأَنَّكَ

475

تستطيع أَنْ تعتمدَ عليَّ مهما كانتِ الظّروف

N'hésite pas à m'appeler à la maison : tu sais que je suis à ton entière disposition et que tu peux compter sur moi quelles que soient les circonstances.

٢ ـ إذا كنتَ مستعدّاً لمرافقتهم إلى محطّةِ القطار فعليكَ أَنْ لا تتأخّرُ لأنّ القطار ينطلق في الخامسة بالضّبط

Si tu es disposé à les accompagner à la gare, ne tarde pas (sur toi que tu ne tardes pas), car le train part à 17 heures précises.

٣ ـ دعني أتكلّم !

Laisse-moi parler.

٤ ـ إنّي تلقّيت برقيّتَك في آخر لمظة ، لهذا لم أستطع لحدّ الآن أَنْ أتّخذَ الإجراءاتِ اللّازمة لاستقبالِك

J'ai reçu ton télégramme au dernier moment, aussi n'ai-je pas pu jusqu'à présent prendre les mesures nécessaires pour t'accueillir.

٥ ـ علينا أَنْ نسلُكَ هذا الطّريق إذا أردنا

الحضورُ إلى المطارِ في الموعدِ المحدَّد

Nous devrions prendre cette route si nous voulons être à
l'aéroport à l'heure.

٦ ـ هل ترى الجوَّ اليومَ مناسبًا لقيامِنا

بجولةٍ في الريف أم تفضِّل أن نؤجِّلَ

ذلك إلى الأسبوعِ القادمِ ؟

Est-ce que tu considères le temps aujourd'hui propice à
une promenade (à notre fait d'accomplir une promenade)
à la campagne ou préfères-tu que nous remettions cela à
la semaine prochaine ?

٧ ـ أنا سأجلسُ بجانبِ السَّائقِ ؛ أمَّا

الأطفالُ فيجلسون مع والدتِهم

على المقعدِ الخلفيِّ ، وذلك مخافةَ

الاصطداماتِ المسبِّبةِ للموت

Je vais m'asseoir à côté du conducteur; quant aux enfants, ils s'assieront avec leur mère sur la banquette arrière, de crainte des collisions mortelles (causant la mort).

٨ ـ أرجو منكَ انتظاري مساءَ اليومِ وربَّما

أتأخّر لأنّ لديّ عملٌ كثيرٌ في المكتب

Je te prie de m'attendre (le fait de m'attendre) ce soir,
peut-être tarderai-je car j'ai beaucoup de travail au bureau.

CONJUGAISON :

Verbes : AVOIR REÇU — AVOIR VOULU —

J'ai reçu	تلقّيت
Tu as reçu	تلقّيت
Il a reçu	تلقّى
J'ai voulu	شئت
Tu as voulu	شئت
Il a voulu	شاء
Elle a voulu	شاءت
— Laisse-moi réfléchir	دعني أفكّر !
— Laisse-le aller	دعه يذهب !

أرجو ألّا تكونوا متضايقين !

مُراجَعَة

خُلاصَة

Enfin, vous voici parvenus au terme de votre voyage. Nous espérons qu'il vous aura été aussi agréable qu'utile. Maintenant que vous possédez un vocabulaire pratique relativement étendu, que vous vous êtes pénétrés des difficultés essentielles de l'arabe, vous serez, sans aucun doute, surpris, lorsque vous aurez l'occasion de mettre en pratique ces quelques éléments, de constater l'aisance avec laquelle se noueront et se consolideront vos contacts humains avec les arabophones quel que soit leur pays d'origine et par delà les différences dialectales auxquelles nous avons fait allusion dans la préface.

Notre objectif a été de vous fournir un **tremplin** capable de vous aider à vous **projeter directement dans l'univers arabe** et de vous **donner un avant goût de cette langue** suffisamment stimulant pour vous encourager à élargir toujours plus votre horizon linguistique.

A vous d'utiliser au mieux l'outil que nous mettons entre vos mains.

Et maintenant, que diriez-vous si nous passions en revue quelques points sur lesquels nous avons eu l'occasion de mettre l'accent ?

Tout d'abord, il est un certain nombre de conseils et de remarques que nous vous demandons de prendre en considération, pour votre plus grand bien :

(La leçon la huitième et la quatre vingt dix)

Révision

CONCLUSION

1 — La prononciation est un élément fondamental en arabe : un mot mal prononcé peut faire naître des équivoques parfois catastrophiques.

a) Nous avons déjà insisté sur la nécessité, notamment, de bien faire la **différence entre consonnes normales** et **consonnes emphatiques :**

Ex :

Entre le ‫ت‬ et le ‫ط‬ ; entre ‫نيـن‬ : figues

et ‫طيـن‬ : argile.

Entre le ‫د‬ et le ‫ض‬ ; entre ‫دَعْ‬ : laisse !

et ‫ضَعْ‬ : pose, mets

Entre le ‫ذ‬ et le ‫ظ‬ ; entre ‫ذُلّ‬ : avilissement

et ‫ظِلّ‬ : ombre

Entre le ‫س‬ et le ‫ص‬ ; entre ‫سَارَ‬ : il est allé,
: il a marché

et ‫صَارَ‬ : il est devenu.

b) Entre **certaines autres consonnes non emphatiques** telles que :

le ‫ﻫ‬ et le ‫ح‬ ; ex : ‫ساهِـر‬ magicien

et ساهِر : qui veille (le soir).

le كet le ق ; ex : كلب chien

et : قلب cœur

le ذ et le ز ; ex : ذَكِيّ intelligent, fin

et : زَكِيّ pur, vertueux

2 — Réécoutez sans vous lasser les enregistrements et avec le plus grand soin, jusqu'à vous en pénétrer, de sorte que les sons arabes finissent par résonner en vous en une véritable musique intérieure.

3 — Sur le plan de l'**écriture** et de **la lecture** :

a) Habituez-vous à **vous passer le plus possible des voyelles brèves :** *ou*, *a*, *i*. C'est dans ce but que nous avons évité de voyeller entièrement nos textes.

b) Distinguez bien entre **lettres solaires** et **lettres lunaires** (cf tableau situé au début de la méthode).

c) **Grâce à une page de calligraphie** prévue à la fin de notre ouvrage, vous pourrez vous **familiariser** avec **certaines formes d'écriture** que vous risquez de rencontrer dans la presse, sur les affiches etc... et qui peuvent vous désorienter de prime abord.

4 — Revoyez régulièrement la **règle des nombres** et ses applications.

5 — Pénétrez-vous bien des mécanismes qui président à la formation des **participes,** des **noms d'action** etc... et des **diverses formes dérivées arabes,** avant **d'apprendre par cœur le tableau qui les concerne,** en fin de méthode.

Pour conclure, que constatons-nous, à l'issue de cette première initiation à la langue arabe moderne

unifiée ?

D'abord, qu'**elle n'a rien de «barbare»**; ensuite, que, loin d'être réduite à un ensemble de sons «gutturaux», comme on le croit trop souvent, elle est **souple, harmonieuse et virile.**

C'est d'ailleurs, en partie, du fait de la fascination exercée sur eux par la majesté et l'ampleur de la langue arabe, que beaucoup d'Arabes embrassèrent l'Islam aux premiers temps du Prophète Mohammed.

Enfin, c'est une **langue de civilisation,** adaptée à tous les concepts d'une société structurée et fortement évoluée. Quant à la **rigueur logique de sa grammaire** et de sa charpente syntaxique, elle pourrait, à elle seule, attester que l'arabe n'est pas une langue de rêveurs, mais un **instrument solide** et **cohérent** qui mérite autant qu'un autre d'être mis au service de la pensée moderne universelle.

الدَّرسُ التَّاسعُ والتِّسعون

في الرِّيف

١ ـ يجب أن نمرَّ بوسطِ المدينةِ؛ ولحسن الحظِّ،
خرج كثيرٌ منَ النَّاس إلى الرِّيف منذ مساء امس
فأصبح المرور سهلًا ولكن، سيكونُ الوضعُ غيرَ
ذلك عند رجوعِنا في المساء

٢ ـ اي! أعتقد أنَّني أخطأتُ الطَّريقِ فلا بدَّ
منَ الرُّجوع إلى الوراء
(نصلُ السَّيّارةَ إلى مخرجِ المدينةِ)

٣ ـ هذا الرِّيف جميل و مُزدهِر، فهناك كثيرٌ منَ
البقر والخيل، كما أنَّني أُلاحظ أنَّ الأرضَ
هنا خَصِبة وأنَّ المزروعات كثيرة

483

(La leçon la neuvième et la quatre vingt dix)

A LA CAMPAGNE

Ahmed   **1 —** Il faut passer par le centre de la ville; heureusement, beaucoup de gens sont partis à la campagne (sont sortis vers la campagne) depuis hier soir. La circulation est aisée mais ce sera différent (la situation sera autre que cela) lorsque nous rentrerons ce soir (au moment de notre retour le soir).

Ahmed   **2 —** Aïe ! Je crois que je me suis trompé[1] de chemin; il faut revenir en arrière.

La voiture arrive à la sortie[2] de la ville.

Jacques   **3 —** Cette campagne est belle et luxuriante (florissante). Il y a beaucoup de vaches et de chevaux. Je constate aussi que la terre est fertile ici et qu'il y a d'abondantes (nombreuses) cultures.

٤ ـ نعم، هناك حقول للقمح والذُّرة والشَّعير بصورة خاصَّة، ونحن في أفضل الفصول فإنَّ الطَّبيعة جميلة في هذا الفصل

٥ ـ لا شكَّ أنَّ هذا المكان مناسب للاصطياف[٣]

٦ ـ صحيح، غير أنَّ النَّاس يفضلونَ الجبال حيث يكون الجوُّ صحّيًّا و صالحًا للأطفال... ولكنَّ الأطفال يحبّونَ الشَّواطئ حيث يجدون مجالاً أوسع للَّعب، فيلعبُ الصِّغار بالرَّمل بينما يسبحُ الكبار أو يركبونَ السّفنَ[٤] الشِّراعيّة[٥] مع آبائهم

٧ ـ انتبه، يا أحمد!... خفِّف السُّرعة!... هذا المنعطفُ[٦] خطِر فلا تنسَ أنَّكَ مسؤول عن عدَّةِ[٧] أرواح .

Ahmed	**4** — Oui, il y a des champs de blé, de maïs et d'orge en particulier. C'est la meilleure saison (nous dans la meilleure des saisons). La nature est belle en ce moment (dans cette saison).
Jacques	**5** — C'est certainement un endroit propice à la villégiature d'été (à l'estivage)[(3)].
Ahmed	**6** — C'est vrai, mais les gens préfèrent la montagne (les montagnes) où l'air est sain (où l'atmosphère est salubre, salutaire) et bon pour les enfants. Mais les enfants aiment la plage où ils ont davantage de possibilités de jouer (où ils trouvent un domaine plus vaste pour le jeu). Les petits jouent au sable tandis que les grands se baignent (nagent) ou font du bateau à voile (montent les bateaux[(4)] à voiles[(5)]) avec leurs pères.
Layla	**7** — Attention, Ahmed ... Ralentis ! (diminue la vitesse) ... Ce virage[(6)] est dangereux ... N'oublie pas que tu as charge d'âmes (que tu es responsable de plusieurs[(7)] âmes).

(تصلُ السَّيارةِ إلى البُحَيرةِ)٥

٨ ـ أنتَ على حقٍّ ... أنا لن أخففُ السُّرعةِ فحسب
بل ⁹ سأقف هنا ، وهكذا يمكننا أن نقومَ بجولةٍ
حولِ البحيرة ؛ ما رأيكم ؟

٩ ـ هل نقول ذلك لأنّكَ مُتعَب بسبب كثرةِ
السِّياقة أم لأنّ المكانَ يعجبُك في الواقع ؟

١٠ ـ نحن جالسون في السَّيارة منذ ثلاثةِ أرباعِ
السَّاعة وأعتقد أنّا جميعًا في حاجةٍ إلى
المشي قليلٍ للإستراحة وشمّ الهواء

١١ ـ تعالَ معي نَقطِف زهورًا : أمّا مهدي و
عبدُ اللّطيف فيمكنُهما الجريُ ١٠

487

La voiture arrive au lac[(8)].

Ahmed
8 — Tu as raison... Non seulement je vais ralentir mais encore[(9)] je vais m'arrêter ici; ainsi nous pourrons faire une promenade autour du lac, qu'en dites-vous ?

Jacques
(en riant)
9 — Est-ce que tu dis cela parce que tu es fatigué d'avoir beaucoup conduit (à cause de l'abondance du fait de conduire) ou bien est-ce parce que l'endroit te plaît, en fait ?

Ahmed
10 — Nous sommes assis dans la voiture depuis trois quarts d'heure, je pense que nous avons tous besoin de marcher un peu pour nous délasser et respirer (sentir l'air).

Layla à
Fatima
11 — Viens avec moi cueillir (que nous cueillions) des fleurs. Quant à Mehdi et Abdel Latif, ils pourront courir (il

488

واللّعب بكلّ حرّيّة

(وبعد ذلك بنصف ساعة)

١٢ـ أنظر إلى هذه الغيوم [11] السّوداء التّي تُغطّي [12]
السّماء ! ألا ترى كيف أصبحت الرّياح
تَعصِف فتحرّك غصون [13] الأشجار [14] بشدّة [15].
خيرٌ لنا أن نرجع الآن لأنّ المطر على وشك
النّزول [16] وإنّي أُفضّل أن نعودَ إلى المدينة
قبل وقوع [17] العاصفة

(نصل السّيّارة أمام فندق جاك)

١٣ـ مع السّلامة يا جاك ! أرجو أن نكونَ قد
قضيت نهارًا سعيدًا . في أيّة ساعةٍ تريد
أن نمرَّ غدًا بالفندق لمرافقتك إلى المطار ؟

١٤ـ لا بدَّ أن أكونَ هناك في الثّامنة والنّصف
مساءً . تعال في الثّامنة إلّا الرّبع مخافةَ
الازدحام

✷ ✷

✷

489

leur sera possible le fait de courir)(10)
et jouer en toute liberté.

Une demi-heure après.

Ahmed à
Jacques

12 — Regarde ces nuages(11) noirs qui couvrent(12) le ciel ! Ne vois-tu pas comme les vents se sont mis à souffler avec force(13) et à agiter violemment les branches(14) des arbres(15). Il vaut mieux que nous rentrions maintenant, car la pluie ne va pas tarder à tomber (est sur le point du fait de tomber(16)) et je préfèrerais que nous rentrions en ville avant que ne survienne(17) l'orage.

La voiture arrive devant l'hôtel de Jacques.

Ahmed

13 — Au revoir, Jacques ! J'espère que tu as passé une bonne journée. A quelle heure veux-tu que nous passions demain à l'hôtel (te prendre) pour t'accompagner à l'aéroport ?

Jacques

14 — Je dois être là-bas à 20 h 30. Viens à 19 heures 45 (à la 8ème moins le quart) de crainte des embouteillages (de la presse).

NOTES :

1 — أَخْطَأَتْ : passé du verbe de la 4ème forme :

أَخْطَأَ : se tromper, se méprendre, manquer le but; (racine :

خَطَأ : faute, erreur).

2 — مَخْرَج : «le sortir de... la sortie, l'endroit où l'on

sort» (racine : خَرَج : sortir) opposé à : مَدْخَل : «entrée,

lieu où l'on entre» (racine : دَخَل : entrer) — (pour la formation

des noms de lieu : cf : leçon de révision N° 49).

3 - اِصْطِياف : «estivage», «fait de passer l'été». Nom d'ac-

tion du verbe de la 8ème forme : اِصْطَافَ : estiver, passer

l'été; (racine : صَيْف : été) — Normalement, nous devrions

avoir : اِصْتَافَ ; mais le ت s'emphatise du fait que la 1ère

radicale du verbe est un ص . D'où : اِصْتَافَ devient : اِصْطَافَ

مَصِيف : lieu où l'on passe l'été, résidence d'été, lieu de

villégiature estivale.

4 — سُفُن : pluriel de : سَفِينَة : bateau, vaisseau.

Ex : سَفِينَة فَضَائِيَّة : vaisseau spatial.

Remarque :

L'usage moderne veut que l'on emploie de préférence le mot :
بَاخِرَة (racine : بُخَار : vapeur) lorsque l'on veut parler d'un

bateau à vapeur ou d'un navire à propulsion autre que la force
des vents ou des rames.

5 — شِرَاعِيَّة : «à voiles» — racine : شِرَاع : voile.

6 — مُنْعَطَف : tournant, virage. Participe passif du verbe

de la 7ème forme : اِنْعَطَفَ : être incliné, penché (racine:

491

عَطَفَ : incliner, courber).

Nom d'action : اِنْعِطَاف : fait de virer : virage
: de braquer : braquage, inclinaison,
pente.

7 — عِدَّة : plusieurs, un certain nombre de (racine : عَدَد
nombre). On aurait pu avoir au lieu de : عِدَّة ... عَدَد مِن :
un (certain) nombre de...

عِدَّة : équivaut à : بَعْض : «quelques», mais implique une
notion «d'assez grand nombre», plus forte que dans : بَعْض et à
fortiori que dans : بِضْع ـ بِضْعَة

Pour : بَعْض (cf : leçon 39 note 6)

Pour : بِضْع ـ بِضْعَة (cf : leçon 50 note 2).

8 — بُحَيْرَة : lac. C'est, en fait, un diminutif de : بَحْر
mer.

بُحَيْرَة : signifie : «petite mer».

La formation des **diminutifs** est simple en arabe :

Ex : كِتَاب : livre كُتَيِّب : petit livre, livret, fascicule

كَلْب : chien كُلَيْب : petit chien

بَاب : porte بُوَيْبَة : petite porte, poterne

etc...

9 — لا ... فَحَسْبُ ـ بَلْ : «non seulement»... «mais encore» (حَسْب
est synonyme de فَقَط). Nous avons déjà vu cette tournure avec

فَقَط

10 — الجَرْي : «le fait de courir, la course»

Nom d'action du verbe : جَرَى : «courir», qui a aussi le sens

492

de : a) «glisser sur», «aller sur», «voguer». Ex :

تجري السّفن على البحر : les bateaux voguent sur la mer.

b) «se produire», «arriver», «se dérouler». Ex :

تجري المحادثات في جوّ طيّب : les conversations se déroulent
dans une bonne atmosphère."

11 — غيوم : pluriel de : غيم (collectif) : nuages. Singu-

latif : غيمة : un nuage.

Pour «nuages», on trouve également le mot : سحاب

12 — تغطّي : présent du verbe de la 2ème forme : غطّى

mettre une couverture sur, un couvercle sur, recouvrir, couvrir
(racine : غطاء : couvercle, couverture).

Participe actif : مغطٍّ : qui couvre, qui recouvre.

Participe passif : مغطّى : couvert, recouvert.

Nom d'action : تغطية : fait de couvrir, couverture.

Ex : couverture bancaire : تغطية مصرفيّة

13 — تعصف : présent du verbe : عصف : souffler fort

(s'applique au vent).
Participe actif : عاصف : qui souffle fort.

Ex : ريح عاصفة : vent qui souffle avec vio-
lence, en bourrasque.

عاصفة : orage, tempête.

14 — غصون : pluriel de : غصن : branche.

15 — أشجار : pluriel de : شجر (collectif) : arbres
Singulatif : شجرة : un arbre.

16 - على وَشْكِ النُّزول «sur le point du fait de descendre»

On aurait pu avoir : يكاد ينزل

ou : يكاد أَن ينزل

17 — وقوع : nom d'action de : وَقَعَ : «arriver, survenir».

EXERCICES

١ ـ حركةُ المرورِ شديدة في نهايةِ الأسبوع لأنَّ أهلَ المدن يخرجونَ إلى الرِّيف لكي يستريحوا بعيدًا عنِ الضَّجيجِ و جوِّ المدنِ الملوَّثِ .

La circulation est intense en fin de semaine parce que les citadins (les gens des villes) partent pour (sortent vers) la campagne pour se reposer loin du bruit et de l'atmosphère polluée des villes.

٢ ـ أَملُ أَنَّكَ لن تخطيَ الطَّريقَ عليكَ أَن تسلُكَ الطَّريقَ المؤدِّي إلى مكتبِ البريدِ ؛ ثمَّ ، بعد عبورِكَ الجسرَ ، تصل إلى مخرج القريةِ حيث تقع مزرعتُنا الَّتي ستلقاها بسهولةٍ .

J'espère que tu ne te tromperas pas de chemin. Tu dois suivre la route qui conduit à la poste, ensuite, après avoir traversé le pont (après ton fait de traverser le pont), tu arriveras au sortir du village où se situe notre ferme que tu trouveras facilement.

٣- إنّ هذه الأرضَ لم تكنْ خَصِيبَةً قبل بِضْعَةِ
أعوامٍ فقط ، ولكنَّ التَّقَدُّمَ الفنِّيَّ قد فتحَ
أمامَ الفَلَّاحينَ مجالاً واسِعًا ؛ حتّى استطاعوا
أنْ يرفعوا الإنتاجَ الزِّراعِيَّ إلى مستوى عالٍ
جِدًّا

Cette terre n'était pas fertile il y a quelques années seulement, mais le progrès technique a offert aux paysans de
vastes possibilités (a ouvert devant les paysans un vaste
domaine); au point qu'ils ont réussi à élever la production
agricole à un très haut niveau.

٤- إنّنا قضينا عطلتَنا السَّنويَّةَ الماضية مع
الأطفال على ساحلِ البحرِ. كان الأطفالُ يلعبون
ويسبحون طِوالَ النَّهار بدون توقُّفٍ، حتّى
أتعبهم ذلكَ كثيرًا ؛ وأعتقد أنّنا سنقضي
عطلتَنا القادمة في منطقةٍ جبليّةٍ لكي نشمَّ
فيها هواءً صحّيًّا ولكي يستريحَ الأولادُ قليلاً.

Nous avons passé nos dernières vacances annuelles avec
les enfants au bord de la mer. Les enfants jouaient et se
baignaient (nageaient) toute la journée sans arrêt, si bien
que cela les a beaucoup fatigués. Je crois que nous
passerons nos prochaines vacances dans une région mon-
tagneuse pour y respirer un air sain et pour que les
enfants se reposent un peu.

٥ـ كُنَّا على وَشْكِ الرُّجوعِ مِنَ الشَّاطِئِ إذا

فاجَأَتْنا العاصِفَةُ؛ وذهبتِ الرِّيحُ

بخَيْمَتِنا وكلِّ ما كان فيها .

Nous étions sur le point de revenir de la plage lorsque l'orage nous a surpris; le vent a emporté notre tente et tout ce qui s'y trouvait.

CONJUGAISON :

Verbes : S'ETRE TROMPE — REMARQUER — NAGER — COURIR —

Je me suis trompé	أَخْطَأْتُ
Tu t'es trompé	أَخْطَأْتَ
Il s'est trompé	أَخْطَأَ
Je remarque, je constate que أَنَّ	أُلَاحِظُ
Tu constates	تُلَاحِظُ
Il constate	يُلَاحِظُ
Je nage	أَسْبَحُ
Tu nages	تَسْبَحُ
Il nage	يَسْبَحُ
Je cours	أَجْرِي
Tu cours	تَجْرِي
Il court	يَجْرِي

496

في المطار

١- أَينَ نضعُ الأَمتعةَ ! ما رأيكَ لو وضعنا الحقيبتَينِ فوقَ سقفِ السَّيّارةِ ؟

٢- كما تشاءُ ، ولكن ، بشرطِ أَن لا نفقدَهما في الطَّريـقِ لأَنَّ إحداهما تحتوي على أَشياءَ عزيزةٍ عليَّ فهي تذكُرُّوني [٥] بإقامتي في مدينتِكم

٣- نستطيـعُ أَن نضعَ الصَّينيّةَ الكبيرةَ فوقَ الحقيبتَينِ ، أَمَّا الشَّنطتانِ فلماذا لا نجعلُهما في صندوقِ السَّيّارةِ الخلفيِّ وهكذا لن تزعجَكمُ الأَمتعةُ .

(أَحمد ينتهي من ترتيبِ الأَمتعةِ [٦])

LEÇON 100

(La leçon la centième)

A L'AEROPORT

Ahmed à
Jacques

1 — Où mettons-nous les bagages ? Si nous mettions les deux valises sur la galerie (sur le toit de la voiture) ?

Jacques

2 — Comme tu voudras, mais à condition que nous ne les perdions pas en route, car l'une d'elles renferme des objets qui me sont chers et me rappellent[1] mon séjour dans votre ville.

Ahmed

3 — Nous pourrions mettre le grand plateau au-dessus des (deux) valises, quant aux (deux) sacs, pourquoi ne pas les mettre dans le coffre arrière de la voiture ? Ainsi les bagages ne vous gêneront pas.

(Ahmed termine de disposer[2] les bagages).

٤ـ لقد حان وقتُ الذَّهاب . سيجلس جاك بجانبي
أمَّا عبدُ اللّطيف فيجلس على رُكبتَيْ محمَّد بينما
فاطمة تحمل مهدي ... وليلى تقعُد في الوسط
بين فاطمة ومحمّد ... كم السّاعة ؟

٥ـ السّاعة التّامنة بالضّبط

٦ـ حسنًا ! فلننطلق ⓒ ! أرجو أَلَّا تكونوا متضايقين
في الخلف ، فمن حسن الحظّ أنّ السّيّارة واسعة .
ألا تذكر ، يا جاك ، أليومُ الّذي قلتُ لك فيه إنّها
مناسبة للأولاد ؟

٧ـ كيف لا أذكره ؟ لقد كان ذلك يومَ وصلتُ إلى
بلدكم ، وإنّني أسلك نفسَ الطّريق اليوم ، ولكن ،
من المدينة إلى المطار ، لسوءِ الحظّ ⓓ

499

Ahmed	**4** — C'est le moment de partir (le moment du départ est arrivé). Jacques s'assiera à côté de moi, quant à Abdel Latif il s'assiera sur les genoux de Mohammed, tandis que Fatima prendra (portera) Mehdi; Layla se mettra (s'assiera) au milieu, entre Fatima et Mohammed. Quelle heure est-il ?
Mohammed	**5** — 20 heures précises. (La 8ème heure exactement).
Ahmed	**6** — Bien! Partons[3] ! J'espère que vous n'êtes pas à l'étroit, derrière. Heureusement que la voiture est spacieuse. Ne te rappelles-tu pas, Jacques, le jour où je t'ai dit qu'elle était pratique pour les enfants ?
Jacques	**7** — Comment ne m'en souviendrais-je pas ? C'était le jour où je suis arrivé dans votre pays. Je fais le même trajet (je suis la même route) aujourd'hui, mais de la ville à l'aéroport, malheureusement.[4]

(يصلون إلى المطار)

٨ـ محمّد سيبحث عن حمّال، وبعد ذلك،
تذهبون أنتمُ الخمسة إلى قاعةِ المطار
بينما أصحب جاك والحمّال إلى مكتب
تسجيلِ الأمتعة.

٩ـ أرجو أن لا تستغرق[5] الإجراءات مدّة
طويلة.

١٠ـ كن مطمئنًّا، لن يستغرقَ ذلك أكثرَمن
عشر دقائق
(وبعد عشر دقائق، يتوجّهان إلى قاعةِ المطار)

١١ـ أيـن أفراد[5] عائلتِك؟ إنّي لا أراهم

١٢ـ أرى محمّدًا واقفًا أمام لوحةِ توقيتِ[7]
الرّحلات

(Ils arrivent à l'aéroport)

Ahmed	**8 —** Mohammed va chercher un porteur, après quoi vous irez tous les cinq dans le hall de l'aéroport tandis que j'accompagnerai Jacques et le porteur au bureau d'enregistrement des bagages.
Jacques	**9 —** J'espère que les formalités ne seront pas trop longues (j'espère que n'absorberont[5] pas les formalités un long moment).
Ahmed	**10 —** Rassure-toi (sois tranquille), cela ne prendra pas plus de 10 minutes.

(10 minutes plus tard, ils se dirigent (tous deux) vers le hall de l'aéroport).

Jacques à Ahmed	**11 —** Où sont les membres[6] de ta famille ? Je ne les vois pas.
Ahmed	**12 —** Je vois Mohammed debout devant le tableau des horaires[7] de vols.

(أحمد يقترب من محمّد)

١٣ ـ أين الآخرون؟ ماذا تعمل هنا وحدك؟

١٤ ـ كنت أنظر في لوحة توقيت الرِّحلات
لِأتأكّدَ من أنّ طائرة جاك ستُقلِع⑧ في الموعد
المحدَّد. أمّا الآخرون فقد صَعِدوا إلى سطح
المطار لكي يرى الطّفلان إقلاع وهبوط⑨
الطّائرات

١٥ ـ إنتبه! سمعتُ صوتًا يدعو المسافرين إلى
باريس على متن الطّائرة رقم١٢٣ إلى أن يتوجَّهوا
حالًا إلى الباب رقم٢٧ ـ تأكّدْ من أنّها رحلتُك!

١٦ ـ نعم، إنّها رحلتي

١٧ ـ حسنًا! إذن سأُحضِر باقي أفراد الأسرة⑩ و
نلتقي أمام الباب المذكور

(Ahmed s'approche de Mohammed)

Ahmed à Mohammed	**13** — Où sont les autres ? Que fais-tu ici tout seul ?

Mohammed	**14** — J'étais en train d'examiner le tableau des horaires de vols pour m'assurer que l'avion de Jacques partait (décollera)[8] bien à l'heure (au moment fixé). Quant aux autres, ils sont montés à la terrasse de l'aéroport pour que les enfants (les 2 enfants) voient décoller (le décollage) et atterrir (l'atterrissage[9] des) les avions.

Ahmed à Jacques	**15** — Attention ! J'ai entendu (une voix) inviter les voyageurs à destination de Paris : vol N° 123 (à bord de l'avion N° 123) à se diriger immédiatement vers la porte 27. Assure-toi que c'est bien ton vol.

Jacques	**16** — Oui, c'est mon vol.

Ahmed	**17** — Bien ! Alors je vais chercher (faire venir) le reste (des membres) de la famille[10] et nous nous retrouverons devant la porte en question.

(يلتقي الجميع أمام الباب رقم ٢٧)

١٨ ـ يا للأسف ! لقد حان وقتُ الوداع ... إنَّني
قضيتُ معكم أيّامًا ممتعة لن أنساها أبدًا
وذلك بفضل حسن ضيافتِكم [١]، فشكرًا لكم جميعًا
على استقبالِكمُ الطَّيِّب . أمَّا الآن فعليَّ أن
أفارقَكم ولكنِّي سأعود عمّا قريب بإذن الله !

١٩ ـ تعال يا مهدي لتقبّلَ جاك ، وأنت ايضًا يا
عبدَ اللَّطيف !

٢٠ ـ لا تبكِ يا مهدي فسوف يعود جاك بعد
قليل ، أليس كذلك يا جاك ؟

٢١ ـ بدون شكّ وسوف أعود مع زوجتي عند

(Tous se retrouvent devant la porte N° 27).

Jacques   **18 —** Hélas ! Le moment des adieux
           est arrivé ! J'ai passé avec vous des
           jours délicieux que je n'oublierai ja-
           mais et cela grâce à votre merveilleuse
           hospitalité[11] (à la qualité de votre
           hospitalité). Merci à vous tous pour vo-
           tre bon accueil. Et maintenant, je dois
           vous quitter, mais je reviendrai bientôt,
           si Dieu veut (avec la permission de
           Dieu).

Mohammed   **19 —** Mehdi, viens embrasser (pour
           que tu embrasses) Jacques; et toi aussi
           Abdel Latif !

Layla   **20 —** Ne pleure pas Mehdi, Jacques
           reviendra bientôt; n'est-ce pas Jacques?

Jacques   **21 —** Certainement (sans doute) et je
           reviendrai avec mon épouse à la 1ère

أوّل فرصة. فإنّ العيشَ معكم قد حُبِّبَ إليَّ ⑫
الزّواج حتّى أصبحت راغبًا في بناء أُسرةٍ
سعيدة كأُسرتِكم !

٢٢ـ إلى اللّقاء يا محمّد ! أتمنّى لكَ النّجاح في
امتحانِك ... أُكتب لي من وقت الى آخرٍ، و
لا سيّما ⑬ إذا رغبت في الحضور الى باريس، لكي
أضعَ نفسي تحت تصرّفِك

٢٣ ـ أعتقد أنّ محمّدًا سيسبقُني الى هناك ، أمّا
أنا فسوف أذهب الى باريس في أوائلِ السّنةِ ⑭
المقبلة ⑮ وسترافقُني ليلى الّتي ستكون هذه
زيارتُها الدّولى لعاصمتِكمُ العظيمة ⑯

٢٤ ـ حفظكمُ اللّه ⑰ جميعًا ! لو قدرت لبقيت معكم

507

occasion. De vivre avec vous m'a incité
à me marier (m'a fait aimer[12] le mariage) au point que je suis devenu désireux de fonder une famille heureuse
comme la vôtre.

Jacques à   **22** — Au revoir Mohammed ! Je te
Mohammed   souhaite de réussir (le succès) à ton
examen ... Ecris-moi de temps en
temps (d'un moment à l'autre) et surtout[13] si tu désires venir à Paris, pour
que je me mette à ta disposition.

Ahmed à   **23** — Je pense que Mohammed me
Jacques   précèdera là-bas. Quant à moi, j'irai à
Paris au début[14] de l'année prochai-
ne[15] et Layla m'accompagnera dont
ce sera la première visite à votre grande[16] capitale.

Jacques   **24** — Dieu vous garde[17] tous ! ... Si
j'avais pu, je serais resté avec vous,

ولكن، لا بُدّ لي من مفارقتِكم وإلّا فاتَتْني الطَّائِرَة (18)
... وداعًا يا أيُّها الأصدقاءُ! وإلى اللِّقاءِ قريبًا إنْ
شاءَاللهُ!

٥٢- رحلةٌ سعيدةٌ يا أخي، سِرْ على بركةِ اللهِ!

* *
*

NOTES :

1 —Le verbe ذَكَّرَ : «faire souvenir, rappeler», peut se construire transitivement (cf : leçon 67 note 12) soit, suivi de la particule بِ , comme c'est le cas ici.

2 — تَرْتيب : rangement, fait de ranger, ordonnancement,
fait d'ordonner, disposition, organisation.
«En bon ordre, régulièrement» se dit : بِتَرْتيب = بِانْتِظام

تَرْتيب est le nom d'action du verbe de la IIème forme : ordonner, arranger, classer (racine : رُتْبَة : rang, classe, ordre, رَتَّبَ
catégorie).
Participe passif : مُرَتَّب : qui est en ordre, bien arrangé,
apprêté, disposé, classé.

3 — فَلْنَنْطَلِقْ : partons (que nous partions !) mis pour :
لِنَنْطَلِقْ (cf : leçon 41 note 9).

4 — لِسوءِ الحظِّ : «malheureusement» ! (opposé à :

509

mais je dois vous quitter sinon je vais rater mon avion (sinon j'ai raté[18] l'avion). Au revoir (adieu) mes amis ! A bientôt, si Dieu veut !

Ahmed   25 — Bon voyage (voyage heureux), mon ami (mon frère) et que la bénédiction divine t'accompagne (va[19] avec la bénédiction de Dieu).

* *
*

حُسْنِ الحَظِّ heureusement) — حَظّ : signifiant : «chance».

5 — نَسْتَغْرِق : présent du verbe de la Xème forme : اِسْتَغْرَقَ absorber, occuper, prendre (du temps) (racine : غَرِقَ : se noyer, être englouti).

Ex : { Sa visite prendra une semaine entière   سوف نَسْتَغْرِق زِيارتُه أُسبوعًا كامِلًا

6 — أَفْراد : pluriel de : فَرْد : individu.

«Individuel» se dit : فَرْديّ

فَرِيد : seul (cf : leçon 86 note 4)

7 — تَوْقيت : nom d'action du verbe de la IIème forme وَقَّتَ : fixer le moment, l'horaire (racine : وَقْت : moment, temps).
Participe passif : مُوَقَّت : temporaire, passager, provisoire

510

(synonyme de : وَقْتِي).

8 — تَقْلَع : présent du verbe de la IVème forme : أَقْلَعَ

décoller (du sol). Le verbe : أَقْلَعَ : signifie, en premier lieu :

«faire voile», «larguer les voiles», lorsqu'il s'agit d'un navire (racine : قِلْع : voile de bateau).

Nom d'action : إِقْلَاع : décollage.

Participe actif : مُقْلِع : qui décolle.

9 — هُبُوط : nom d'action du verbe : هَبَطَ : baisser,

descendre (atterrir lorsqu'il s'agit d'un avion).
Pour «l'atterrissage d'un avion», on trouve également : نُزُول الطَّائِرَة

(نُزُول : est le nom d'action du verbe : نَزَلَ : descendre).

10 — أُسْرَة : famille. Synonyme de : عَائِلَة

11 — حُسْن ضِيَافَتِكُم : notez la similitude de construc-

tion avec : حُسْن مُعَالَجَتِهِ (leçon 61 note 9)

ضِيَافَة : «hospitalité», (a pour racine le mot : ضَيْف

hôte, visiteur).
Ainsi : Hôtesse (de l'air) se dit : مُضِيفَة الطَّائِرَات

Participe actif du verbe de la IVème forme : أَضَافَ : offrir

l'hospitalité, accueillir.

12 — حَبَّبَ إِلَى : verbe de la IIème forme : «faire aimer»

(racine : حُبّ : amour).

Rappelons que le verbe «aimer» est un verbe de la IVème forme : أَحَبَّ

Participe actif : مُحِبّ : épris, qui aime, amoureux.

حَبِيب : chéri, aimé.

511

13 — خاصّة : «surtout» synonyme de : لا سيّما

14 — أوائل السّنة : «le début de l'année»

أوائل : signifie en fait : «les premiers (jours) de...»

Ex : Le début de la semaine : أوائل الأسبوع

Le début du mois : أوائل الشّهر

A l'opposé : أواخر : «les derniers (jours) de...»

Ex : La fin de la semaine : أواخر الأسبوع

La fin du mois : أواخر الشّهر

La fin de l'année : أواخر السّنة

15 — مُقبِلة : Participe actif du verbe de la IVème forme :

أقبل : arriver, approcher, avancer, venir vers...

Nom d'action : إقبال : arrivée, venue, approche.

16 — عظيمة : «grande» (**par l'importance,** ou **le prestige**)

(racine : عَظَمَة : grandeur, majesté).

Différent de : كبيرة : «grande» **par la taille**.

17 — حفظكم الله : «que Dieu vous garde», «vous préserve».

Le verbe حَفِظَ : est au **passé en arabe**. Il est rendu par un

présent en français. C'est **toujours le cas** lorsqu'il s'agit, comme
ici, d'exprimer **un souhait.**

Ex : بارككَ الله : Dieu te bénisse ! (Dieu t'a béni)

بارك الله فيك : Dieu te bénisse (Dieu mette sa béné-

diction sur toi).

512

18 — فَاتَتْنِي : du verbe فَاتَ : passer, s'écouler,

«passer» sous le nez de...
(Ici, le verbe au passé en arabe a un sens de présent en français)
Voici quelques expressions avec le verbe : فَاتَ

— Il a manqué le train :

فَاتَهُ القِطَارُ (le train lui est passé sous le nez)

— Il a manqué l'occasion :

فَاتَتْهُ الفُرْصَةُ

(l'occasion lui a échappé)

— Cela lui a échappé :

لَقَدْ فَاتَهُ ذَلِكَ

19 — سِرْ ! : va ! Impératif du verbe : سَارَ : aller,

marcher, rouler, etc...
Nom d'action : سَيْر : fait d'aller, de marcher, de partir,

etc...

EXERCICES

١ـ لَا أَدْرِي أَيْنَ أَضَعُ كُلَّ الحَقَائِبِ فَهِيَ

عَدِيدَةٌ ؛

رُبَّمَا نَحْتَاجُ إِلَى سَيَّارَتَيْنِ لِنَقْلِهَا .

Je ne sais pas où mettre toutes les valises. Elles sont
nombreuses; nous risquons d'avoir besoin de 2 voitures
pour les transporter.

٢ـ فَقَدْتُ جَوَازِي قَبْلَ بِضْعَةِ أَيَّامٍ ؛

رُبَّمَا تَرَكْتُهُ فِي بَيْتِكَ ؛ هَلْ يُمْكِنُ

أَنْ تَتَأَكَّدَ مِنْ ذَلِكَ ؟

J'ai perdu mon passeport il y a quelques jours; peut-être
l'ai-je laissé chez toi. Pourrais-tu t'en assurer ?

٣ هل تعتقد أنَّ زيارتَهم ستستغرق
أكثر من خمسةَ عَشَرَ يومًا ؟

Est-ce que tu crois que leur visite durera plus de 15 jours?

٤ـ أعتقد أنَّ هناك فائضًا كبيرًا في وزن
الأمتعة. لأنَّني اشتريت أشياء كثيرة
منذ وصولي إلى هنا

Je pense qu'il y aura un excédent de bagages important
(qu'il y a un grand excédent dans le poids des bagages)
car j'ai acheté de nombreux objets depuis mon arrivée ici.

٥ـ تُحزِنُهُ مفارقتُكم حقًّا ، غير أنَّ
الالتقاء بأفراد عائلته ، بعد غياب
استمرَّ أربعةَ أشهر ، سيُسعِدُهُ
بدون شكّ

De vous quitter (votre séparation) l'attriste vraiment mais
de retrouver (la rencontre avec) les membres de sa famille, après une absence de 4 mois, lui fera certainement
plaisir.

٦ ـ لن نقدرَ أن نحضرَ كلُّنا إلى المطار
لِوداعك ، ولكنَّ مِن المؤكَّدِ أنَّ الَّذينَ
لن يستطيعوا الحضور سيكونونَ معكَ
بأفكارهم .

Nous ne pourrons pas être tous présents à l'aéroport pour
te dire adieu, mais sois sûr (il est sûr que) que ceux qui
ne pourront pas venir seront avec toi en pensée (avec
leurs esprits).

٧ ـ هذه الطَّائرةُ تقومُ برحلةٍ مباشرةٍ .
إنَّها لا تتوقَّفُ إطلاقًا .
لحسنِ الحظِّ ، اشتريتَ بعضَ المجلَّات
لِتَسْليَتِك ، وهكذا لن يأخذَ منكَ
المَلَل إن شاء اللَّه !

Cet avion est direct (accomplit un vol direct). Il ne fait
aucune escale (il ne s'arrête absolument pas). Heureusement que tu as acheté quelques revues pour te distraire :
ainsi tu ne t'ennuieras pas (si Dieu veut).

٨ ـ لا تزعج نفسَك لمرافقتي إلى المطار
غدًا صباحًا في السَّاعةِ السَّادسةِ ؛
سوف آخذُ الأوتوبيس الَّذي ينطلق

من وسطِ المدينة

Ne te dérange pas pour m'accompagner à l'aéroport demain matin à 6 heures : je prendrai le car qui part du centre de la ville.

٩- إنّ الطَّائرة الَّتِي كان يُتوقَّع وصولُها

في الثَّانية و النَّصف بعد الظُّهر

ستتأخَّر بسبب الأحوال الجوِّيّة

السَّيِّئة ، ولهذا لن تصلَ إلَّا

حوالي السَّاعة الثَّالثة و الرُّبع .

L'avion qui était attendu (dont l'arrivée était prévue) pour 14 heures 30 (2 heures 1/2 après midi) aura du retard (tardera) en raison des mauvaises conditions atmosphériques, aussi n'arrivera-t-il que vers 15 heures 15 (3 heures et quart).

١٠- يبدو أنَّكَ استفدتَ من إقامتك

و خاصّةً فيما يتعلَّق باللُّغة

العربيّة . إنَّك تتكلَّمُ الآنَ بأكثر

سهولة .

Il semble que tu as profité de ton séjour et notamment pour ce qui est de la langue arabe. Tu parles maintenant avec plus de facilité.

١١- تهانيَّ لِلتَّقدُّمِ الّذي أَحْرَزْتَه في العربيَّة بِفضلِ الجهودِ المستمرّةِ الّتي بذلتها لِتعلُّمِ هذه اللّغةِ وِللكلام مع أكبر عدد ممكن منَ النّاس .

Mes félicitations pour les progrès que tu as accomplis en arabe grâce aux efforts constants que tu as faits pour apprendre cette langue et pour parler avec le plus grand nombre de gens possible.

CONJUGAISON :

Verbes : PLEURER — PRECEDER (DEVANCER) — PERDRE — S'ASSEOIR — METTRE — AVOIR DESIRE —

Je pleure	أبكي
Tu pleures	تبكي
Il pleure	يبكي
Je précède	أسبق
Tu précèdes	تسبق
Il précède	يسبق
Je perds	أفقد
Tu perds	تفقد
Il perd	يفقد

Je m'assieds	أَجْلِسُ
Tu t'assieds	تَجْلِسُ
Il s'assied	يَجْلِسُ
Assieds-toi !	إِجْلِسْ !
Je mets	أَضَعُ - (أَجْعَلُ)
Tu mets	تَضَعُ - (تَجْعَلُ)
Il met	يَضَعُ - (يَجْعَلُ)
Mets !	ضَعْ !
J'ai désiré	رَغِبْتُ
Tu as désiré	رَغِبْتَ
Il a désiré	رَغِبَ

PAGE DE CALLIGRAPHIE

A présent, nous allons vous quitter en concluant notre discours par une formule consacrée, reproduite dans les diverses formes d'écriture arabe que vous serez susceptibles de rencontrer dans la presse ou ailleurs.

Cette formule est la suivante :

السَّلامُ عَلَيْكُم وَرَحمة اللهِ وَبركَاتُه

(es-salàm (ou) ‘alaykoum wa raḥmat (ou) llah(i)wa barakàtouhou).

Elle signifie : « Le salut soit sur vous, ainsi que la miséricorde et la Bénédiction de Dieu ».

1 - السلام عليكم ورحمة الله وبركاته

2 - السلام عليكم ورحمة الله وبركاته

3 - السلام عليكم ورحمة الله وبركاته

4 - السلام عليكم ورحمة الله وبركاته

5 - السلام عليكم ورحمة الله وبركاته

6 - السلام عليكم ورحمة الله وبركاته

519

NOTICES BIOGRAPHIQUES

Abou l-ᵗalāl -Maᵗarri

Poète arabe originaire de Syrie. Mort en 1057. Devenu aveugle dès l'enfance, il fut le poète du pessimisme et de la réflexion. Il attaqua les vices et l'hypocrisie de la société de son temps, n'hésitant pas, tel Voltaire, à faire le procès de l'intolérance et du sectarisme religieux.

Son élévation de pensée et l'extrême finesse de sa sensibilité parviennent à éclairer une langue souvent volontairement obscure.

Un de ses ouvrages *(Risālat* (ou) *l-ġoufrān) (l'épître du Pardon)* écrit en prose très riche, passe pour avoir pu faire partie des sources d'inspiration de la Divine Comédie de Dante.

Abou Nouwās

Poète arabe de l'époque abbasside. Mort en 810 ou en 816 de l'ère chrétienne. Son nom est particulièrement répandu dans les Mille et une Nuits.

Ami du calife Haroun er-Rachīd *(763 ou 766 -809)*, il fut surtout le précepteur et le familier de son fils El Amīn qui règna de 809 à 813.

Abou Nouwās fut un poète libertin qui chanta le vin et les plaisirs de la chair.

A la fin de sa vie, il se tourna vers Dieu pour se confesser à lui de ses péchés.

Sa langue est limpide, puissante et fait d'Abou Nouwās l'un des plus grands poètes arabes de tous les temps.

Abou Tammām

Poète arabe de l'ère abbasside. Mort en 845. Fixé à Bagdad, il fut le protégé du calife El Mou'Tasim *(qui régna de 833 à 842)*.

Panégyriste des califes et des grands, il fut aussi l'auteur de poèmes élégiaques, de poèmes d'amour et laissa transparaître derrière une langue solide mais souvent pétrie d'archaïsmes, des méditations philosophiques qui répondaient aux préoccupations intellectuelles de l'époque.

El Ma'moūn (mort en 833).

Second fils du calife Haroūn er Rachīd, il prit le pouvoir en 813 après une sanglante guerre civile entre ses partisans et ceux de son frère El Amīn, fils d'une femme arabe, alors que lui-même avait pour mère une persane, ce qui rangea derrière lui tout le clan persan et ceux qui étaient opposés fondamentalement aux arabes.

Peu après son accession au califat, El Ma'moūn s'illustra par son intelligence pénétrante et instaura sur toute l'étendue de son empire un profond courant rationaliste et scientifique, faisant venir à prix d'or des ouvrages de savants byzantins pour les faire traduire en arabe.

Sur le plan religieux, El Ma'moūn, profondément croyant, n'hésita pourtant pas, au nom de la raison, à traquer les tenants d'une religion rigoureuse et traditionaliste. C'est ainsi qu'il alla jusqu'à faire de la doctrine philosophique des "mou ɛ tazilites" ou rationalistes de l'Islam, la religion d'État, instaurant une cruelle inquisition : "la Miḥna" pour lutter contre ceux qu'il taxait d'obscurantisme.

Haroūn er Rachīd (de 763 ou 766 à 809).

Haroūn er Rachīd fut calife et régna à Bagdad sur l'empire musulman à une époque qui avait atteint l'apogée de sa grandeur et de sa puissance dans tous les domaines.

Il y eut un siècle d'Haroūn er Rachīd comme il y avait eu un siècle de Périclès et comme il y en aura un de Louis XIV.

Poètes, musiciens et hommes d'esprit ont chanté les fastes et la prospérité de cette époque. Le souvenir d'Haroūn emplit les Mille et une nuits qui le représentent, tel Louis XI, la nuit tombée, parcourant, déguisé, les rues de Bagdad sa capitale, pour prendre le pouls de sa popularité et de l'humeur de son peuple. Son image y est, d'ailleurs, liée à celle d'Abou Nouwās son contemporain et poète favori.

Charlemagne lui envoya une ambassade dans le dessein de contracter une alliance capable de permettre un partage du monde en deux zones d'influence. D'une part, les terres occidentales de la Chrétienté soumises à l'obédience de Charlemagne, d'autre part, le monde de l'Islam, dont la direction reviendrait au seul Haroūn er Rachīd.

Ainsi, avant les Croisades, des liens solides s'établirent entre ces deux mondes sur tout le pourtour de la Méditerranée et au-delà.

Haroūn er Rachīd eut deux fils : El Amīn et El Ma'moūn.

Ibn Joubayr

Géographe et voyageur arabe, originaire de Valence, en Espagne. Mourut en 1217.

Il fit le récit de son voyage de pèlerinage à La Mecque, en partant d'Espagne. Sa relation, consignée dans un ouvrage appelé : "Le périple d'Ibn Joubayr" *(Riḥla*(t) *Ibn Joubayr),* fourmille de détails de toutes sortes, révélant un sens aigu de l'observation et une approche sociologique très intéressante pour l'étude de son temps et de la civilisation méditerranéenne de l'époque.

Ibn Khafāja

Poète andalou. Mort en 1154.

Peu enclin au panégyrique, il fut essentiellement le poète de la nature.

Sa langue riche est d'une grande fraîcheur en harmonie parfaite avec sa source profonde d'inspiration.

Ibn Roušd

Plus connu en Occident sous le nom déformé d'Averroès, il naquit à Cordoue et mourut à Marrakech en 1198.

Il fut le commentateur d'Aristote et son influence fut considérable sur l'Occident chrétien de l'époque. Dante, dans sa description de l'Enfer, n'hésite pas à le placer à côté d'Homère, d'Aristote et des autres grands esprits universels.

Ibn Sīnā

Connu au Moyen Age chrétien sous le nom d'Avicenne, il mourut en 1037.

Véritable encyclopédie vivante, ce fut un médecin, un philosophe, un savant, un théologien, habile dans tous les domaines du savoir, y compris dans l'art de la politique.

Sa célébrité dépassa largement les limites du monde arabo-islamique. La Chrétienté du XIIe eut pour lui un respect mêlé d'admiration.

Son œuvre philosophique et médicale est considérable. Son "Qānoun fī-t-tibb" *(Canon de la médecine)* est particulièrement célèbre.

Saladin

Mort en 1193. De son vrai nom : El Malik en-nāsir Yōusōuf, "Saladin" étant la corruption de son surnom : "Salāh ed dīn" *(Le bon ordre de la religion)* par lequel il est universellement connu.

Sultan d'Egypte et de Syrie, il fut le héros musulman de la IIIe Croisade *(de 1147-1198)*.

Sa bravoure, sa générosité chevaleresque et sa grandeur d'âme en font l'un des chefs les plus prestigieux que le monde arabe ait jamais connus et l'un des plus nobles fils de l'Islam.

La dynastie Omeyyade et la dynastie Abbasside

Après la mort du Prophète Moḥammed en **632**, quatre successeurs non héréditaires gouvernèrent la communauté musulmane. Ce furent les califes Abou Bakr, ʿOmar, ʿOthmān et ʿAli.

1) Les Omeyyades

Puis le pouvoir passa à un cousin de ʿAli : Moʿawiyya de la famille de Omeyya qui fonda en **661** une dynastie appelée : **dynastie omeyyade** qui devait s'éteindre en **750** de l'ère chrétienne.

Son siège était à Damas. C'était une dynastie purement arabe qui **regardait** vers Byzance.

2) Les Abbassides

En **750**, la capitale du califat fut transférée à Bagdad et ʿAbbās dit es-Saffāḥ *(le sanguinaire)* fonda la **dynastie dite Abbasside** qui devait prendre fin en **1258** avec la prise et le sac de Bagdad par les Mongols d'Houlagou.

Dynastie influencée par l'apport persan, elle regardait vers le continent asiatique, contrairement aux Omeyyades qui avaient une politique plus méditerranéenne.

INDEX GRAMMATICAL

Les pluriels de choses ou d'êtres non doués de raison sont considérés comme étant de la 3ème personne du féminin singulier.

LES PRONOMS PERSONNELS :

— Moi	: anā	أنا
— Toi (masc.)	: anta	أنتَ
— Toi (fém.)	: anti	أنتِ
— Lui	: houwa	هو
— Elle	: hiya	هي
— Nous	: nahnou	نحن
— Vous	: antoum	أنتم
— Vous (deux)	: antoumā	أنتما
— Eux	: houm	هم
— Eux (deux)	: houmā	هما

LES POSSESSIFS (ou **pronoms affixes**) :

— **Mon** journal	: jarīdatī	جريدتي
— **Ton** journal(masc.)	: jarīdatouk	جريدتك
— **Ton** journal(fém.)	: jarīdatouki	جريدتكِ

— **Son** journal(masc.) : jarīdatou*hou*   جريدته

— **Son** journal(fém.) : jarīdatou*hā*   جريدتها

— **Notre** journal : jarīdatou*nā*   جريدتنا

— **Votre** journal : jarīdatou*koum*   جريدتكم

— **Votre** journal
(à vous deux) : jarīdatou*koumā*   جريدتكما

— **Leur** journal : jarīdatou*houm*   جريدنهم

— **Leur** journal
(à eux deux) : jarīdatou*houmā*   جريدتهما

∵

LES DEMONSTRATIFS :

a) Démonstratifs de **proximité** :

— **Celui-ci, ceci, ce** : had̄ā   هذا

— **Celle-ci, cette** : hadihi   هذه

— **Ces deux-ci, ces**
(Cas sujet) : had̄ani   fém.: hātāni

هذان   هاتان

— **Ces deux-ci, ces**
(Cas direct et indirect) : hadayni   هذين

fém. : hātayni   هاتين

— **Ceux-ci, ces** : ha'oulā'i   هؤلاء

b) Démonstratifs d'**éloignement** :
— **Celui-là, cela, ce** : dalika   ذلك

— **Celle-là, cette** : tilka تِلْكَ

— **Ces deux-là, ces**
(Cas sujet) : dānika فém.: tānika

ذَانِكَ تَانِكَ

— **Ces deux-là, ces**
(Cas direct et indirect): daynika ذَيْنِكَ

fém. : taynika تَيْنِكَ

— **Ceux-là, ces** : oula'ika أُولَئِكَ

LES ADJECTIFS RELATIFS

— **Lequel, qui** : el-ladī الَّذِي

— **Laquelle, qui** : el-latī الَّتِي

— **Lesquels, qui** (duel) : el-ladāni اللَّذَانِ
(Cas sujet)

fém. : el-latāni اللَّتَانِ

— **Lesquels, qui** (duel)
(Cas direct et indirect) : el-ladayni اللَّذَيْنِ

fém. : el-latayni اللَّتَيْنِ

— **Lesquels, qui** : el-ladīna الَّذِينَ
(plur.masc.)

— **Lesquelles, qui**
(plur.fém.) : el-lātī اللَّاتِي

LES PRONOMS RELATIFS : (les plus usités)

a) Pour les **personnes** :
Qui, celui qui, quiconque, ceux qui : man مَنْ

529

b) Pour les **choses** :

Quoi, ce que, ce qui, quoi que : mā   ما

LES NOMS DE COULEURS ET DE PARTICULA-RITES PHYSIQUES

Ils sont formés sur le schéma : أَ ـ ـ ـ (au masc.)

ـ ـ ا ـ (au fém.)

Ex : Rouge (masc.)   أَحمر : aḥmar(ou)

Rouge (fém.)   حمراء : ḥamrā'(ou)

Bossu   أَحدب : aḥdab(ou)

Bossue   حدباء : ḥadbā'(ou)

Ils font leur pluriel en : ـ ـُـ ـ

Ex : Rouges   حمر : ḥoumr

Bossus   حدب : ḥoudb

Remarque :

Ces noms sont «**diptotes**», c'est-à-dire que, **lorsqu'ils sont indé-terminés**, ils ont une **flexion réduite à deux cas** : terminaisons : *ou* et *a*.

Ils ne retrouvent leurs 3 cas (*ou, a, i*) que **lorsqu'ils sont déter-minés** par l'article ou dans **un rapport d'annexion**.

LES ATTRIBUTS DU VERBE كان «ETRE»,

quel que soit le temps, sont **toujours** au **cas direct**, c'est-à-dire qu'ils portent toujours le son «an» en cas d'indétermination ou le son «a» s'ils sont déterminés par l'article ou en état d'annexion.

(La **négation de ce verbe** : « ليس » : «ne pas être»,

est **construite de la même façon**).

∴

LES PARTICULES DU SUBJONCTIF :

«Que» : an أَنْ   «Que...ne pas» : anlā : أَنْ لا

allā : أَلَّا

«Avant que» : qabla an : قبل أَنْ

«Après que» : ba^ᶜda an : بعد أَنْ

«Jusqu'à ce que»,
«Afin que», «de sorte que» : ḥattā : حتَّى

«Pour», «pour que» : li : لِ

Pour que ... ne pas : lianlā ⎫ لِأَنْ لا

«Pour que», «afin que» : kay كَيْ   liallā ⎬ لِئَلَّا

: likay لِكَيْ ⎭

Pour que ... ne pas : likaylā لكي لا

Ne ... pas (particule du futur négatif) : lan لَنْ

∴

LES NOMBRES :

A — **Les nombres cardinaux** :
  1 — De 1 à 10 :

531

Le chiffre «**un**» est du **même genre** que le **nom auquel il se rapporte**. Pour «**deux**», on use, en arabe, du **duel**. Celui-ci est représenté par la **terminaison** : *ān*.

De «3 à 10», le nombre est **au féminin si le nom singulier** est **masculin** et, inversement, le nombre est **au masculin si le nom est féminin**.

De plus, le **nom** est **mis au pluriel**, au **cas indirect** et **déterminé par le nombre**.

TABLEAU des NOMBRES de 1 à 10

1 : wāhid	:	واحد	féminin :	واحدة
2 : itnān	:	إثنان	« :	إثنتان
3 : talāta	:	ثلاثة	masculin :	ثلاث
4 : arbaᶜa	:	أربعة	« :	أربع
5 : hamsa	:	خمسة	« :	خمس
6 : sitta	:	ستة	« :	ست
7 : sabᶜa	:	سبعة	« :	سبع
8 : tamāniya	:	ثمانية	« :	ثمان
9 : tisᶜa	:	تسعة	« :	تسع
10 : ᶜašra	:	عشرة	« :	عشر

2 — Les dizaines :

Pour **former les dizaines**, il suffit **d'ajouter** la terminaison : * oun* aux **unités au masculin**.

Ex :

3 (masc.) : ṯalāṯ ثلاث   30 : ṯalāṯoun : ثلاثون

4 («) : arbaᵉ أربع   40 : arbaᵉoun : أربعون

5 («) : ḫams خمس   50 : ḫamsoun : خمسون

6 («) : sitt ستّ   60 : sittoun : ستّون

7 («) : sabᵉ سبع   70 : sabᵉoun : سبعون

8 («) : ṯamānin ثمان   80 : ṯamānoun : ثمانون

9 («) : tisᵉ تسع   90 : tisᵉoun : تسعون

Remarque :

10 se dit : ᵉašra (ᵉašr au masculin) et ne répond pas à la règle de formation des dizaines qui impliquerait que l'on parte de l'unité.

En effet, 1 se disant : «wāhid», 10 devrait, théoriquement, s'écrire : «wāhidoun», ce qui serait, en fait, un barbarisme.

20 devrait, également, se former à partir de l'unité, c'est-à-dire : 2 : «iṯnān»; d'où 20 devrait, théoriquement, s'écrire : «iṯnoun» ou «iṯnānoun»; en fait, il n'en est rien et c'est le 10 : «ᵉašra» qui tient lieu d'unité, si l'on peut dire, pour la formation de ce nombre.

Ex :10 (masc.) : ᵉašr عشر

20 : ᵉišroun عشرون

3 — Les nombres après 10 et jusqu'à 99 :

Après 10, les unités précèdent toujours les dizaines jusqu'à 99; le nom compté est mis au singulier et au cas direct indéterminé.

Ex : 13 enfants = «3 et 10 enfant (s)»

ṯalāṯata ᵉašara waladan

ثلاثة عشر ولداً

Remarque :

Lorsque le **nom compté est du masculin au singulier**, le **nombre d'unité est au féminin** et **celui de la dizaine au masculin.**

Ex : 14 bureaux
arba**ʿ**ata **ʿ**ašara maktab*an*   أربعة عشر مكتباً

Par contre, si le **nom compté est du féminin, au singulier**, le **nombre d'unité est au masculin** et **celui de la dizaine au féminin.**

Ex : 15 valises
ḫamsa **ʿ**ašrata ḥaqība   خمس عشرة حقيبة

Les cas de 11 et 12 sont particuliers :
Les nombres **d'unité** et de **dizaine** sont au **masculin** quand le **nom compté est masculin.**

Ex : 11 enfants

aḥada **ʿ**ašara walad*an*   أحد عشر ولداً

Ils sont au **féminin** quand le nom compté est **féminin**

Ex : 12 valises

itnatā **ʿ**ašrata ḥaqība   إثنتا عشرة حقيبة

4 — Les centaines :

De 100 à 1000, **le nom compté est au singulier** et au **cas indirect indéterminé.**

Ex : 100 dinars

miʾat dīnār   مائة دينار

200 s'exprime par l'utilisation du **duel** (terminaison : *ān*).

Ex : 100 = miʾa   d'où : 200 = miʾat*ān*

مائة   مائتان

A partir de 300, les centaines se forment par **adjonction de «miʾa» à l'unité au singulier :**

300 (3 centaines : taātou miʾa   (ثلاثمائة

534

400 (4   «   : arba‘ ou mi'a   أربعمائة)

500 (5   «   : ẖamsou mi'a   خمسمائة)

600 (6   «   : sittou mi'a   ستمائة)

700 (7   «   : sab‘ ou mi'a   سبعمائة)

800 (8   «   : tamānī mi'a   ثمانيمائة)

900 (9   «   : tis‘ ou mi'a   نسعمائة)

1000 alf **أُلف est suivi du nom au singulier au**

cas indirect.

Ex : Mille francs : alf farank.

B — Les nombres ordinaux de 1 à 10

1er : awwal   أُوّل fém : ouwlā   أُولى

2ème : tanin   نان fém : tāniya   ثانية

3ème : tālit   ثالث fém : tālita   ثالثة

4ème : rābi‘   رابع fém : rābi‘a   رابعة

5ème : ẖāmis   خامس fém : ẖāmisa   خامسة

6ème : sādis   سادس fém : sādisa   سادسة

7ème : sābi‘   سابع fém : sābi‘a   سابعة

8ème : tāmin   نامن fém : tāmina   ثامنة

9ème : tāsi‘   ناسع fém : tāsi‘a   تاسعة

10ème : ʿāšir   عاشر

fém : ʿāšira   عاشرة

11ème : ḥādī ʿašar   حادي عشر

fém : ḥādiya ʿašra   حادية عشرة

12ème : tānī ʿašar   ثاني عشر

fém : tāniya ʿašra   ثانية عشرة

13ème : tālit ʿašar   ثالث عشر

fém : tālita ʿašra   ثالثة عشرة

LES FRACTIONS (de 1/3 à 1/10)

1/3 : toult :	ثلث	1/7 : soubʿ :	سبع
1/4 : roubʿ :	ربع	1/8 : toumn :	ثمن
1/5 : houms :	خمس	1/9 : tousʿ :	تسع
1/6 : souds :	سدس	1/10 : ʿousr :	عشر

LA NOTION D'«ETAT» évoquée par la terminaison ān :

Ex :

Fatigue :	تعب	Fatigué :	تعبان
Soif :	عطش	Assoiffé :	عطشان
Joie :	فرح	Joyeux :	فرحان
Faim :	جوع	Affamé :	جوعان
Ivresse :	سكر	Ivre :	سكران

536

Somnolence :	نعاس ، نعسان	Somnolent : Endormi	نعسان
Colère :	غضب	En colère :	غضبان
Erreur :	غلط	Qui commet une erreur	غلطان

L'IMPERSONNEL

En arabe, l'impersonnel : «on» peut se rendre :
— soit par un **passif**

Ex : On sert une nourriture délicieuse
(**Est servie** une nourriture délicieuse)
(Youqaddam ṭaᵉām ladīd)

— soit par un **masculin pluriel (actif)**

Ex : On sert une nourriture bon marché
(Ils servent une ...)
(youqaddimoūna taᵉāman raḥīṣan)

LES COLLECTIFS :

Les collectifs désignant des arbres, des fruits, des
légumes sont, en général, du masculin :

Ex : Citrons : laymoūn ليمون

Oranges : bourtouqāl برتقال

Dattes : tamr تمر

Fèves : foūl فول

— Le nom d'unité se forme par adjonction d'un «ta»
marboūta : ة ـة

Un citron : laymoūna ليمونة

Une orange : bourtouqāla برتقالة
etc ...

537

LA NEGATION :

a) Au présent :

1 — Avec : لا (pas; ne pas), suivi d'un verbe

au présent. (Dans le cas de l'**impératif** négatif, l'arabe emploie «lā» suivi d'un **présent apocopé**) :

Ex : Ne pars pas ! : lā tadhab ! : لا تذهب !

2 — Quelquefois avec : ما (pas), surtout avec

l'expression : (ᶜindī : chez moi = j'ai)

Ex : Je n'ai rien à déclarer :

مَا عِندِي شَيء مَمنوع   mā ᶜindī say mamnoūᶜ

3 — Avec le verbe : «ne pas être» ليس, tou-

jours suivi d'un attribut toujours à l'accusatif (comme les attributs de «kāna»).

Ex : Il n'est pas ouvert :

ليس مفتوحًا   laysa maftoūhan

Remarque à propos de «laysa» :
suivi d'un substantif signifie : pas

Ex : Pas maintenant :

laysa l-ān   ليس الآن

Pas lui :

laysa houwa   ليس هو
etc ...

4 — Avec la particule : غير (ġayr = autre

que, pas) **suivie d'un attribut au cas indirect** :

Ex : Ce n'est pas possible :

هذا غير ممكن   hadā ġayr moumkin

538

b) **Au passé :**
  1 – Avec « ما » (pas), **suivie d'un verbe au passé :**

  Ex : Je ne vous ai rien demandé :

  ما طلبت منكم شيئاً

  mā talabtou minkoum šay'an

  2 — Avec la particule « لم » (lam), équiva-

lent à : pas, **suivie d'un verbe au présent dit apo-**
copé, c'est-à-dire avec arrêt du son sur la dernière
lettre et certaines terminaisons tronquées analogues
à celles d'un subjonctif.

  Ex : Nous ne sommes pas arrivés :

  لم نصل   lam naṣil

c) **Au futur :**
  La négation du futur est exprimée par la particule : لن (lan) (ne ... pas), **suivie d'un verbe au**

présent du subjonctif.

  Ex : Il n'arrivera pas :

  لن يصل   lan yaṣila

LE COMPARATIF (plus ... que)
  Il se forme sur le schéma أَ_ْ_َ_ et est suivi
de la particule : « مِن » (que, par rapport à)

  Ex : Grand : kabīr   كبير

  plus grand que : akbar min   أكبر من

  Petit : ṣaḡīr   صغير

  plus petit que : aṣḡar min   أصغر من
etc...

539

(Les comparatifs sont «**diptotes**» lorsqu'ils sont **indéterminés**).

LE SUPERLATIF : (le plus ...)

Il se forme sur le même schéma que le comparatif.

a) **On l'emploie avec l'article :**

Ex : le plus beau : el ahsan الأحسن

b) **Suivi d'un rapport d'annexion :**

Ex : La plus grande ville : akbar madīna : أكبر مدينة

ou : La plus grande (des) villes :
akbar(ou) l-moudoun أكبر المدن

Les **féminins** des comparatifs et superlatifs se forment sur le schéma : ـَ ـُ ـْ ـَ ـ

Ex :

(koubrā) كبرى

(sougrā) صغرى

etc...

LES VERBES DOUBLEMENT TRANSITIFS :

Voici quelques verbes construits **avec deux compléments d'objet directs :**

Donner	: a ʿtā	أعطى
Enseigner	: ʿallama	علّم
Transmettre	: sallama	سلّم
Transmettre	: ballaga	بلّغ

| Accorder | : manaḥa | منع |
| Faire entrer | : adẖala | أُدخل |

etc...

Voici **quelques verbes directement transitifs** (qui se construisent **avec un complément d'objet direct**).

Entrer	: daẖala	دخل
Etre présent	: haḍara	حضر
Venir	: jāʾa	جاء

etc...

∴

LE CONDITIONNEL :

a) «Si» : (idā) :   إذا

Particule exprimant une **éventualité** (si d'aventure, s'il advient que ...), **toujours suivie d'un verbe au passé, traduit en français par un présent.**
(En principe, les verbes des 2 membres de la phrase double sont au passé, en arabe).

Dans la **langue moderne**, on a tendance à remplacer le 2ème verbe au passé, par un verbe au présent.

b) «Si» (law) :   لو

Particule exprimant une **hypothèse irréalisable ou irréalisée.**

Généralement, la **«réponse»** est précédée de la particule « لَ » (la) dite : lam taʾkīd.

Les deux moitiés de la phrase sont au passé.

∴

PARTICULES

Quelques particules du cas direct :

certes :	إِنَّ	car :	فَإِنَّ
que :	أَنَّ	parce que :	لأَنَّ
comme si :	كَأَنَّ	mais :	لكِنَّ

etc...

Quelques particules du cas indirect :

dans :	فِي	sur :	عَلى
chez :	عِنْد	avec :	مَع
sous :	تَحْت	sur, au-dessus:	فَوْق
vers :	إِلى	jusqu'à :	حَتّى
derrière :	وَراء	derrière :	خَلْف
devant :	أَمام	devant :	قُدّام
depuis :	مُنْذ	après :	بَعْد
avant :	قَبْل	de :	مِن
parmi :	بَيْن	au sujet de :	عَن
auprès de :	لَدى	pendant :	خِلال
durant :	طَوال		

etc...

٠٠

L'INTERROGATION :

a) L'interrogation directe :

Elle est introduite par la particule «hal» ou «a» = est-ce que ?

b) L'interrogation indirecte :

Le plus souvent introduite par هل ; mais aujourd'hui, il existe une tendance à remplacer هل dans les interrogations indirectes par : ما إذا («si» du conditionnel) :

Ex : Je ne sais pas s'il est venu ou non :
lā adrī hal jā'a am lā :

لا أدري هل جاء أم لا

ou :   lā adrī mā idā jā'a am lā :

لا أدري ما اذا جاء أم لا ..

LES NOMS D'INSTRUMENTS :

Ils se forment sur les 3 thèmes suivants :

a) مِــْــَــاــ

Ex :   مفتاح : clef

ميزان : balance

مصباح : lampe

etc...

b) مِــْــَــ

Ex :   مصعد : ascenseur

مبرد : lime

c) ــَ ــّ ا ــَ ة

Ex :   سيّارة : voiture

سمّاعة : écouteur

غسّالة : machine à laver

etc...

..

LES NOMS DE PROFESSION OU D'ACTIVITE, avec notion de fréquence ou d'intensité.

Ils se forment sur le thème : ــَ ــّ ا ــِ

Ex : Coiffeur   :   حلّاق

Vendeur   :   بيّاع

Boulanger   :   خبّاز

Poissonnier   :   سمّاك

Dessinateur   :   رسّام

Cuisinier   :   طبّاخ

Dinandier   :   نحّاس

Fieffé menteur :   كذّاب

etc...

..

544

LES VERBES DITS «D'EXISTENCE» (attribut au cas direct)

Etre	: (kāna)	كان
Passer la nuit	: (bāta)	بات
Etre (le soir)	: (amsā)	أمسى
Etre (dans la matinée), devenir	: (adḥā)	أضحى
Etre (au matin), devenir	: (aṣbaḥa)	أصبح
Rester	: (baqiya)	بقي
Demeurer	: (makaṯa)	مكث
Passer le jour	: (dalla)	ظلّ
Devenir	: (sāra)	صار
Cesser d'être	: (zāla)	زال

LES NOMS DE LIEU :

Certains noms de lieu se forment sur les thèmes suivants :

ـَ ـْ ـَ ـ et ـَ ـْ ـَ ـِ ـ

Ex :

Racine : كتب : écrire; lieu où l'on écrit: مكتب

نزل : descendre; lieu où l'on descend : demeure : منزل

سَجَدَ : se prosterner; lieu où l'on se prosterne : mosquée : مَسْجِد

etc...

LES PLURIELS :

Les pluriels ne se forment pas tous de la même façon :

1 — **Pluriels de noms masculins**, en $\overline{oun}$: ون

Ex : Mouslim (musulman) : mouslimoūn
Katīr (nombreux) : katīroūn
etc...

2 — **Pluriels de noms féminins**, en $\overline{at}$: ات

Ex : Sayyāra (voiture) : sayyārāt
Sayyida (dame) : sayyidāt
etc...
(Certains mots, bien que masculins au singulier, font leur pluriel en $\overline{at}$:

Ex : Šik (chèque) : šikāt
Grām (gramme) : grāmāt etc...)

3 — **Pluriels de noms de lieux**; sur le thème :
«mafāʿil :

Ex : matʿam (restaurant): matāʿim
malʿab (stade) : malāʿib etc...

4 — **Pluriels de noms d'instruments**; sur le thème :
«mafāʿil» :

Ex : misʿad (ascenseur) : masāʿid
miftāh (clef) : mafātīh etc...
(Ces pluriels sont diptotes).

5 — **Pluriels** sur le thème :

546

Ex : hadiya (cadeau) : hadāyā
qaḍya (cause, question,
affaire) : qaḍāyā   etc...

6 — **Pluriels** sur le thème : ‏أَ‌ـ‌ـ‌ـ‌ـ‌ـ‌ـ‌ـِ‏

Ex : lisān (langue) : alsina
dawā' (médicament) : adwiya   etc...

LA CONJUGAISON

Verbe type : (faʿala) : فَعَلَ — (yafʿalou) : يَفْعَلُ : il a fait, il fait

PASSE
(Passé composé — Passé simple)

Singulier		Duel		Pluriel	
J'ai fait (faʿaltou)	فَعَلْتُ	Nous avons fait (faʿalnā)	فَعَلْنَا	Nous avons fait (faʿalnā)	فَعَلْنَا
Tu as fait (faʿalta)	فَعَلْتَ	Vous avez fait (faʿaltoumā)	فَعَلْتُمَا	Vous avez fait (faʿaltoum)	فَعَلْتُمْ
Tu as fait (fém.) (faʿalti)	فَعَلْتِ	Ils ont fait (faʿalā)	فَعَلَا	Ils ont fait (faʿalou)	فَعَلُوا
Il a fait (faʿala)	فَعَلَ				
Elle a fait (faʿalat)	فَعَلَتْ				

PASSE (Imparfait)

Singulier	Duel	Pluriel
Je faisais (kountou af ᶜal) كنت أفعل	Nous faisions (kounnā nafᶜal) كنا نفعل	Nous faisions (kounnā nafᶜal) كنا نفعل
Tu faisais (kounta tafᶜal) كنت تفعل	Vous faisiez (kountoumā tafᶜalān) كنتما تفعلان	Vous faisiez (kountoum tafᶜaloun) كنتم تفعلون
Tu faisais (fém) (kounti tafᶜalīn) كنت تفعلين	Ils faisaient (kānā yafᶜalān) كانا يفعلان	Ils faisaient (kānou yafᶜaloun) كانوا يفعلون
Il faisait (kāna yafᶜal) كان يفعل		
Elle faisait (kānat tafᶜal) كانت تفعل		

PRESENT (Indicatif)

Singulier	Duel	Pluriel
Je fais (*af* ʿal) أفْعَلُ	Nous faisons (*naf* ʿal) نَفْعَل	Nous faisons (*naf* ʿal) نَفْعَل
Tu fais (*taf* ʿal) تَفْعَل	Vous faites (*taf* al*ān*) تَفْعَلان	Vous faites (*taf* al*ōun*) تَفْعَلون
Tu fais (fém) (*taf* al*īn*) تَفْعَلين	Ils font (*yaf* ʿal*ān*) يَفْعَلان	Ils font (*yaf* al*ōun*) يَفْعَلون
Il fait (*yaf* ʿal) يَفْعَل		
Elle fait (*taf* ʿal) تَفْعَل		

550

PRESENT (Subjonctif)

Singulier	Duel	Pluriel
Que je fasse (an af ' ala)	Que nous fassions (an naf ' ala)	Que nous fassions (an naf ' ala)
Que tu fasses (an taf ' ala)	Que vous fassiez (an taf ' alā)	Que vous fassiez (an taf ' alou)
Que tu fasses (fém) (an taf ' alī)	Qu'ils fassent (an yaf ' alā)	Qu'ils fassent (an yaf ' alou)
Qu'il fasse (an yaf ' ala)		
Qu'elle fasse (an taf ' ala)		

Singulier	Duel	Pluriel
Je n'ai pas fait (lam *af* ᶜ al) لم أفْعَلْ	(lam *naf* ᶜ al) لم نَفْعَلْ	Nous n'avons pas fait (lam *naf* ᶜ al) لم نَفْعَلْ
Tu n'as pas fait (lam *taf* ᶜ al) لم تَفْعَلْ	Vous n'avez pas fait (lam *taf* ᶜ alā) لم تَفْعَلا	Vous n'avez pas fait (lam *taf* ᶜ alou) لم تَفْعَلوا
Tu n'as pas fait (fém) (lam *taf* ᶜ alî) لم تَفْعَلي	Ils n'ont pas fait (lam *yaf* ᶜ alā) لم يَفْعَلا	Ils n'ont pas fait (lam *yaf* ᶜ alou) لم يَفْعَلوا
Il n'a pas fait (lam *yaf* ᶜ al) لم يَفْعَلْ		
Elle n'a pas fait (lam *taf* ᶜ al) لم تَفْعَلْ		

FUTUR

Singulier	Duel	Pluriel
Je ferai (sa *af* ᵉ al) سَأَفْعَلُ	Nous ferons (sa *naf* ᵉ al) سَنَفْعَلُ	Nous ferons (sa *naf* ᵉ al) سَنَفْعَلُ
Tu feras (sa *taf* ᵉ al) سَتَفْعَلُ	Vous ferez (sa *taf* ᵉ al*ān*) سَتَفْعَلَانِ	Vous ferez (sa *taf* ᵉ al*ōun*) سَتَفْعَلُونَ
Tu feras (fém) (sa *taf* ᵉ al*īn*) سَتَفْعَلِينَ	Ils feront (sa *yaf* ᵉ al*ān*) سَيَفْعَلَانِ	Ils feront (sa *yaf* ᵉ al*ōun*) سَيَفْعَلُونَ
Il fera (sa *yaf* ᵉ al) سَيَفْعَلُ		
Elle fera (sa *taf* ᵉ al) سَتَفْعَلُ		

553

Fais ! (if $^{\varepsilon}$ al)	إفعل
Fais ! (fém) (if $^{\varepsilon}$ alī)	إفعلي
Faites ! (duel) (if $^{\varepsilon}$ alā)	إفعلا
Faites ! (plur) (if $^{\varepsilon}$ alōu)	إفعلوا

SCHEMA des FORMES DERIVEES

(Verbe type : faʿala فَعَلَ — yafʿalou يَفْعَلُ — مَضْجَع)

PASSE	PRESENT	IMPERATIF	PARTICIPE ACTIF	PARTICIPE PASSIF	NOM d'ACTION
1) faʿʿala فَعَّلَ	yafʿalou يُفَعِّلُ	ifʿal ! اِفْعَلْ	faʿil فَاعِل	mafʿoul مَفْعُول	fiʿl فِعْل
2) faʿala فاعَلَ	youfaʿʿilou يُفَعِّلُ	faʿʿil ! فَعِّلْ	moufaʿʿil مُفَعِّل	moufaʿʿal مُفَعَّل	tafʿil – tafʿila تَفْعِيل – تَفْعِلَة
3) faʿala فَاعَلَ	youfaʿilou يُفَاعِلُ	faʿil ! فَاعِلْ	moufaʿil مُفَاعِل	moufaʿal مُفَاعَل	moufaʿala – fiʿal مُفَاعَلَة
4) afʿala أَفْعَلَ	youfʿilou يُفْعِلُ	afʿil ! أَفْعِلْ	moufʿil مُفْعِل	moufʿal مُفْعَل	ifʿal إِفْعَال
5) tafaʿala تَفَعَّلَ	yatafaʿalou يَتَفَعَّلُ	tafaʿʿal ! تَفَعَّلْ	moutafaʿil مُتَفَعِّل	moutafaʿal مُتَفَعَّل	tafaʿʿoul تَفَعُّل

555

	tafā ʿ oul (مفاعل)	moutafā ʿ al (مفاعل)	moutafā ʿ il (مفاعل)	tafā ʿ al ! (مفاعل)	yatafā ʿ alou (مفاعل)	6) tafā ʿ ala (مفاعل)
	infi ʿ āl (انفعال)	mounfa ʿ al (منفعل)	mounfa ʿ il (منفعل)	infa ʿ il ! (انفعل)	yanfa ʿ ilou (انفعل)	7) infa ʿ ala (انفعل)
	ifti ʿ al (افتعال)	moufta ʿ al (منتعل)	moufta ʿ il (منتعل)	ifta ʿ il ! (افتعل)	yafta ʿ ilou (افتعل)	8) ifta ʿ ala (افتعل)
	if ʿ ilāl (افعلال)	mouf ʿ all (منعل)		if ʿ alla ! (افعل)	yaf ʿ allou (افعل)	9) if ʿ alla (افعل)
	istif ʿ al (استفعال)	moustaf ʿ al (مستفعل)	moustaf ʿ il (مستفعل)	istaf ʿ il ! (استفعل)	yastaf ʿ ilou (استفعل)	10) istaf ʿ ala (استفعل)

556

TABLEAU des MONNAIES
des DIVERS PAYS ARABES

ALGERIE	dinar
ARABIE SEOUDITE	ryal
BAHREIN	dinar
DOUBAI	ryal
EGYPTE	livre égyptienne
Les EMIRATS UNIS	dinar
IRAK	dinar
JORDANIE	dinar
KOWEIT	dinar
LIBAN	livre libanaise
LIBYE	dinar
MAROC	dirhem
OMAN	ryal Saïdi
QATAR	ryal
SOUDAN	livre
SYRIE	livre
TUNISIE	dinar
YEMEN du NORD	ryal
YEMEN du SUD	dinar

TABLE des MATIERES

NOTES PERSONNELLES

NOTES PERSONNELLES

NOTES PERSONNELLES

NOTES PERSONNELLES

NOTES PERSONNELLES

Achevé d'imprimer le 31 Juillet 1978
sur les presses de Danel-S.C.I.A.
La Chapelle d'Armentières

N° d'édition 550, 3ᵉ trimestre 1978
Dépôt légal n° 10920, 3ᵉ trimestre 1978
Imprimé en France